NPR's Podcast Start Up Guide
Create, Launch, and Grow a Podcast on Any Budget

播客经典系列

NPR播客入门指南

创建、启动和增长

[美] Glen Weldon◎著　　徐一彤◎译　　杨一◎审校

电子工业出版社
Publishing House of Electronics Industry
北京·BEIJING

内 容 简 介

无论你是谁、你的爱好是什么，总有一档播客适合你。在人人都能当主播的时代，播客的进入门槛相对较低，只要有一支麦克风和一台笔记本电脑，你就能够开启播客之旅。但如果你想要制作出品质精良的播客，则需要更系统地学习和研究。本书汇集了全球顶尖播客制作团队的制作经验，详细介绍了播客生命周期的 4 个基本环节：想象、计划、制作、分享。除了幕后花絮、须知列表和解释说明，本书也带有互动功能。无论是打算当一个自食其力的单人主播，还是计划成立坐拥商业预算、为企业领衔制作系列节目的商业机构，请你把本书当成一本工具书，在制作播客时反复查阅、思考。

NPR's Podcast Start Up Guide: Create, Launch, and Grow a Podcast on Any Budget by Glen Weldon, Copyright ©2021 by National Public Radio, Inc. Chinese Simplified translation copyright 2023 by Publishing House of Electronics Industry Co., Ltd.
Published by arrangement with Ten Speed Press, an imprint of Random House, a division of Penguin Random House LLC through Bardon-Chinese Media Agency 博达著作权代理有限公司 . ALL RIGHTS RESERVED.

本书简体中文专有翻译出版权由博达著作权代理有限公司 Bardon-Chinese Media Agency 代理 Ten Speed Press 授权电子工业出版社有限公司，专有出版权受法律保护。

版权贸易合同登记号　图字：01-2022-2797

图书在版编目（CIP）数据

NPR 播客入门指南：创建、启动和增长 /（美）格伦·威尔顿（Glen Weldon）著；徐一彤译. —北京：电子工业出版社，2023.1
书名原文：NPR's Podcast Start Up Guide: Create, Launch, and Grow a Podcast on Any Budget
ISBN 978-7-121-44493-7

Ⅰ.①N… Ⅱ.①格…②徐… Ⅲ.①网络营销—指南 Ⅳ.① F713.365.2-62

中国版本图书馆 CIP 数据核字（2022）第 208375 号

责任编辑：官　杨
印　　刷：天津千鹤文化传播有限公司
装　　订：天津千鹤文化传播有限公司
出版发行：电子工业出版社
　　　　　北京市海淀区万寿路 173 信箱　　　邮编 100036
开　　本：787×980　1/16　印张：19　字数：333 千字
版　　次：2023 年 1 月第 1 版
印　　次：2023 年 2 月第 2 次印刷
定　　价：88.00 元

凡所购买电子工业出版社图书有缺损问题，请向购买书店调换。若书店售缺，请与本社发行部联系，联系及邮购电话：（010）88254888，88258888。
质量投诉请发邮件至 zlts@phei.com.cn，盗版侵权举报请发邮件至 dbqq@phei.com.cn。
本书咨询联系方式：（010）51260888-819，faq@phei.com.cn。

中文版 序言 1

口头文学的复兴：将播客作为一种技艺

很久以前，口头文学的衰落就已是媒体人广泛谈论的议题。20 世纪 30 年代，瓦尔特·本雅明悲观地总结道，口头文学正在退出人们的生活，杀死它们的是日渐兴起的各类资讯媒体。

在《讲故事的人》中，本雅明引用了希罗多德笔下的一则故事：

> 古波斯君主冈比西斯二世率军入侵埃及，埃及法老普萨美提克三世指挥作战不利，沦为波斯人俘虏。恶趣味的冈比西斯打算羞辱这位手下败将，他下令将普萨美提克三世以铁链锁在道旁，强迫其观看波斯军队凯旋，又设法令他亲眼看着自己的女儿沦为波斯人的佣人，前往井边以水壶取水。

> "当时，埃及人不堪此惨状，皆哀叹唏嘘。莎门尼特斯（即普萨美提克三世）则孑然伫立，一言不发，木如泥塑，两眼紧盯着地面。少顷，他瞥见儿子随同俘房行列被拉去行刑，仍不动声色。可是，当他在俘房中认出一个又老又贫的佣人时，竟拳击脑门，悲恸至极。"

本雅明指出，希罗多德作为古典时代最擅长讲故事的人，用这个案例诠释了讲故事的真谛——以戏剧化的纪实手法制造出动人的张力。

在媒介技术更新换代的 20 世纪，希罗多德们依仗的口头文学遭遇了技术流的迎头痛击。那些让人浮想联翩的"故事"在"信息"面前被迅速祛魅，人类的个体经验加速贬值。作为经验的直接载体，故事也变得越来越无足轻重。看起来，口头文学的最佳去处似乎应该是书店里的儿童区，而严肃讨论的位置将让位给看似更加"理性"的新兴媒介。

因此，在 2014 年，当播客——一种纯粹的口头内容产品——在北美以燎原之势崛起时，媒体人发现，曾经被本雅明判死刑的口头文学在新兴渠道中迎来了复兴。这种区别于文字和视频的传媒介质开始尝试承载更深层次的内容表达。一度备受内容创作者轻视的广播媒介，在移动互联网的加持下逐渐放大优势。深度表达和精致制作的播客节目脱离了传统无线电广播的束缚，进入新一代城市人群的智能设备中。专业机构制作的声音节目不单可以替代电视访谈，甚至也可以替代纪录片和精品剧集。差点被扫进垃圾堆的口头表达在线上重获尊敬，并和最新的媒介技术与潮流生活方式融为一体。这简直是传媒历史上最让人摸不着头脑的一场复兴。

2018 年年初，当有志于开发一档播客节目的我花费数周研究北美的播客产业发展时，我才意识到，这个过去在我看来仅仅依托"业余表达"的媒介并非我过去简单想象中的样子。

当时我在一家文化媒体担任记者，沉浸在对传统的人物采访和文字报道里。而后来成为我合伙人的杨一则在一家国营电视台担任晚间财经节目的编辑。一直以来，杨一对播客的兴趣和钻研程度都远大于我，因此在我向他提出也想尝试自己做一档文化主题的播客时，他建议我先了解一下成熟市场的播客现状，尤其是参考其中久负盛名的头部节目的内容制作——它们往往来自机构化的私营播客公司或公共广播电台，比如 NPR。

整整一个多月，我摸索着媒体报道，尝试收听了一批海外的成名节目，其中包括 *Serial*、*Planet Money*、*StartUp*、*The Joe Rogan Experience*、*99% Invisible*。让我意外的是，在这些播客里，只有一档是我在做功课前打算付诸实施的"谈话类节目"。我不单单是依靠收听节目，也依靠文字报道和个人网站的博客内容了解这个新兴产业的市场：这里有脱胎于公营机构的专业制作商，有分发播客节目的大量第三方托管服务，有专做播客广告变现与商业化的媒介代理机构，有超过一亿人的基础听众人群，以及建立在如此广大听众基础上的内容类别众多的声音内容。在这些内容中，被媒体广为讨论的节目则大多属于一种我完全不熟悉的声音节目形式——"叙事类播客"。

虽然我几乎立刻意识到了这些专业化制作的内容相对于谈话节目的潜力，但我们只有两个人，能够花在播客节目制作上的时间也只有每周工作结束后的业余闲暇时间，试图去创作一档叙事结构复杂的播客根本无从谈起。最终，在游览了一圈花花世界之后，我回到现实中，更新起了一档最传统的访谈类型的播客节目，只需要两位主播，一位嘉宾，依靠一场事先筹备好内容脉络的谈话，就能支撑一期完整节目。因为我的文化记者经历，这种尝试非常顺利，我很快习惯了播客主播用"嘴"创作内容的生产节奏，并把它变成一种个人爱好。但自那时起，叙事类播客的魔力从未在我脑海中消失。

在中文世界原创一档高品质的叙事类播客究竟难在哪里？因素或许多到说不完，但对当时的我，一个小白制作者而言，缺乏足够优质的教材与方法论显然是最明显不过的理由。在我做文化记者的那些年，一度跟随传统杂志出身的文字编辑学习非虚构报道的写作方式，他们这批人始终相信言传身教是传授核心创作技能的最优方式。但在播客制作中，尤其涉及叙事类播客的内容设计，最大的问题来自缺乏具备制作经验的资深中文播客制作人群体。没有行业经验的积累，没有成熟的案例教学，使得任何一个试图在中文世界复刻叙事类节目的想法都更像在重新发明轮子——困难且意义寥寥。

因此，这本《NPR 播客入门指南：创建、启动和增长》的问世，意味着中文世界从此拥有了来自全球一线播客制作团队的官方实战教程。在播客世界，NPR 无疑是一座高山。数十年来，作为公共广播电台，NPR 发掘节目形式，培养制作团队，投入模式研发，并在播客浪潮兴起后积极拥抱新的媒介渠道，为全球听众创造了众多经典英文音频节目。无论是 NPR 自身的节目，还是脱胎于其团队的金牌制作人，无不在后来成为这场播客复兴运动的排头兵、口头文学复兴的第一见证人。而他们对于播客节目的内容制作经验，则毫无疑问属于这个媒介领域中最为珍贵的宝典。

在推动这本书的中文版面世过程中，我和杨——一起创办的播客机构 JustPod 也日渐壮大，在独立探索中文播客形式的不断试错中成长。从一档自制节目开始，到今天可以携手 NPR 为更多的中文播客从业者引进更加专业的制作培训内容。

我在翻阅初稿的过程中，尤其在阅读前四章时，不时会想起自己团队在节目制作当中走过的弯路，结合这些作为案例的金牌英文播客已经达到的传播高度，本书对于播客爱好者的直接意义除了提供有迹可循的经验包，更大的作用是提高大家对播客可能性的认知。对于有志于将播客作为一门技艺而加以打磨的中文播客迷们，这本书将带给他们最直接的启发。我也有理由期待，更多的创作者将通过本书进而拓展中文播客的创作边界。作为这场复兴运动的前线之一，中文播客必将诞生可以比肩海对岸同行的伟大节目与制作者。

程衍樑

JustPod 首席执行官

中文版 序言 2

重新思考播客创作：想一想，再动手

即使已经做了很多年播客，但每当我准备更新一集播客的时候，还是会有两个小人在脑海中浮现。一个人会躺在那儿，跷着脚，说道："你就把你想说的话说出来就好啦，哪里需要搞得那么复杂。"另一个人则会在一旁用很平和的语气说："可是你的听众听你一集节目会花很多时间，你不应该尊重一下他们的时间吗？"

如果你也常常有这两个声音在脑中浮现，那么现在你手中的这本书会尝试为你提供纾解心结的良方。

中文播客圈有一个"都市传说"：一位新晋的播客创作者通常在节目更新了六个月之后就会"断更"。如果这句话无意间道出了某种真相，那么在我的眼中，它非常像是前面提到的那个慵懒的人的状态。他在做播客之初，满腔热忱，急于输出，可是慢慢地，或许他会发现自己缺乏动力了。那么这个动力是什么？一些人会说是对听众增长的期许，一些人会说是对商业化的渴望，我觉得两者都是。但归根结底，其实是另外那个语气平和的人嘴中最关切的事情——你的听众是不是给了你反馈，这是激励你做下去的基础。

播客的确是一个非常擅长建立创作者与受众连接的媒介。它的收听体验亲密、沉浸。它的渠道逻辑基于"订阅"，在这个年代里带着某种反算法的个性。但即使在中国这样一个播客发展的早期市场，受众也已经开始面对时间与注意力的分配问题。根据 JustPod 发布的《2022 中文播客新观察》，中文播客听众的周人均收听时长为 4.1 小时，每周收听 5 小时以上的重度播客听众占总听众的 35.6%。对于一个媒介来说，这些数据展现出了"高黏性"。但对于一个个体听众，4.1 小时分摊到每天大约是 35 分钟，而他要面对的是接近 3 万档中文播客节目的选择。这意味着，每发现一档新播客，他都要问自己：这档播客值得我收听吗？值得"订阅"吗？它给了我充分的理由，让我将宝贵的时间留给它吗？对于每一位播客创作者，这不能不说是一个挑战。

格伦·威尔顿（Glen Weldon）撰写的这本《NPR 播客入门指南：创建、启动和增长》与我之前所看到的与播客制作相关的书籍都不同。它并不急于告诉你方法论，或者提供一张播客设备的采购清单、一份播客制作发布的流程图，而是先引导创作者思考"执行"之前的"宏观"问题：你为什么想要做播客？你想面对的受众是谁？你和受众双方能够从这档播客中获得什么？格伦在抛出这些问题的同时，并不是简单地给出标准答案，告诉你应该这样做、应该那样做。而是给出思考这些问题的多个方向与角度，以及 NPR 在面对这些问题时的经验，启发你思考，帮助你找到属于自己的播客的那个答案。

当我第一次读到这本书的时候，觉得非常兴奋的是，这些思考也是 JustPod 团队在几年时间里逐渐摸索得到，并且被广泛地实践于我们的原创播客创作与企业音频服务上。我们带着几乎同样的问题，用着几乎相同的沟通方式，去启发我们的合作伙伴。中国与美国、年轻与资深的两个团队，在各自实践中殊途同归、彼此印证。这也让我意识到这本书中所言并非"空中楼阁"或者"隔岸观火"，而是有启发性、可被执行的。

此外，除了创作之前的"宏观"思考，本书还提供了一系列围绕播客创作、运营的方法与经验：

- 在内容创作方面，本书并不是简单罗列播客节目的类型，记述一个从策划、约访、录音到后期的简单工作流程，而是回到声音媒介之于其他媒介的独有特征，着重探讨了为什么声音创作要讲求"故事"，一档播客如何回应创作者与受众双方的关切，怎么建立创作者与受众之间牢不可破的关系。

- 在内容创作的同时，本书还谈及了播客所涉及的版权、法律、创作者与被访者关系等多个贯穿播客创作过程中的问题。

- 在完成内容创作后，本书还探讨了播客运营与商业化议题，一个音频文件是如何传递到受众的耳中的，视觉设计、社交媒体如何帮助一档播客节目更有效率地获得受众，对于听众的反馈又有哪些可能变成创作者的收益。

最后，这当然是一本从美国播客市场的实践出发的书，一片大洋也分割出中美两个播客市场的不同面貌。因此 JustPod 与电子工业出版社携手，在本书中增加了大量基于中国视角的批注和笔记。我们从中国播客市场的现状出发、基于 JustPod 团队在播客领域接近五年的实践经验，在为读者的阅读带来便利的同时，更希望能够启发读者从本土化的角度思考播客创作。一方面，他山之石有助于我们了解美国同行的所思所想，以及他们身处的市场环境与发展阶段；另一方面，也更重要的是帮助中文播客创作者从他人的经验中，找到适合中文播客的表达方式，找到我们自己的声音，讲好我们自己的故事，也探索出属于中国播客行业的发展路径。

很多时候，当一位有心播客创作的朋友来问我建议时，我会直接告诉他："做就行了。"

现在就开始、现在就动手，没有什么能比实践更能出真知。但当这本书握在你手中的时候，我想告诉你："想一想，再创作。"希望本书能够陪伴你"动手"之前那些"想"的夜晚，希望它能够把你带入丰富多彩的播客世界。

杨一

JustPod 首席运营官

中文版 推荐语

"我们每个人都是故事的制造者，无论使用何种语言、哪个平台。播客，是用声音缔造的一种媒介，紧密联系着叙事者和收听者的情感。我们把 NPR 几十年的音频制作经验打磨、浓缩，融会贯通在这本书中，分享给热爱声音的你们。制作播客可以是你的主业、副业，或者是兴趣爱好，但我们最终都是以创作者的身份出现的。希望本书带给你的是一种新的商业思维及制作模式，帮助你摸索到适合我们中国人的播客语言，悦己且动人。"

张菀钰，NPR 品牌总监

这本《NPR 播客入门指南：创建、启动和增长》的问世，意味着中文世界从此拥有了来自全球一线播客制作团队的官方实战教程，对于任何一个有志于从事播客产业、将播客作为一种技艺磨炼的人而言，这本书无疑提供了非常实用的经验包。我们也有理由期待，更多的人在通过本书接触到更加复杂精良的节目级内容制作流程后，中文播客节目的类型谱系与内容质量也将获得更多的拓展。

程衍樑，JustPod 首席执行官

也许，你也想做一档自己的播客，但是你的听众在哪里？他们要怎样发现你？又为什么要听你的节目？更重要的是，为什么他们听了两分钟之后，还要继续听下去，并且还想追随你接下来的更新呢？是不是因为你有只属于你自己的"声音"？我们说的可不单纯是声音的品质，而是一种独一无二的故事，以及说故事的方法。那你有故事要说吗？你又该怎么说呢？

我开始做播客时，可没想过上面这些必要的问题。完全是误打误撞，只凭同事建议，以及三十年媒体工作经验所积累下来的一点直觉。假如没有那么多个三十年，又不想再走一遍我曾走过的歪路，那你就应该打开这本参考书了。里头有的是一切你在动手之前就应该先考虑过的问题。要是运气够好，说不定你还能够找到一些答案。

梁文道，资深媒体人，播客《八分》主理人

在很长一段时间里，我想做一个漫游世界的 Podcaster。作为 NPR 常年的听众，这本书给了我新的动力与启迪。

许知远，作家，单向空间创始人

这两年，越来越多的人开始听播客、做播客了，也有越来越多的朋友第一次接触到"播客"这个词，但中文世界似乎还没有一本足够新鲜、足够专业的入门书。《NPR 播客入门指南：创建、启动和增长》无论是对于播客听众还是对于创作者，都是一本深入浅出、简单平实的佳作。

在播客这一新生事物兴起后，NPR 借助在广播领域的深厚积淀，迅速成为播客行业最具实力的内容生产机构之一。本书从策划内容的角度出发，为每一位对制作播客有兴趣的听众建立了一个清晰有效的思考和执行框架，相信一定会对他们有所助益。

Kyth，小宇宙 App 首席执行官

此前我未曾想到 NPR 会对我影响巨大，直到我开始听播客。最开始，NPR 一系列节目会成为我日常的陪伴，例如 *How I Build This* 和 *Hidden Brain*。我和我儿子周末出游时的车内时间也常由儿童节目 *Wow in the World* 陪伴。等我开始自己做播客时，NPR 成了我最初的指导。我通过拆解 NPR 的节目进行学习，也会一篇篇阅读 "NPR Training" 上的文章。很高兴《NPR 播客入门指南：创建、启动和增长》这本书有了中文版，能让更多播客创作者从中获得制作技巧和经验。也期待中文播客内容能在形式和制作上越来越丰富多样。

徐涛，声动活泼联合创始人

NPR 是播客制作人的"黄埔军校"，当然也被很多播客公司挖墙脚。我总是说，如果中国有 NPR 这样的机构，我就不会去创建一家播客公司，我会选择做一个 NPR 制作人。有一次跑新闻现场，我见到彼时的 NPR 驻华记者孔安，头发胡子花白的他和一群年轻记者挤在一起采访。我非常羡慕他，我也希望能跟他一样，把用声音讲故事这件事干到老。

寇爱哲，故事 FM 创始人

因篇幅有限，评语没有全部放出。感谢为本书写作评语的媒体、专家。

英文版 序言 1

我们 NPR 人的自我定位是——讲故事的人。

如果你把"故事"等同于"虚构",那么上面这句话可能会让你有些意外。但我们不这么想。

几十万年来,人类一直在用故事传递信息。讲故事已经刻进了我们的 DNA——这可不是打比方,因为 DNA 本身就是一种故事,我们的身体正是在这段故事的驱动下塑造了我们每一个人。

这一切的原因非常简单。信息本身是惰性的,它只是由许多取值点组成的数据集合,然后……赖着不动,仅此而已。

故事赋予信息以生命。"故事"是我们建构的一种动态框架,它将静止的数据取值点编织成流动的时间序列,让我们的受众随之远行。有的旅程带来知识和教诲,有的旅程带来惊奇与欢愉,有的旅程催人行动,有的旅程给人以慰藉和陪伴。

自 1971 年 4 月 20 日开播以来,NPR 就以讲故事为志业,至今从未改变。但在此期间,我们也在不断(并将在未来继续)适应时代。因此,我们有了这本书。

NPR 有以广播播报新闻、讲述故事和通过无线电波开启对话的传统,这意味着我们向播客领域的进军并非无本之木。毕竟,音频新闻行业与音频叙事行业的许多原则在播客领域同样至关重要。一直以来,我们发现了许多新故事,也开发了许多讲故事的新方式,这让我们的一些播客在全球范围内受到了广泛的喜爱、关注和赞誉。

在 NPR,我们时常把"车道时刻"的概念挂在嘴边——这个神秘因素能让听众静静地待在车里,在下班后迎着暮色回家的路上听完一整段故事或专题,在音频陪伴下走完通勤旅途的最后几公里。随着近几年播客的蓬勃发展,业内竞争日渐激烈,我们的这种思路引发了越来越多人的好奇,他们都来询问:你们的音频节目到底是怎样制作出来的?

本书不可避免地会提及一些枯燥的音频处理术语,比如麦克风、混音器、WAV 格式文件和环境声。但总体而言,本书试图提供的是一份实践指南,它旨在讲述我们是如何通过关注听众体验,用音频讲好故事的。

在本书中,你将了解我们的获奖播客是如何做到、又凭什么做到如此高度的。其中,我们采用的策略,是我们几十年辛勤工作留下的宝贵经验。不过,即便你一字一句地照着本书的方法做了，你的播客也不可能和 NPR 如出一辙。

毕竟，你的播客应该发出你自己的声音。

这是本关于怎样讲故事的书，而你的播客发出的应该是一段只有你自己才能讲好的故事。

祝你好运！

安雅·格伦德曼（Anya Grundmann）

NPR 高级副总裁（分管节目策划与听众发展）

英文版 序言 2

带着计划做播客

无论你是谁、你的爱好是什么，总有一档播客适合你。每天都有新的播客涌现出来，无论你是体育粉丝、针织爱好者、文艺青年、扶手椅心理学家、键盘政治爱好者、理科达人、吃货，还是玻利维亚左撇子口腔保健师[1]，任何人都能找到一档对口的播客。

播客已经经历了一轮爆炸式增长，但还远远没有到顶。2019年，《纽约时报》报道称市面上已经有超过70万档播客[2]，而每个月都有2000到3000档新播客上线①。同样是2019年，播客行业走过了又一个重大里程碑：由爱迪生研究公司（Edison Research）和音频技术提供商特里同数码（Triton Digital）发起的"The Infinite Dial"显示，12岁以上的美国人当中有超过一半都听过播客。②

播客之所以爆红，是因为它击中了我们对知识（而且越快越好——我们忙得很！）和消遣（忙了就会有压力，我们也得歇一歇！）的共同渴求。只要戴上耳机，我们就能从播客中享受知识、得到愉悦，并且把自己的双眼和双手解放出来，做其他事情。我们可以在通勤时听播客，在锻炼时听播客，在遛狗时听播客，在做饭时听播客，也可以在酝酿睡意时听播客。

除听众的增长外，播客行业还有第二条增长曲线——新播客的增长。成千上万的人不但爱听播客，还把自己对播客的喜爱转化为建立新播客的行动。

此刻，你拿起这本书，可能是因为想到了一个值得注意的点子，或者得到了什么重要的指点。也许你的亲朋好友对你说过"你应该开个播客！"，也许你只是想探索音频叙事领域，也许你从别处听说做播客能让生意更景气。[3]

1. 等等看，说不定真有呢？

2. 数据源自播客平台 Blubrry，天知道为什么这些互联网平台连一个字母 e 都不用，这就叫紧跟潮流吗？

3. 比如，你老板或许曾把你叫进办公室说："小詹啊，*Serial* 晓得伐？我们不也可以弄一个，给供应餐馆的产品搞搞宣传吗？不然瓶装盐卖不掉啊！"或者其他什么类似的话。

大多数播客爱好者并不关心播客是怎么做出来的。播客就好像从天上掉下来的一样：每天只要起床、打开手机，最喜欢的播客节目就会自动下载下来等我们听。但在得到最初的灵感和制作一部高完成度 [4] 的节目之间，制作者有很长的路要走。

因为有大批制作者涌入播客领域，播客的质量参差不齐。的确，播客行业的入行门槛很低——一个人只要有话筒、有笔记本电脑就能开播客，不是吗？当然不是。实际上，正确的操作非常关键。因为糟糕的音质、糟糕的编辑（甚至根本没有编辑）、半生不熟的故事线，以及很多其他问题，使许多播客（好吧我承认是大部分播客）都难以维持，甚至让人听不进去。

播客的入行门槛或许很低，但学习曲线是很陡峭的。只要坐下来和一个做播客的人聊一聊，你就能听到许多实际操作中的小故事，比如忘记按下录音键，或者后知后觉地发现自己为节目选定的访谈对象在前期交流时原本打开了话匣子，但到录音时却戒备重重，变成一块木头，徒留主播自己被恐慌吞没。任何值得一试的项目都少不了挑战，但如果能在实际着手前养成良好的意识，那么我们就能规避大部分的阻碍、盲点和意外，不至于"踩坑"。这就是本书的主要目的。

播客市场是一片红海，如果听众没有在一开始就被一段故事"勾"住，那么他们就会切换到下一个。在这样的市场里，制作者必须注重节目质量。市面上的每一档播客都在争夺用户的注意力，就是为了在互联网残酷无情的算法大乱斗中赢得听众的点击、下载与转发。

可以思考这样一组数据：大约 20% ~ 35% 的播客听众会在开头 5 分钟内关掉节目。[③]赢得并维持听众的注意力是一件需要认真思考的事。我们相信，你既然要做播客，肯定就想做到最好，而不是陷入逐渐衰败的怪圈——这种现象十分常见，一些人称其为"播客倦怠"（podfade）[5]。

本书就是来解决这些问题的。我们想把 NPR 留住听众的经验分享给你。

本书是关于播客制作的完全操作指南，其基础是 NPR 几十年来积累的经验、专业知识和在"音频市场"（Audio Space）中积攒的声誉。[6] 从如何把一闪而过的灵感孕育成节目，到如何让用户心甘情愿地按下播放键，

4. 完成度不高也成，有时候甚至还挺有趣的！不过这一点后面会谈！

5. 但我们怎么会叫它"播客倦怠"呢？对不对？

6. 嗯，我懂的。"音频市场"。以后不会再提了，我对天发誓。

我们分享的策略在实践中被证明是有效的。你将学会如何为自己的播客找到最佳的结构与形式，了解最能抓住听众的叙事技巧，掌握项目进度规划、预算编排和法务准备[7]等知识，知道录音和剪辑时该做什么、不该做什么，以及最终节目发布时的种种技巧。

本书的一些内容从 NPR 的内部培训材料中改写而来，这些材料是我们为提高音频新闻和叙事能力而编写的技能合集，涵盖范围很广。不过，你能从这本书里得到的远远不止于此。专业播客该怎样为故事开头，以便让听众从头听到尾？专业人士又会给希望投身播客行业的新人怎样的建议呢？在本书中，你能读到一些 NPR 内部人士，以及播客领域的一流人物提供的洞见，还能从我们的制作人、撰稿、编辑、音响师与项目经理身上汲取智慧，他们知道怎样做好一档播客，更知道怎样做一档好播客。

牢记：本书的目的不是让你的播客听起来和 NPR 一模一样。我们只想从 NPR 多年来积累的种种经验出发，让你在做播客之前养成更好的意识，学会多问自己一些问题。然后，你才能用播客发出只属于自己的声音。

归根结底，无论有多少门道、多少辛苦，你的播客都必须且应当发出你自己的声音，释放你自己的热情。

用播客讲好你自己的故事。

带你们勇闯播客圈的领航员是……

是我，格伦·威尔顿（Glen Weldon）。我是 NPR 新闻部负责艺术新闻的编辑，曾写过很多影视剧与书籍评论。我出版过两部文化史著作，也开了一个自己的播客。我在 NPR 的《流行文化也快乐》（*Pop Culture Happy Hour*）栏目担任圆桌嘉宾达 10 年以上，这是一个非常活泼的圆桌会谈式播客，节目中讨论的是时下流行的电视节目、电影、书籍、游戏和漫画。

和 NPR 这个组织一样，我也很早就涉足播客了，但一开始还只是听众。播客这个媒介诞生后不久，我就已经戴上耳机开始听《瑞奇·杰尔维斯秀》（*The Ricky Gervais Show*）、《天啊，乔丹快上！》（*Jordan, Jesse*

Go!)、《你今天真漂亮》（*You Look Nice Today*）、《好吧伙计，你说的都对》（*Uhhh Yeah Dude*）等节目了。现在我已经订阅了 123 档播客，包括但不仅限于喜剧、新闻、叙事和杂谈类播客。接下来，我将与你们分享自己既作为一个播客制作者，又作为一个"骨灰级"播客粉丝的心得。

最初在 NPR 开设《流行文化也快乐》的时候，我们的想法是把自己对流行文化的热忱做成一档节目，帮助听众更好地欣赏电影、图书、电视节目、音乐、漫画，并且这档节目是我们用业余时间仓促赶出来的。

直白点说：我们根本是在抓瞎。

更直白点说：我们当时"乱搞"了一通，才找到了节目应有的格调、声音与模式。

这么多年来，我观察 NPR 的制作人同事们是如何通过一系列的操作"组装"出一期又一期节目的并从这些工作中学到了很多。这些工作包括约访嘉宾、监控电平、插入片段、跟听对话、用清晰明快的方式完成编辑，以及为追求节目的尽善尽美听取反馈意见。

我特别喜欢和人聊播客的事儿。如果你偶然撞见我、和我搭话，我一定会让你先说说你喜欢的播客有哪些，然后再向你介绍我喜欢的播客[8]。所以请把这本书当成我和你在酒吧里的一场闲聊，我愿意和你谈谈播客这个绝妙的媒介有着怎样的、（近乎）无穷无尽的潜能。

这本书将向你展示的是……

简单来说，就是一连串的"如果……就……"。例如，在 NPR 我们在启动一档新的播客之前，会花很多时间提出一系列问题，它们将关系到这档播客的方方面面，如形式、时长、调性、意图、原创性、目标用户、声音设计、预算、人员，等等。

在长达几个月的时间[9]里，我们在各种会议、Slack 群组和邮件往来中反复思考这些问题。在这些讨论中充斥着各项受众指标图表，以及诸如"垂直""平台"及"音频市场"[10]等术语。

但你呢？你不需要开一万场会，只需要这本书就够了。

记住：NPR 是美国专注于音频新闻、娱乐和叙事业务的全国性媒体

8. 这个名单每天都在变，有时甚至隔几个小时就会变。

9. 有时甚至能长达几年，而且这样的情况不止一次！如果你偶然撞见我，那么欢迎你向我打听！

10. 好吧，我食言了，又提到了"音频市场"。

网络。我们的人员和资源储备是像你这样初出茅庐的播客制作者不具备的——至少一开始不具备，但也可能永远都不能具备。但没关系——还记得那些我们在开播客之前给自己提的问题吗？它们才是关键，无论是一个人做播客、几个人做播客、一群人做播客，还是带着一整个机构做播客，你在按下录音键之前都必须思考这些问题。

纯然的即兴是可以的，但既然你拿起这本书了，就说明你不愿或者至少不太倾向于即兴而为。你想了解那些以做播客为生的人有什么见解，看看他们是怎么在多年的从业经历中回答那些"如果"问题的。其中一些问题显而易见，但还有一些问题却并不直观。比如：

> 如果在给播客取名时不事先确认有没有和别的播客重名，那么用户就很可能无法找对。[11]

> 如果你在制作播客时，不时刻牢记自己的目标用户群，那么你的播客就有可能变成一盘散沙。

> 如果你总是听从那些抱怨你公鸭嗓子的人的意见，进而调整自己的声音，那么你就有可能让那些非差评用户不满，因为他们想在你的播客里听到你原本的声音。

本书将覆盖播客生命周期的 4 个基本环节。

第 1 部分：想象。我们将根据在制作播客时集思广益、评估新想法时的经验，教你提炼播客的核心理念与关注点。

第 2 部分：计划。我们将介绍播客前期规划的一些要点，并且它们适用于任意类型的播客制作。这些要点包括找准声音、筹措设备、法务须知，以及在按下录音键前最为重要的基本常识——如何用音频讲故事，并且把自己的观点有条理地呈现出来。

第 3 部分：制作。这一部分将带你了解制作音频节目过程中的趣味和复杂性，从开始录音直到最后完成编辑。

第 4 部分：分享。这一部分的重点是播客的发布和增长，从各种技术性的细节，到如何征求到有建设性的反馈，再到如何把节目发布出去。

除 NPR 专业播客制作者分享的这些幕后花絮、须知列表和解释说明

11. 但律师总会找到你。等着收警告信吧。

外，本书也带有互动功能。无论是打算当一个自食其力的单人主播，还是计划成立坐拥商业预算、为企业领衔制作系列节目的商业机构，请你把本书当成一本工具书，在制作播客时反复查阅、思考。

我们会一直支持你，希望你发出自己的声音，制作出一档能反映你最佳水平的播客，一档能让你感到自豪的播客。

> 如果你有一个绝佳的点子，也有条件落实，那么就不要再等待了，赶快动手去做吧。一次不成就再做一次，就这样不断改进，直到产生理想的效果。
>
> ——斯蒂芬·汤普森（Stephen Thompson），NPR 音乐频道主笔兼编辑，《流行文化也快乐》联合主播①

JustPod 注：

1 "The Infinite Dial" 是美国历史最悠久的数字媒体消费者行为调查。自 1998 年起，市场研究公司 Edison Research 每年进行一次跟踪调查，同时也是美国针对播客消费行为持续观察时间最长的调查。从 2006 年开始便持续记录播客市场规模的变化，是外界观察美国播客市场规模的重要指标。Triton Digital 于 2021 年 2 月宣布其被美国最大的商业广播网 iHeartMedia 收购。该公司 2022 年起未参与这项调研的发布。调研合作方转为亚马逊旗下的播客公司 Wondery 与播客分发与商业化平台 Art19。

2 与大多数人对于"播客节目是一气呵成的创作"这一认识或印象完全不同，事实上专业的播客节目创作就是一堆琐碎的工作，大家最后听到的完整作品只是一个结果。播客创作更像是工厂车间的生产，而不是一个工匠在作坊里日复一日地打磨。

目录

第 3 部分

创 造

开始动工

第 4 部分

分 享

你的播客终于面世了

第 1 部分

想 象

给自己提问题

本书的第 1 部分强调互动，它将引导你围绕自己的播客提出并解答一些基本的但也常被忽视的问题。所以，这一部分中的大多数章节的题目都是问句，而整个第 2 章就是用提问、回答的方式写成的！你将从中了解到播客制作中层出不穷的挑战，确定自己的核心理念与制作意图，定义自己的目标用户群，学会如何规划节目形式，思考团队如何用人并编排预算与日程。

在这里，你既能看到天马行空的抽象构思，也能看到许多像螺丝钉一样的具体细节。你既得戴上象征想象力的巫师帽，又得戴上小气鬼的帽子[I]，像后勤部长一样精打细算。你在做播客时必须把自己掰成两半，既当首席创意官，又当首席执行官。和任何一种想要与其他人分享的创意活动一样[II]，你在做播客时会遇到灵光乍现的时刻，发出"就是这个！"的感叹，然后陷入思索——"那么，我该如何做才能实现目标呢？"

现在，就让我们踏上通往播客制作的旅程吧！

I . 既然"小气鬼"的说法是"数豆子的人"（beancounter），那戴个便帽（beanie）不为过吧？

II . 我说的是正儿八经的"外人"。你要走出亲朋好友的圈子（他们会无条件地爱你、夸赞你），如果不捅破这层善意的"窗户纸"，那么你的播客就不会成长。

第 1 章

等等，播客是什么？

在本书中，"播客是什么？"或许是我们提出的最困难的一个问题。

当今，有成百上千万人在收听播客，并且人数还在不断增长。但如果你问这些人什么是"播客"，那么大部分人只会说："那是我听的一档节目。"[1]

这基本上没错。但如果你有意做一档播客，那么这样的答案是不够的，你需要了解得更多。技术在发展，播客的分发体系在不断变化。你需要吸引的听众也在不断改变，他们对播客的期待更是在不断提高。

简单来说，一切都在变化，能保持不变的……只有变化本身。自诞生以来，播客的发展起起伏伏，它的历史到现在还不满 20 年，如果将它比作"人"，那么它甚至还没到合法饮酒的年纪。而由于播客的制作与分发技术日新月异，给播客下定义无异于用枪打移动靶。这虽然困难，但我们还是得努力试一试，否则你就无法做出既有创意又站得住脚的决定，让自己的播客在这个充满变数的世界里赢得生机。

定义播客

播客是一种按需[2]、便携式媒介，极度契合现代人的生活节奏。它允许我们在做其他事情的同时用耳朵获取信息、了解观点、消磨时间。对播客的狭义定义是，一种可下载的音频文件并保存在"Podcast Directory"（播客目录）中，人们可搜索收听，订阅用户也可通过"RSS Feed"（简易信息聚合馈送）定期接收节目更新。①

1. "这不废话嘛！"他们最后会这么说。当然这八成是背着你自言自语，除非那人是你亲哥。

2. 剧透：这是最大的要点。请继续往下读吧。

有的人喜欢在节目的官网上收听播客。而有的人习惯用播客 App 把节目音频下载到手机上收听，这样可以不受网络连接的限制。还有越来越多的人会在车上或在家中通过智能音箱收听播客。[2]

值得注意的是，听众主动选择了你的播客，这就是播客的按需属性。这一点把播客和地面无线电广播等其他广播媒介区分开来，其他广播需要为了获得大批"被动收听的听众"而广泛撒网。

实际上，播客不是"广播"，而是"窄播"，是积极地、有针对性地播。收听播客的体验是听众主动寻找到的。因此，播客不需要满足所有人。事实上，如果一档播客试图满足所有人，那么它就在无形中疏远了那些主动找上门来的听众。

> 播客可以容纳的话题与点子是无限的。相比之下，广播一天最多只能播放 24 小时的节目，所以总要有人为内容把关，判断什么样的内容值得占用有限的时间。但播客没有这种限制。地面无线电广播追求在特定时间点吸引尽可能多的人，因此有些内容没有机会播出。但在制作播客时，你就能以这些内容为主题。这就是播客与地面无线电广播的本质区别。
>
> ——盖伊·拉兹（Guy Raz），《我的经商路》（*How I Built This with Guy Raz*）创办人，《TED 电台时间》（*TED Radio Hour*），《世间惊奇》（*Wow in the World*）联合创办人[3]

所以你看，播客应该致力于打造亲密感。仅凭理性，听众当然知道可能有成百上千的人在同时听这档节目。但只要播客做得好，他们就可能忘了这一点。

好的播客之所以能带来亲密感，是因为听者听到的内容是自己主动选择的、想要了解的话题，并且这些内容由让他们感觉熟悉、喜爱的主播呈现出来。这种选择和慰藉相结合的模式改变了被动的、孤立的传统收听体验，让听播客有了一种积极的参与感。

除了在播客目录中检索，人们还会在 Pandora、Spotify、Stitcher 和 NPR One 等音频流媒体服务平台上发现新的播客，这些平台能从用户的点击记录中"学习"用户的偏好，并据此推送更符合他们兴趣的节目。此外，在 Facebook 和 YouTube 上搜索、收听播客的人也在增多。[④]

JustPod 注：

在国内，大致可以分为"播客应用"和"传统音频平台"两类。与海外基于播客目录的"泛用型播客应用"和"音频流媒体平台"的分类有一定相似之处，但也有一些差异。国内的"播客应用"主要包括 Apple Podcasts（苹果播客）、小宇宙，以及荔枝播客、汽水儿等，它们大多基于 RSS 抓取并在产品端结合特色化的功能运营。创作者通常需要自行解决节目在互联网上的托管问题，节目通过 RSS Feed 被各个播客应用抓取。"传统音频平台"包括喜马拉雅、网易云音乐、荔枝、蜻蜓、TME 旗下的 QQ 音乐等平台，它们大多需要创作者单独创设账号并上传节目，其中有些平台可以在上传后提供 RSS 分发功能，创作者可以将 RSS Feed 提交到"苹果播客"等播客目录，再由各个播客应用抓取。对于听众端，无论是"播客应用"还是"音频平台"更多的是在收听体验、节目选品、产品调性及运营、特色功能等方面有所差异。

JustPod 注：

在国内，不少播客创作者会把节目录音时拍摄的视频版本上传到诸如 Bilibili 等 UGC 视频平台。这与海外近年来视频播客蓬勃发展的趋势相契合。2021 年，在我们与 NPR 的一次内部交流中，NPR 就提到作为一个内容出品方，他们乐于看到受众从任何渠道、以任何形式接触到他们的内容，并不局限在播客渠道上。有不少消费 NPR 内容的人是通过 YouTube 才接触到他们的节目的，这些观众可能并不太熟悉"播客"这一概念。对于 NPR 制作的大量专题类、叙事类节目，尽管没有统一的录音现场，但他们还是会将音频以配上节目海报的方式发布到视频平台。在国内也有不少创作者会将播客视频的一些片段发布在小红书或者抖音上。一方面可以直接在这些平台上观看到节目片段；另一方面也可以为音频节目引流。在社交平台方面，除了微博、微信公众号以外，豆瓣是和目前主流的播客听众契合度较高的平台之一。而从中文播客听众画像的洞察出发，小红书是颇有潜力的，可以成为播客转化听众的社交平台。目前在小红书上有不少关于播客的笔记，不过话题还较为单一，以播客推荐为主，因此值得播客创作者尝试发布更多基于节目、同时适应平台趣味的内容，以吸引和转化听众。

此外，不少以小宇宙为主要运营阵地的播客创作者，也会在社交平台即刻上开设账号，与听众互动。即刻上的"一起听播客"圈子也是国内目前氛围较好的有关播客话题的讨论空间。

大家寻找播客的方式在变，使用播客的方式也在变。流媒体播客听众的收听习惯变得更加随性、更加流动，在一些人看来，变得更加难以捉摸。

在传统模式下，人们搜索、点击和订阅播客的行为往往取决于朋友的推荐，但现在用户偏好背后的可能性几乎无法穷尽。我们可以把搜索－订阅模式和流媒体推送模式的区别比作外出就餐，搜索－订阅模式就好比仔细阅读菜单，在找准了肯定能满足自己口味的菜品后再下单，而流媒体推送模式就好比走进一家自助餐餐厅，各种美食陈列在你面前，供你选择。音频流媒体平台的用户面对的就是这样一场播客的自助盛宴，无数播客都需要在平台上争夺他们的注意力。

那么，这对播客创作者来说意味着什么呢？这意味着你必须把节目做得非常、非常精彩。我们的听众数据显示，如果你的播客不能在最初几分钟里抓住听众的心，那么他们就会切换到别的节目中去。在流媒体平台，争夺听众注意力的窗口期只有短短几秒的时间。

不过，这能改变播客作为"可下载音频文件"的基础定义吗？答案是不能。但除此之外，播客的一切都在不断变化。请牢牢记住这条底线：和从前比，播客触及目标听众的方式更加丰富，但只有高质量的播客才能赢得更多人的关注，吸引他们并最终留下他们。

概观播客世界

一期播客节目的时间从几分钟到几小时不等，推送周期可以是日更、周更，也可以根据任意一种日程进行安排。[5]播客节目还能像电视剧一样按"季"编排。播客的影响力遍及世界，在西班牙语圈尤其强盛。播客的题材更是十分丰富：一个瞧不起播客的人（你好！）可能会随便瞅一眼苹果播客的首页栏目表，然后认定最成功的播客讲的都是真实罪案类的故事或者非虚构谋杀案调查。但事实上，在苹果播客中前 100 档最受欢迎的播客的内容十分多样，有新闻分析或评论、理财、喜剧、杂谈、烹饪，等等。与此同时，儿童播客和宗教／心灵类播客也在快速增长。[6]

JustPod 注：

在国内可能要数文化类访谈或圆桌会谈类播客了。最近两年（2020—2022），喜剧类播客也得到了迅猛增长。

听播客的都是什么样的人？根据 2006 年爱迪生研究公司发布的调查数据，当时的播客用户的男女比例约为 2 比 1。[⑦]但在今天，女性已在播客听众中占据了近一半，考虑到在写作本书时，商业世界和播客行业的性别差异依旧存在（当然，种族差异也是存在的），这一趋势很值得关注。[⑧]

播客的确可以赚钱，但用播客赚钱很难。至少从目前来看，大部分播客都是免费的。我们将在第 16 章讨论播客付费及盈利的挑战和可选的策略。

从行业层面看，推动播客付费似乎是一个共同的趋势。但考虑到现有听众并不习惯为播客付费，所以我们可以观望这种趋势能否取得成效。[⑨]

目前正在崛起的付费模式试图对听众加以区分。例如，主播可以每过一两个星期额外放出一期节目，只供每个月付费几美元的听众收听。在播客《声音背后》（*Inside Voices*）的一期节目里，喜剧演员琼·加布鲁斯（Jon Gabrus）曾诚恳地讲述了他是如何在主持一档有成千上万人收听的播客节目的同时开了另一档仅对 Patreon 上的订阅者开放的播客的。[⑩]这个付费播客只有数百人收听，但这数百位听众可以获得更深度的参与体验。当然，加布鲁斯本人也能因此获得一笔稳定的收入，这是免费播客做不到的。

播客简史

"播客"（Podcast）是由"iPod"和"broadcast"两个单词组合而成的，最早由本·汉莫斯利（Ben Hammersley）在 2004 年《卫报》的一篇文章中提出。[⑪]这个名字准确地把握了播客的由来和混合的美感。

的确，播客诞生于一种美妙的结合。过去人们把笨重的 MP3 播放器揣在兜里，戴着耳机播放从线上曲库中精心挑选的个性化曲目。对音乐爱好者而言，这样的流程依旧有些复杂，但至少比从 CD 光碟（乃至更"古早"的那种装在拉链包里的自刻光盘）的小山里取出唱片放进随身听或者便携音响方便得多。

与更为廉价的数字录音和音频编辑工具一道，这种更程序化、对用户更友好的技术让音频制作大为普及，任何想要"发声"[3]的人都能轻松上手。仿佛一夜之间，平凡如你我也能在世界上留下自己的声音。

3. 搜搜看（原句："sound [their] barbaric yawp over the roofs of the world"）。

不过，这场技术的联姻其实还有第三个参与者——博客。拜博客的兴起所赐，社会逐渐开始承认，个人也有能力吸引他人关注、建构活跃社群并围绕优质话题与故事展开讨论。[12]

可以说，播客就是这三股力量的结合，它让我们的交流方式前进了一大步。播客的诞生在当时引起了如此强烈的反响，以至于这个词问世短短一年之后，《新牛津美语词典》就把它选为年度单词，小布什也成为美国历史上第一位通过播客媒介发表每周讲话的总统。[13]

播客让持有任何观点的人都能找到自己想要的社群并与之联结。从而一开始，播客的增长就非常强劲。播客挺过了 2008 年的金融危机[14]，在 2010 年后一度放慢了增长。但到了 2013 年，苹果播客上订阅播客节目的人数就突破了 10 亿人[15]。

接着，2014 年播客界迎来了 *Serial*。这是一档里程碑式的播客，甚至有人在整理播客历史时会用 B.S.（*Serial* 前）和 P.S.（*Serial* 后）作为纪元的分野。这档播客用 *This American Life* 的调性和方法报道真实罪案故事，形成了新的播客类型——既悬疑刺激又充满人性、打动人心的调查类播客，既提高了播客这一媒介在大众中的知名度，又提升了播客这一媒介在质素上的上限。

在那之后，播客的发展简直是势如破竹。人人都能开播客的时代来临。像 iHeart Radio、Earwolf、Gimlet、Stitcher、Wondery（当然，还有我们 NPR）这样的大玩家都涌入播客行业，试图在传统广播模式之外获取更多的新用户。从前只提供音乐产品的流媒体平台开始把播客纳入自己的生态，好莱坞也开始把播客当成发现并测试新构想的舞台。[16]各

各性别播客听众占比

男性 54%

女性 46%

播客市场渗透率

（12岁以上美国公民中听过播客的人所占百分比）

2007	13%
2008	18%
2009	22%
2010	23%
2011	25%
2012	29%
2013	一度回落	27%
2014	再次复苏	30%
2015	33%
2016	36%
2017	40%
2018	44%
2019	年度最大增幅	51%

*1.44亿美国人收听

各族裔播客听众占比

白人 66%

非洲裔 11%

拉丁裔 9%

亚裔 4%

其他 7%

拒绝透露的人 3%

各年龄播客听众占比

12-24 40%

25-54 39%

55+ 17%

各教育程度播客听众占比

高中及以下 20%

大学教育（未完成）27%

四年本科结业 25%

研究生及以上 28%

来源："The Podcast Consumer"，爱迪生研究公司，2019 年 4 月。

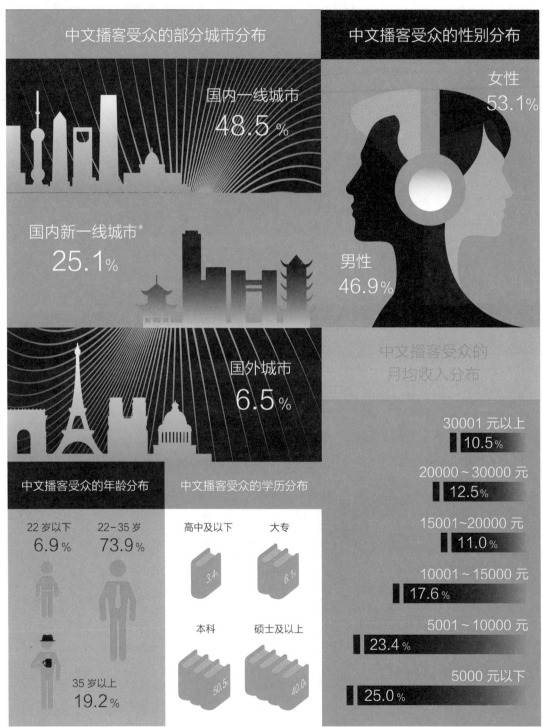

中文播客受众的部分城市分布

国内一线城市
48.5%

国内新一线城市*
25.1%

国外城市
6.5%

中文播客受众的性别分布

女性
53.1%

男性
46.9%

中文播客受众的
月均收入分布

30001 元以上
10.5%

20000~30000 元
12.5%

15001~20000 元
11.0%

10001~15000 元
17.6%

5001~10000 元
23.4%

5000 元以下
25.0%

中文播客受众的年龄分布

22 岁以下
6.9%

22-35 岁
73.9%

35 岁以上
19.2%

中文播客受众的学历分布

高中及以下
3.4

大专
6.1

本科
50.5

硕士及以上
40.0

数据来源: JustPod 2022 中文播客听众调研, 2022 年 5 月。* 参考《第一财经周刊》发布的 "2022 城市商业魅力排行榜":
国内新一线城市包含成都、重庆、杭州、西安、武汉、苏州、广州、南京、天津、长沙、东莞、宁波、佛山、合肥、青岛。

路分析师、调查员也开始涌入行业，开始收集用户统计数据，而这又为播客带来了越来越多的广告投入。至此，播客行业的利益相关方越来越多，承载的期望也越来越大，关于"播客要怎么走下去"之类的讨论也在继续。

好吧，所以这一切意味着什么？

接下来让我们看看，这些经济账和像你这样有志开播客的人有什么关系。

除了彼此押韵以外，"播客"和"广播"几乎没什么相通之处。播客的诞生正逢影视点播、音乐点播与硬核亚文化（各路原本自娱自乐的怪咖出于爱好走到一起，形成各种同好社群）的兴起，而这一切的起源与催化剂都是让一切变得唾手可得的互联网。

归根结底，播客的大繁荣源自我们对高度定制化内容日益增长的需要，而拜键盘、触摸平板、各式各样的屏幕、智能音箱所赐，我们确实可以更随心所欲地获取信息、想法与故事了。再也没有什么媒介"看门人"能决定我们应该在什么时候、在什么地方收听节目，甚至也左右不了节目的内容（这都要感谢之前提到的那些廉价的大众化节目制作工具，让普通人也可以成为内容的生产者）。听众可以挑选、下载、跳过任何想要或不想要的内容，并且为节目打上标签，如"有趣""有意思""有意义"的。

我们很难断言这一切最终会带来什么，但有两点是毫无疑问的：

1　消费者正在成为选品人，他们的收听行为正在积极地影响节目内容。

2　对像你我这样的播客创作者而言，节目质量是根本。好故事和高质量的音频制作是抓住听众、留下听众的关键。

总而言之，如果想以播客为媒介，与听众建立直接、活跃、亲密、有互动性的关系，那么首先就要对得起听众的信赖。尽己所能提供最优质的内容是播客制作者们自始至终的目标。

创业与初创企业运营指南

琳达·霍尔姆斯，《流行文化也快乐》主播

开设《流行文化也快乐》节目最棒也最让人头疼的地方就是这档节目很不正式。没有预算，没有会议，也基本没有正经的规划。我们只是一群彼此信赖的同好，为共同喜爱的话题做一些事情。在默默无闻的日子里，我们有时间尝试、学习，根据我们独特的理念制作节目。这些理念有些乐观、有些粗浅，但背后也有我们的研究汗水与信念。我们试过了各种编排方式，在整个节目中增删板块，并就应该谈论什么话题形成了一套规范。其中之一是"空战街机原则"，说的是我们不应该把"我的本周乐子"栏目做成对自我爱好的孤芳自赏（无论我们有多么乐在其中），让其他人听不下去。这条原则的名字来自我们和斯蒂芬·汤普森（《流行文化也快乐》主持人之一）的约定：我们让他不要在节目里对自己新买回家的世嘉空战街机念念不忘。

但默默无闻的那段时期也意味着，我们总是和熟人一起录节目，停留在自己有限的社交圈里。我们是一群年龄相仿的白人，尽管各种各样的文化趣味让我们的视角显得很丰富。但随着信心逐渐增长，我们开始邀请其他人包括那些和我们不是很熟的人，而随着声音变得越来越多样，我们的节目也有了

长足的发展。这可能是我们这档播客自启动以来最重要的一个变化。无论从听众反应还是从创意的增长来看，它的效果是完全正面的。

因为起步比较随意，所以我们也没有对制作能力抱太大期望。直到辛辛苦苦干了很久之后，我们才终于发现该怎样才能让《流行文化也快乐》脱颖而出，不再游离于边缘。随着我们的播客越做越专业，制作所需的时间也越来越长，像之前那样自由散漫的状态已不可持续。所以，我们最终决定和 NPR 合作，把这档播客变成一档有正式目标、正式预期和正式拨款的官方节目。今天，我仍相信当初那种乱糟糟的试验模式（就像在一份持续了几年的谷歌文档上断断续续地写大纲一样）对构思的发展十分重要。但我也相信，你们需要考虑自己应如何走上一条更稳健的道路，并且规划好自己打算在比较自由的状态下干多久。也许你们想一直这样干下去，也许你只是想做一档自己的节目，干不成就关门大吉，这都没问题。但是，从初始状态跃进一步，开一些正经的会、做一些正经的规划，也是很有好处的，这能为你理清思路。对于节目的内容，你依旧可以随心而为，你要做的只是多记点笔记。[17]

十多年以来，我们 NPR 人已总结出播客超越无线电广播、与听众缔结密切联结的多种方式。我们希望培育出有特色、有调性、能击中用户个性化需求的播客。正如琳达·霍尔姆斯（Linda Holmes）说的那样，我们会把 NPR 在广播界几十年来积累的音频节目制作经验投入播客行业，让我们的听众获得最有特色也最为优质的体验——无论播客行业未来如何发展，这都是一档节目取得成功的关键。《TED 电台时间》与《我的经商路》制作人 J.C. 霍华德（J.C.Howard）说："面对市面上不计其数的播客，我们心里难免打退堂鼓。但市面上同样有不计其数的书、电影和音乐。市面上有很多其他人的作品，不代表这个世界不需要你的内容。你要讲出自己的故事，还要把它讲好。"

希望本书也能帮你收获同样的成功。

第 2 章

那……该怎么上手？

买了这本书的你，想必已经对做播客跃跃欲试了。有的人甚至想好了播客主题，做了些计划。如果把自己的播客梦想说给别人听，他们大概率会说："哦哦！那你想播点什么？"到那时你总得有话可聊，对不对？

但如果你想做一档吸引人的播客，就不应该从一开始问自己"想播什么"。这是因为播客和书籍、电影、报纸或杂志一样，归根结底是一种交流媒介[1]。它唯一的目的就是向他人传达一些东西，比如信息、娱乐或归属感。这是一种与受众对话的过程。同时也意味着一个残酷的事实：播客不仅仅是传达你自己"想说的内容"，更要预测别人"想听的内容"。NPR 培训部门的音频制作专家阿尔金·赫钦斯（Argin Hutchins）说："先找些聊起来有意思的话题，然后看一看有没有足够多的潜在听众对它感兴趣。"①的确，如果没有听众，播客就只是空谷传音而已。

或许你喜欢的一些播客不是这么起步的。比如，我订阅了好几十档喜剧类播客，我也知道这些播客不会费心琢磨自己的听众是什么样的人，也不考虑自己需不需要证明这档播客为什么存在——这是因为他们已经有一定的受众基础了，他们要做的只是想办法把既有受众引到播客这个新媒介上来。在走进录音棚之前，他们已经在喜剧界"积累"了多年（也就是说，把我们想让你对自己提出的问题咀嚼了很多年），他们早就知道，自己的工作就是找到别人的笑点。

很少有播客从一开始就有自己的听众群。[2]所以，为了给自己的播客培养听众基础，首先你必须设想其他人对什么内容感兴趣，对什么样的话题感到好奇、兴奋，或心里痒痒，或茅塞顿开，然后投其所好地生

1. 无论如何都会变成这样。播客起初肯定是一场单口表演，但随着你征求、接受并落实听众的反馈和意见，它将很快成为一场生动的对话。

2. 顶流名人开播客（并迅速抢占下载榜前排位次）的风潮让很多深耕播客多年的主播感到担忧。不过，这些姗姗来迟的播客同样需要持续不断地推出优质节目才能继续"红"下去。（下次请我喝酒，我能围绕这个话题说到吐）。

产内容，让他们愿意继续和你交流。

但事实上，很多播客根本不关心听众。NPR 的政治记者达尼艾尔·库尔茨勒本（Danielle Kurtzleben）主持过 NPR 名下包括《金钱星球》（*Planet Money*）和其衍生节目《金钱星球指数》（*The Indicator by Planet Money*）在内的多档播客，她就认为："确实有很多播客掉进了'让我们随便聊聊'的陷阱（尤其是在早期）。创作者只是觉得'嘿，我和朋友 / 同事聊的天还挺有意思的，我打赌肯定还有其他人愿意听我们聊下去'——但这就糟糕了！很多播客在概念上是很有创意、很能让人兴奋的，但最终做出来的效果却只是几个人彼此闲聊（很多时候能寡淡无趣地聊上一整个钟头），既没有规划也没有编辑。这种节目根本没法听。"[②] 所以在 NPR 当我们要规划一档新播客时，首先要回答的问题就是——这档播客有没有对应的听众群，听众画像是怎样的？

而且，从一开始就思考这个问题，还有一个额外的好处，那就是等到需要把你的播客推销出去的时候，你能比别人更快一步。毕竟，只有对目标听众有了清晰的认识，你才能说服其他人对你的项目产生兴趣，为你提供投资、意见和建议，继而将播客推广出去。

本章将教你如何找准播客的核心理念与目标。首先，需要定义听众；然后在认真投入时间与资源做播客之前思考一些必须考虑的关键问题。

---

npr

行家心得：一寸光阴一寸金

盖伊·拉兹，《我的经商路》创办人，《TED 电台时间》《世间惊奇》联合创办人

我对播客的看法很简单。想一想，我们每天除去睡觉大概有 14 个小时，对不对？其中大部分时间都要用来工作。接下来我们还要花几个小时做些必须做的事情，比如带孩子看病、跑腿办事。在这之后，你或许还能剩下一两个小时的空余时间，

比如切切菜、跑跑步，或者上下班通勤。如果我想占用你一些宝贵的时间，我就得给你些好东西，让你觉得物有所值。每次创办新节目，我都会问自己："人们在听完这档节目之后有没有收获，能不能感到自己在某种意义上变得更充实了？"如果我想找你要一件宝贵的东西，我就得投桃报李。这就是我准备创办节目时的思路。一切的关键在于为听节目的人服务。③

关键问题 01：播给谁听？

为了找准听众群，我们会给出一些练习题帮助你思考。你可以打开笔记本拿起笔，或者在电脑上新建一个文档。当然，你也可以直接在书上进行记录回答。

练习： 认识你的听众

- 你面向的听众是仅限于一个地区，还是遍布全国，或者兼而有之？例如，一档关于公路旅行的播客既可以覆盖美国全境，也可以只关心佛蒙特州（后者的内容整体上针对的是区域性的话题，但也可以对美国其他地方的听众有吸引力）。④

- 有些人喜欢在开车、健身、遛狗或收衣服的时候听播客。那么你的听众会在什么样的场景下收听节目呢？

- 你的听众有什么样的收听情绪？他们是处在压力之下，急需找件事分神？还是在抉择面前纠结挣扎？需要为难题寻找答案？又或者想要推荐阅读的书目？想要陪伴与情感支持？再或者仅仅觉得自己料理鸡肉的方法太无趣，想学些漂亮的新菜式？⑤

这些问题现在有答案了吗？试着根据这些答案，列一份可随时更新的清单，把所有可能对你的播客感兴趣的人记下来——颗粒度越细越好，覆盖面越广越好，不要怕太乐观，不要怕太盲目。比如，如果要做一档名为《越酿越精》(*Getting' Crafty*)、关于精酿啤酒的播客,那么你的潜在听众可能就是靶心图中的这些人。下面尝试写下你的播客的潜在听众。

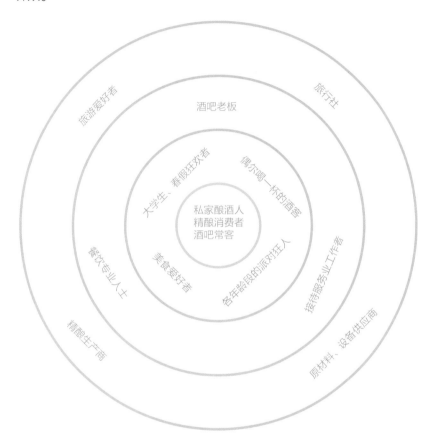

练习: 目标听众

现在,我们要把潜在听众的信息按一定的规则进行整理。这个过程可以理解为确定"目标市场"。我们也可以为自己的播客选定一个具体目标。

你需要明确定义目标听众,聚焦这个群体,对其进行研究。但也不要被其所限,让自己的播客无法拓展选题广度、扩大市场吸引力的范围。

1　回到前面"认识你的听众"部分,看看你列出的那些潜在听众。

2 从列表里选择最有可能收听播客的人，确定其为核心听众。把这些人写到靶心图的中心。

3 接着，再选择对播客中的绝大部分内容都感兴趣的人。把这些人写到靶心图中外环里。

4 最后，思考一下：你现有的内容对这些人有没有价值？你是不是有种迫不及待的感觉，想要把这些内容传递给他们？如果答案是肯定的，那么方向就对了。你正在把播客的内容和听众更好地联系起来了。

除了核心的听众，你还可以在此之外画出更大的同心圆，找到更多的听众。但和其他任何一种关系一样，你和你的播客不能对所有人都面面俱到。追求面面俱到，就会失去焦点，也抓不准听众。

如果在确定目标听众时出现了问题，那么很可能是你的播客构思太宽泛，缺乏独树一帜的鲜明特性导致的。比如，要做一档历史类播客，你应该这么问自己：

- 我要在这个领域内关注哪些具体的方面？

- 关于这个领域，我要说的那些内容有没有被其他人提过？

- 和现有的播客相比，我传达内容的方式有什么独特之处，或者突破既有常识（也就是"反直觉"）的地方？

n p r

行家心得：做好功课

利亚纳·西姆斯特罗姆，播客《隐形力量》制作总监

"这听起来可能是老生常谈了，但市面上确实已经有了很多播客。有志于播客的人应该先看看这个圈子的总体情况，看看哪些内容已经存在……现在，人人都可以做播客。那么，你能给播客圈带来什么新东西？"⑥

如果靶心图中同心圆层数太少，那么这可能表明你的构思过于细分和垂直了，即对应的听众群过于狭小，不值得为此投入如此多的精力。比如，要做一档关于 18 世纪英格兰茶器的播客，要先学会问自己：

- 我还能为这档播客增加什么新的维度，以扩大覆盖范围？
- 播客构思的广度能否让听众在一连几期节目之后仍能对我的话题感兴趣？

也许你可以把话题延伸到 18 世纪的英国古玩、18 世纪的英国家庭生活，或者简・奥斯汀的客厅上去，又或者把 18 世纪英国的家具、生活方式、装饰艺术、服饰、习俗、社会阶层、时兴议题囊括其中。

在为每一期节目构思内容时，一定不要忘了你的核心听众。想一想你的故事能命中这档播客听众图谱的中心吗？

关键问题 02：听众想要什么？

试着从听众的角度问："这对我有什么价值？"。好的播客能切中人们关心的话题。我们可以把可能的情境分为两种——痛点和爽点（坏事和好事）。

痛点

- **问题**。从宝宝为什么不睡觉、升职为什么受阻碍，到最近让人头痛的新闻热点，有什么问题能把我们折磨得寝食难安、如坐针毡，让我们没法集中精力实现自己的目标？
- **需求**。很多基本需求如果得不到满足，那么就会让我们痛苦不堪，比如身体健康、理财管理、事业成就，或者是那些可改善、可修复的东西（无论是自己的人格、与他人的关系还是自家厨房的水槽）。
- **冲突**。比如澄清一个有争议的问题，理清一场热点论争，就一个高度情绪化的话题发表冷静的评论。

爽点

- **心愿**。帮人们做梦、筑梦、圆梦，比如帮助其创业、远游、身体畅适，或者穿搭美观。

- **爱好、消遣。**比如流行文化、极客文化、故事会，或者深挖廉价美食、古着穿搭、飞蝇钓之类的话题。播客圈最大的门类之一，真实罪案故事就属于这一范畴，还有一个更大的门类"宅人对谈"或许也能归到这里。

> JustPod 注：
>
> "Two or More Nerds Sitting Around Nerding Out Over a Nerd Thing。" 一个狂热的小圈子对自己狂热的爱好滔滔不绝进行狂热的讨论。

- **满足好奇心，给人以启发、惊愕、惊喜或震撼。**比如，回答让人心里痒痒的问题，或者提出人们从未想到的问题。利用反直觉，对我们以为自己已经知道的事情提出新见解。[7]讲述那些大卫战胜歌利亚式的成功奇迹，或者某著名事件幕后的秘辛，又或者是讲述一个成功故事、一场惊人发现，建构出一个生动的、或现实或虚拟的世界。

练习："这对我有什么价值？"

试着回答以下这些问题：

1 在上述痛点和爽点中，有哪些是你的播客构思能打中的？（答案可以不止一个。）你的播客要怎样才能打中？

2 想象你正在酒吧里和好朋友聊起自己的播客创意，但这位大大咧咧的好朋友向你踢来了一脚直球："这对我有什么价值？"你该如何回答？

3 你希望听众在听你的播客时有什么样的感受？

4 想象你在节目评论区或者社交媒体上发现一些节目的粉丝正谈论你的播客，你觉得他们会说什么？

5 如果你的粉丝想推荐或者评价你的播客，那么他们该怎么做？

关键问题 03：如何找到目标听众？

现在，你已经大概了解了自己的听众画像，也想过了自己的播客能给他们带来什么。下面 让我们继续研究这些目标听众的时间安排方式，了解他们的兴趣和关切所在。注意，这里请重点考虑靶心图中心的核心听众。

练习： 你的听众都在忙些什么？

试着回答这些问题：

- 你的目标听众住在哪里（郊区、市中心、农村，或者某个具体的州/国家）？
- 他们主要出席什么样的活动？
- 他们正在看什么杂志、报纸和书？
- 他们会浏览哪些网站？
- 他们最常使用哪种社交媒体？
- 他们用哪些流媒体平台？

花些时间研究他们浏览的读物、网站、社交媒体与平台，然后回答这些问题：

- 这些听众喜欢什么样的说话方式：是尖锐讽刺的、中肯克制的，还是情绪激动的？
- 这些听众喜欢什么样的内容长度，是又短又动人的，还是又长又具体的，还是介于两者之间的？
- 从他们最爱读、点赞最多的推送、下载最多的内容，以及最长的评论、最热衷的活动、最关注的播客主题、最喜欢的文章题材来看，什么最能让你的听众投入其中？

以上这些工作叫作"市场调查"，是市场营销的一部分。的确，市场营销会吓退一些人（如"我最不会推销自己了"），也会被一些人嫌弃（如"我只想做自己"）。但好的市场营销只是在提醒人们注意一些他们可能会感兴趣的事物。

请先把这一点牢牢记住，它很重要。在下一个问题里，我们还会提到它。

另一方面，如果能回答这些问题，你或许就能更好地为自己的播客找到理想的调性、时长和内容方向。

关键问题 04：播客的类型。

到目前为止，我们都在不断尝试锁定目标听众。下面，让我们看一下播客的类型。

播客的分类方法不止一种，比如形式（单人？还是多人会谈？）、题材（杂谈？心得？还是新闻消息？）或两者混合。接下来介绍 4 种"播客类型"，我们主要关注的是节目的形式并列出了一些对初创播客而言容易上手的体裁，其中叙事类播客可以说是最有挑战性的类型。[8]我们还将深入讨论这个话题，但眼下需要先知道，最适合自己实际上手的播客形式取决于你手中的 3 种关键资源：

 – 你可用于制作播客的时间。

 – 你可投入播客事业的金钱。

 – 你在时间和金钱较为有限时对播客事业保有的热情程度。

播客类型：访谈类播客

简单来说，就是主持人和嘉宾进行对谈。

举例：此种类型的播客很多，因节目主题与嘉宾个性而异，既有《清新空气》（*Fresh Air*）中特里·格罗斯（Terry Gross）这种比较精细的名人与记者访谈，也有像盖伊·拉兹（Guy Raz）在《我的经商路》中和那些商界大佬进行的关于商业创意的精彩对话。

主持人：一到两人。

嘉宾：一到两人。如果嘉宾是一个团体（比如一支乐队），则应选定一个主要受访者。

如何做：访谈类播客需要发挥主持人、嘉宾的个性及话题特点，节目调性可以是严肃、有趣或极客式的。节目的质量取决于对话的质量，而不只是主持人的水平。播客评论家尼古拉斯·柯（Nicholas Quah）曾说过："特里·格罗斯的访谈是精辟又深入、随和又尖锐、全面又独特的。可以说，她的《清新空气》改变了整个播客产业的面貌。"[9]

我们分享这些不是为了把你吓倒，而是为了向资深人士学习。更重要的是，要知道：访谈绝不只是朋友之间的杂谈，不能只围绕嘉宾乐于谈论的话题问问题，更不能把节目办成展销会。当然，播客可以提及嘉宾最近出的新书、唱片或其他什么成就，但你一定要区分是"告知"还是"带货"。

在《杰西·索恩之正中靶心》（*Bullseye with Jesse Thorn*）中访谈过多位文艺创作者的杰西·索恩（Jesse Thorn）曾说："我总是想跳过那些其他人已经问过的话题。"[10]你绝对希望听众能听到一些有趣的、不寻常的、有启发性的、有意义的、激动人心的，或者出乎意料的东西——一些能让他们拓宽视野、增长见识的东西。最好的访谈节目给人的感觉应该类似于在现实中进行了一场极为深入的对话。本书第 10 章将会讨论人物访谈和前期准备的技巧，还会介绍杰西·索恩使用过的主要策略。

要点：准备充分是把访谈做好的关键，这包括事先围绕嘉宾做好调研，准备好在访谈时念出或播放嘉宾的介绍剪辑。杰西·索恩说过："我会尽可能安排一整天的时间做准备，至少得连续 6 个小时。我做准备的效率很高，但在早些年里我可能需要至少 8 到 12 个小时。"此外，你还需要读嘉宾的著作，或者看嘉宾制作的电影、节目。

优势：成本低。做访谈节目不需要出外景，也不需要租场地，甚至通过电话就可以完成采访。[11]因为音轨数量有限（只有你和你的嘉宾，可能还会加几条他们既往作品中剪辑出来的段落），节目内容在编辑时很好编排。

前期脚本要求极少，你可能需要记下访谈中想谈论的一些要点，也可以列出一些想抛给嘉宾的问题或话题。但你不用为每一期节目撰写一份完整的脚本。你只需要写个开场白和结束语就好（我们会在之后展开谈这些）。[12]

日程灵活。访谈类节目不需要写脚本、出外景，编辑起来也比较方便，很适合时间有限的制作者。你只需专注于前期研究，打磨关于节目内容和嘉宾人选的想法，然后与嘉宾约定时间、为访谈做准备，最后录制访谈。

成长路径：访谈类播客对时间、项目流程管理、预算和叙事能力的要求都比较低，但需要比较仔细的前期准备和对访谈技巧的专注。你或许可以先从时间比较短的访谈节目开始（比如 10 分钟到 15 分钟），然后再增加难度，逐渐成长。

播客类型：圆桌讨论／多人会谈类播客

由几位参与者讨论一个或多个话题（取决于节目时长），目的是从多个角度分享你可以调用的信息。

举例：圆桌讨论的调性与交谈氛围可以有很多种，可以是几个朋友围绕电影或者其他话题的畅聊（如 NPR 的《流行文化也快乐》），也可以是新闻采编团队探讨时下热点（如《NPR 政治播客》）。

主持人：最好一个人，也可以两个人。

嘉宾：对于嘉宾的人数存在一些分歧，不同的意见也各有道理。但要记住，你的听众正在听好几个人说话，你得保证他们能时刻跟上说话者的节奏。《流行文化也快乐》就坚持一个主持人加最多三位嘉宾。

如何做：要明确目标听众，这样才能形成清晰且有针对性的话题与议程。否则，这种本就松散的节目形式很容易变成东扯西拉、缺乏明确定位的产品。

主持人要足够吸引人，能时刻活跃气氛，懂得控场，能在嘉宾跑题的时候把话题收回来，带动他们转入下一个话题。

在最理想的条件下，所有人最好能在同一间屋子里，让主持人能用眼神安排说话的次序，及时发现嘉宾中有谁最想发言，用点头的方式邀请嘉宾开口说话。如果参与者是通过打电话或从线上加入的，那么你可能需要设置很多衔接性的口令，后期制作时再把这些口令剪掉。

要点：像找室友一样，找圆桌嘉宾也要看是不是"搭"，或者说是否合得来。你们应该有共同的兴趣点，彼此尊重，分工合作并有相同的职业道德。彼此间取长补短也很重要。最好的圆桌讨论／多人会谈应该充分调动起多样性的力量，能从多种不同的知识储备、观点和身份背景中提炼出综合而全面的内容。

优势：你可以分享前期研究和每一期节目的准备成果。对脚本写作的需求很小（只需要开场白、结束语和概要，不需要脚本），有一定自由发挥的空间。圆桌讨论 / 多人会谈的效果可以更风趣一些，比如爆笑（如果符合主题且不过度泛滥）、有趣的段子或玩梗，只要听众能发现并享受笑点即可。

成长路径：你可以从一个明确的话题逐渐展开（如从居家烹饪到娱乐活动，从故事片影评到电视节目评论），然后建构专题（如每周综述、产业奖项、事件或历史），收集听众的意见、反馈，建立社群互动，还能一边度假（当然得有人值班！）一边录节目或联络新嘉宾。

播客类型：演艺类播客

这类播客可以就一种演艺媒介向观众提供或分享信息。

举例：由鲍勃·博伊伦（Bob Boilen）和罗宾·希尔顿（Robin Hilton）主持的关于"音乐新发现"的周更播客《总而听之》（*All Songs Considered*）和《世界咖啡屋》（*World Café*），是两档把表演艺术和访谈结合起来的音乐节目。

主持人：一到两人。

嘉宾：并非必要，具体可参见上面提到的两档节目。

如何做：节目需要有明确的定位，你在节目中说的所有话题都要有缘由。如果听众期待的是能从节目中学到点什么，那么作为主持人（更准确地说，节目内容负责人），你就需要介绍每一期节目的主题是什么，为什么选择这个主题，以及这个主题有什么意义。它有什么不同寻常之处，是有颠覆性、历史价值还是创新性？

要点：你必须是相关领域的狂热发烧友，对播客的主题有深入且无尽的热爱，否则就无法取得该领域听众的信赖，自己也无法保有持续的动力进行更新。

优势：该类播客很适合不那么健谈的主持人，剪辑方法也更加简单，如说话，切歌，说话，切歌，如此往复。但要注意，对音乐片段的选用。如果没有得到许可或者没有购买使用权，那么插入的音乐就不能太长。如果你是在评价、批判或分析片段素材，那么大概能归入"合理使用"[3]

3. 也许你正在问："'合理使用'是什么？"这个问题问得好。即便你以为自己知道"合理使用"是什么意思，你最好也要认真查一查，而且不能随便查个结果就算了。这是因为很多人所谓的"合理使用"或许更应该称为"合理滥用"。严格遵守版权法律对像你我这样的创意从业者来说是件好事，我们建议你从本书第 8 章"播客的法务问题"开始，查一查专利局的网站并就具体问题询问律师。

的范畴，但具体还要视相关的法律法规而定。

成长路径：与圆桌讨论 / 多人会谈类播客类似，演艺类播客可以从比较小的主题和内容体量起步，然后根据时间、预算和听众反馈等，逐步拓展话题的范围、增加节目的时长。

播客类型：叙事类播客

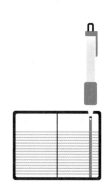

叙事类播客包括虚构类和非虚构类两种。在非虚构的叙事类播客下，还有以解惑特定话题为主旨的知识类播客，如《金钱星球》《电台实验室》；调查报道类播客，如《嵌入其中》；还有将新闻报道与知识结合起来的播客，如专业人士访谈《隐形力量》。

举例：播客如上。

主持人：需要一到两位主持人引导听众听完整个故事，用声音在不同要素间构筑"桥梁"，增添细节、厘清主题、预判听众可能产生的疑问，为叙事安排转折与伏笔。

嘉宾：视主题不同，可以采用外出实地采访、电话采访或录音室访谈等形式，对象可以是专家，也可以是与故事有关的任何人。此外，制作者不仅要收录声音，还要撰写脚本，把驳杂的音频整合成连贯而吸引人的故事。

如何做：即便节目的时间不长，叙事类播客的内容也必须足够深入。无论是虚构的故事还是有现实基础的故事，听众需要有一种领略异域的感觉。

虚构类：你需要有音频工作经验的专业演员来讲述扣人心弦的故事（见下文"聊聊虚构叙事类播客"）。

非虚构类：你需要的故事不但要引人入胜，还要改变我们看待世界的方式。没错，这需要下一番功夫。《语码转换》（*Code Switch*）的首席主播基恩·丹比（Gene Demby）曾讨论过关于种族、族群和文化等很多复杂议题，他是这样回忆自己是如何与希林·马里索尔·梅拉吉（Shereen Marisol Meraji）一道想出这档播客的第一期节目（"试验集"）的："希林负责整理录音，我负责写脚本，我们就这样花了大概一个星期，才做出 15 分钟扎实的播客节目……报道采写本身就非常费时，而节目制作花费的时间甚至更多。我们有时直到星期三凌晨节目快要上线之前都还在做调整……要想做一档好听的、甚至仅仅是能听的节目，都需要花费非常多的时间进行编辑及后期制作。" [13]

要点：研究故事、收集素材、撰写脚本和后期制作都需要大量的时间。出差旅行、添置外勤设备都需要资金支持。有时还要雇人做专业剪辑，或购买音乐和其他音频文件的使用权（可以参考本书第 8 章）。新闻专业中的技能（如对职业伦理的严格遵守）也是报道和讲述故事所必需的。如果你准备亲自操刀节目的制作，那么就需要一定的音频制作基础，如录制音轨并汇编成节目。此外，你还需要一定的项目管理能力，以确保制作进度赶得上发布时间，并完成所有事先所需的流程手续，如从受访者（或虚构类节目的配音演员）处获得授权，或取得音乐与音频选段的使用授权。

优势：发现、制作并分享一段精妙而发人深省的故事可以带来无比的满足感。

成长路径：这一节目形式对播客新人或独立制作人而言是很有挑战的，需要更多的专业技能。成功的叙事类播客绝对不是只用"薄薄的一层事实"作幌子来推销观点的节目。如果你想为自己的播客找一个比较好的、开始的起点，那么建议你选一个自己熟知的领域，在制作的主题上要非常专注，尽可能减少访谈次数或报道的广度，多预留些准备时间，并且压缩节目的时长，这样可以比较好地起步。

聊聊虚构叙事类播客

你写小说吗？也许你想试着做一档虚构叙事类播客。那么你一定要给自己敲响警钟：虚构叙事类播客不只是把一本有声小说拆开来念。在这个门类里最好的内容都是专门为播客媒介撰写的。所以在开始写脚本之前，你得思考一下自己想讲的这个故事能不能在一种由一系列琐碎的系列化音频组成的媒介里得到很好的呈现。无论你的故事是长是短，无论你的文本是类型小说还是"纯文学"[4]，其大部分世界观的建构都必须依靠氛围的渲染。

你对虚构叙事类播客感兴趣，或许是因为它比拍电影更便宜，或许是因为它比出版更简单。但在写播客脚本时，语句必须简洁上口，对话要有现实感。此外，正如上文提到的，其世界观要能以音频的形式传达出来。如果故事像《远航哉克斯》（*Mission to Zyxx*）那样发生在宇宙飞船上，那么就可以加入低沉紧张的引擎杂音，让听众有置身宇宙的感觉。如果故事像《木质大衣》（*Wooden Overcoats*）那样发生在狂风吹拂、阴云密布的英吉利海峡的小岛上，那么就可以加入海鸥的嘶吼和浪涛拍岸的巨响。

如果要对虚构叙事类播客的写作本身做进一步的探讨，那么我们需要的篇幅甚至可能比这本书还多。好在，已经有很多勇敢者挑战了这项工程：安妮·拉莫特（Anne Lamott）的《一鸟复一鸟》（*Bird by Bird*）中用老阿姨一样睿智、温暖又可爱的笔法提供了不少写作建议；约翰·加德纳（John Gardner）在《小说之道》（*The Art of Fiction*）中的指导则更像一位严厉的老祖父对你言传身教。或许你可以把这两本书都读一遍，找找区别？反正我是这么做的。你也可以听一听像《木质大衣》和《非同小可》（*This Sounds Serious*）这样的优质的虚构叙事类播客，听听这一门类的现役行家是怎么探索叙事艺术新疆界的。[5]

做一档虚构叙事类播客对项目管理（比如试镜、雇用和指导配音演员）有着特殊的要求。不过，本书中关于音频制作、日程安排、预算规划，以及如何找到并触及目标听众的基本介绍仍然适用于虚构叙事类播客。

4. 这当然也自成一个类别。

5. 这听着有点像把指导你们的责任推给其他人？没错，就是这样。NPR 在音频叙事领域的技巧和经验积累是无可比拟的，但我们不做虚构内容。

关键问题 05：播客的灵魂核心是什么？

现在，让我们看看播客的主题是如何与我们之前介绍的各种播客类型对应起来的。

练习： 检验概念

请看下列这些问题并写下自己的答案：

- **为什么是播客？** 而不是书、视频或网站？什么是你只能在播客上做到，而不能在其他媒介上做好的？ [14]

- **你的概念是不是已经被人用过了？** 如果是这样，为什么人们会找到你的播客，而不是相同或相近主题下的其他播客？建议你研究一下你的竞争对手，并思考自己能为这个圈子带来什么新东西。

- **你的播客迎合了哪些尚未被满足的需求？** 我们 NPR 的《语码转换》就是因这个问题而诞生的。当问到基恩·丹比（Gene Demby）有哪些尚未被满足的需求激发了他开设这档节目时，他说："有一个故事让我们想要开这么一档播客。那是 2013 年，希林（希林·马里索尔·梅拉吉）和我去西弗吉尼亚报道了一场史上最吊诡的校友返校日：一座传统的黑人学院，但校友群体有 90% 都是白人。我们带回了太多太多的录音素材——那里有太多精彩的故事，如果只在《早间播报》（*Morning Edition*）或者《万事皆晓》（*All Things Considered*）上做成 5 分钟的短节目，那么就太浪费了。所以我们想到办一档名叫《语码转换》的播客，甚至还为此做了一个很粗糙的试播集。但在播客 *Serial* 出来之前的时期，很多人对播客没什么热情。（坦白来说，因为当时我们太想讲述这个故事了，甚至都没想好下一期节目是什么样的。）但我们真心相信，自己在做的事——讲述美国发生的关于种族和身份认同的奇妙故事，有可能会成功。" [15]

- **节目时长应该有多长？** 一期节目的时长根据节目的形式和主题的不同，从几分钟到几小时不等。不过，我们能从数据中看出，时长在 18 到 30 分钟之间的播客更有可能抓住听众的注意力，这与美国人的平均通勤时间大致相当（或许不是巧合）。[16] 但这只是数据生成的建议，如果你相信自己的内容很特殊，那么你大可当一个例外。此外，你还应考虑到自己的可用时间、预算和故事的复杂度等。入门阶段，短小精悍的节目总好过冗长无味的节目。是否成功将取决于维持稳定的节目质量与时长。

- **更新应该有多频繁？** 这取决于你能否持续不断地为听众提供内容。更新频率总是可以在日后提上去的。有些听众告诉我们：他们更在乎的是节目质量的稳定性而非更新频率。但请记住，创建成功播客的关键是"关系"，即听众放心把时间交给你，是因为他们相信你的播客能准点更新。所以你要尽一切努力守住这种信任，不要让他们失望。

- **如何选主持人？** 对这个问题我们要小心对待。不是所有播客制作人都能当好主持人的。你不需要亲自为节目唱主角，但要塑造一个开朗可亲的形象，对播客的主题有热忱，要有足够的韧性走完整套流程，还要有一种迫切的分享欲，乐于用言语、声音和话筒背后的存在感把自己的所知、所爱分享给听众。如果你不是这样的人，那么你可以找一个和自己志同道合且具备以上这些素质的人，让他（她）主导话筒，而你在幕后作为制作人，提供支持，形成密切的配合。[17]

- **哪些人不是你的目标听众？** 再看设定的目标听众（回顾"关键问题 01"），分析可能的潜在市场。严格一些，重新确认哪些人是目标听众，哪些人不是。[18]

练习：一句话概括你的播客

现在，我们终于来到这一步了——这是所有播客指南类图书以及我们 NPR 自己的训练材料都一定会迎来的一步。这道难关要求你用一句话介绍自己的播客，以捕捉其真正独特的精神内核。[19]

别紧张。随着你的构想不断完善，这句话多多少少都会有所改变。但一句话简介本身十分重要：它是你的播客的核心概念的基石。它能让这个核心概念落到实处，也能让你在制作时更容易向别人推介自己的播客，以获得他们的帮助。

首先，让我们看一看 NPR 网站上一些我们自己制作的播客节目的一句话概述。

在看的同时，你也可以思考：这些概述是如何提炼出一档播客的精髓（除了内容，还要讲出调性）的？它们是如何回答"给谁听"和"为什么要听"的问题的？它们切中了哪些痛点或爽点？它们是如何超出我们的预料，勾起我们的好奇心的？[20] 以及它们对听众许下了何种承诺？

《自上而下》（*From the Top*）——向你展示美国最优秀青年古典音乐家们的作品、故事与幽默个性。

《流行文化也快乐》（*Pop Culture Happy Hour*）——风趣不羁地聊一聊最新影视、书籍和音乐。

《以声犯禁》（*Louder Than a Riot*）——为你揭示嘻哈音乐崛起与大规模监禁之间的联系。

JustPod 注：

在嘻哈音乐兴起的 20 世纪 90 年代，这一音频流派与种族、犯罪等问题有着非常多的交织而错综复杂的关系。比如一直有传闻说，一些私营监狱为了增加入监人数，在背后支持了嘻哈乐的发展，希望通过音乐教唆犯罪。这究竟是不是事实？这个系列节目透过一连串的访问与调查就是想要揭示这背后的关系与联结究竟为何。

《隐形力量》（*Invisibilia*）——融合叙事艺术与科学知识，刷新你对人生的认知。

现在轮到你了。首先多打几份草稿，然后停下来，圈出那些你觉得好用的词句（它们能回答你在这一章里思考的那些问题），如此反复，但不要删掉任何文字。那些落选的内容或许还能在你的正式版播客简介（见第 14 章）中派上用场。

汇总一下

    在 NPR 培训部门开设的关于播客发展的热门互动课程"项目蓝图"（Project Blueprint）中，参与者需要填写一份两句话的模板，以描述自己播客的节目形式和特点。这段文字"既是一份营销脚本，也是一份目标陈述"，它可以帮你塑造或完善你的一句话简述，并且囊括了你在阅读本章内容、解答习题时产生的其他新发现。

_____（项目名称）_____ 是一个 _____（节目形式）_____，可以为有 _____（需求或机遇）_____

的 _____（目标听众）_____ 提供 _____（核心卖点）_____。

与 _____（其他竞品）_____ 不同，我们的项目 _____（独特优势）_____。

关键问题 06：如何给播客命名？

    也许在开始制作之前你最先想到的就是给播客取一个好名字。但有些时候，先做好准备，再回过头来取名才更为明智。回答完以上几个问题后，你对要创建的播客的设想已经完善了很多，甚至可以用一两句话对创建的播客进行概述。而对播客的命名更应该进一步地提炼出整个播客的精气神儿来。

    多看一些播客的示例，看看这些播客的取名表达了什么，或者暗示了什么？它们传达了怎样的情绪？你能否看出那些名字是如何与一句话简述的内容相互衔接、相互呼应、互为补充的？比如，《流行文化也快乐》的"快乐"（happy hour）让人联想到酒吧，而在酒吧里，我们的确会和朋友们一边喝酒，一边"无拘无束地聊聊"最近在读的书、在看的影视作品，以及在听的音乐。

    好的播客取名往往能以一种充满诱惑（而非隐晦）的方式呈现出节目的真实面貌。然后，潜在听众可以从简述文字中更好地理解这一面貌，让名字暗示的信息变得更为明确。

练习：播客的命名

下面要做的事就是把起名的想法列出来。不用太挑剔，只管列。只要想到什么，就把它写下来。别以为你在冲澡的时候偶然冒出的点子不会被忘掉。写下来！

如果想到了一个不错的点子，记得上网搜一下是不是已经被人用过，或者是否有可能与其他播客混淆。你也可以在商标索引网站查询你想到的名字是否已经被注册了，以便排除法律风险。当然，你也可以给自己想到的名字注册商标。如果这么做有必要的话，那么你可能得找律师咨询一下。给节目取一个独特且有识别度的名字对播客的市场营销有很大的帮助，这能让像苹果这样的播客平台收录你的播客，也能让听众在第一时间找到你的播客。[21]

你可以向其他人提出你最喜欢的起名方案，征求他们的意见。你也可以让他们根据标题描述播客的形象。[22] 看看你起的名字有没有调动起他们的好奇心？播客的名字必须足够有吸引力，才能吸引他人在翻阅播客列表时点开你的页面，查看里面的内容。一定的神秘感是必要的，但也要避免故弄玄虚、让人摸不着头脑。你是希望吸引人们进来探索，而不是期待他们替你猜谜。[23]

有时候，言简意赅的描述性词语是最好的播客标题，比如我们 NPR自己的节目《人生工具箱》（*Life Kit*）——它真的就是"人生工具箱"这 5 个字而已。简单直接的名字可以让听众一眼看出自己能从这档播客中得到什么。[24]

你要保证播客的名字即便在没有封面设计的情况下也能吸引人。此外，你也需要看一眼苹果播客（从前的 iTunes）对播客名称的要求，确保你的播客的名字和节目简介与其设置的规范相符。[25] 在写作本书时，苹果播客仍是播客领域的绝对主宰[26]，所以你的播客必须登上这个平台。[27]

JustPod 注：

除了下载量与市场份额的原因外，另一个重要原因是，苹果播客的播客目录，也就是"directory"，是一个开源的 API。许多播客应用会直接调用苹果的节目库，以节省运营成本，而且这是合法的。所以被苹果收录就意味着在所有泛用型客户端基本都能搜到你的节目，这是非常重要的。当然从听众角度看，由于"播客"预装在所有 iOS 系统设备上，因此鼓励那些还不知道播客为何物的朋友使用苹果播客收听，也是最简单的方式。

顺带提一下关键词的问题。人们会根据关键词搜索相关类型的播客。你肯定想让这些关键词为己所用。搜索算法总是不断变化，设置关键词的策略也需灵活应变。以前，播客可以在介绍部分堆砌关键词（比如"TV、媒体、电视、HBO、有线电视、流媒体、《守望者》、漫画、图像小说、罗夏测试、林德洛夫"），广撒网以便获得更多的下载量。但现在，苹果播客的服务器会直接拒绝这种策略。所以关键词设置没有什么一成不变的窍门，你需要灵活调整策略。本书第 4 部分会对此展开介绍。

这些关于命名的建议是不是让你头疼？那就让我们来做一个简单的总结吧——名字必须简洁、明快、扼要。

关键问题 07：做播客的初心。

别担心，我们快结束了。但首先，你得画一张"饼"——不是吃的饼，是饼图的饼。

练习：认识你自己

在纸上画个圈，然后思考以下这些问题：

- 你能为播客投入多少时间？
- 你能为播客投入多少金钱？
- 你对这档播客有多少热情？

不用想太多，在你的饼图上依次把这些问题的答案画出来。我们会在后续章节里展开讲。现在，只管画就好。

这样一来，这三个部分就组成了"时间＋金钱＋热情"的方程式。根据这个方程式，你可以判断自己要做什么样的播客，以什么样的频率更新（或者是否更新）。

理想状况：你的饼图上三足鼎立——你有足够的时间做一档理想的播客，有足够的资本购买你不愿亲力亲为（或从头学习）的服务，也有支撑自己继续做下去的热忱。但大多数人掌握的这三种要素是不平衡的。接下来，我们就分别看看这三种要素，研究一些应变的办法。

时间：如果你的"时间"一栏比较小，那么可以增加预算，用"钞"

能力把事办妥。如果钱也不够用，那么你可以让节目时长短一点、更新频率低一点，还可以找个合伙人或者联合主持人（或多个对谈者）与你合作。

金钱： 如果钱是你饼图上的短板，那么你可以为播客投入更多的时间和热忱，比如自学所有技能、对所有工作身体力行；或者制订一份更严格的预算，只在少数不能自己做的事情上花钱；也可以好好研究人才市场，找些廉价又能干的自由职业者为你做事。和之前提到的一样，办一档有联合主持人或多人对谈的播客可以帮你减轻一定的工作压力，甚至也能省点钱。你也可以试试众筹。同样地，缩短节目时长、降低节目更新频率可以让你更轻松。

热情： 在"关键问题 06"我们曾问为什么其他人要关注你的播客。现在，我们要问自己为什么要做这档播客。你爱这档播客吗？

《语码转换》联合主持兼高级制作人希林·马里索尔·梅拉吉曾说："做自己不热衷的事很难持之以恒，但只要弄清自己的热情所在，一切都将推着你往前走。"[28]

人们做播客的理由千差万别，想要借此实现的目标也多种多样。想一想你自己为什么要做播客。你的播客要怎样才算"成功"？[29] 是为了与人分享你关心的事物？是为了提高自己在专业领域的名声地位？是为了展示你的知识面和演说技巧，以争取登台演出或宣讲的机会？是为了与顾客建立联系？是为了自己的网站导流，以推销产品或服务？是为了获取下载量，形成社群，以便有更多的沟通和对话？是为了奖励和好评？还是为了建立一个足够大的听众基础，并以此获得订阅、赞助或广告投放，让播客有朝一日自给自足？最后，想一想与博客、社交媒体、网络研讨会等其他媒介形式相比，播客能为你带来什么？

你不需要立刻给出确定的回答。但如果你对做播客这件事感受不到热情，那么就该立刻停手，不要启动项目。为什么？因为你的听众能听出你的迟疑，然后迅速流失；而你自己也会打退堂鼓——因为你没有足够的动力持续不断地投入时间和精力，也无法从中尝到甜头。你应该先了解自己的热情所在，换一种思路，换一个角度，换一个目标，然后重新开始。

恭喜！到此为止，你已经啃下了不少硬骨头。现在，你对自己想要创建播客的构想已经完善了很多。你知道了自己应面向哪些目标听众，知道要根据自己的优势选择播客类型，也知道了自己想要获得什么样的效果。在接下来的几章中，我们将带你了解创建播客的具体过程。让我们继续吧！

第 3 章

如何组建团队?

创建新播客的传统流程要求你汇聚各种不同的人,让他们根据专业技能适材适所,最后一起完成必要的工作。[1]

然而,当你准备创建播客时很可能没有这样一支传统意义上的制作团队。相反,你自己很可能需要身兼数职,甚至一个人完成所有的工作。就好比即使脸型不适合,也要同时戴上好几顶帽子一样。这能带来一些潜在的好处(一切尽在掌握!),也会带来一些潜在的问题(一切都得指望你!)。

在 NPR,在我们决心做一档新节目之前,我们需要投入为期好几个月的时间进行准备工作,如拓展、测试并不断反思节目的制作理念。但即便这样,最后节目也不一定能成功落地。所以,我们知道在资源紧张、时间紧张、流程混乱的情况下,为了开一档播客忙手忙脚是一种什么样的体验,而这大概也可以描述你现在的心境?

◁)) 我对想要做播客的人的建议,也是我想对所有想要开创一场古怪而麻烦的大事业的人的建议:你要和自己喜欢、信任且能相互扶持的人一道工作。新内容的制作必须绝对准时,这样才能让听众形成稳定的收听习惯;要尽可能找到最优秀的音频编辑和制作人;开会的时候不要拖拉太久(这最后一点对于播客人甚至比对开航空公司的人还要重要)。

——史蒂芬·汤普森(Stephen Thompson),NPR 音乐频道编辑兼主笔,《流行文化也快乐》联合主播[①]

1. 你完全没必要像"复仇者联盟,集合!"那样搞一个团队动员口号,但这么做也不赖。

　　在本章中，我们将会介绍一般播客制作团队需要的人员类型（这些内容当然也有很多重叠、例外和需要额外注意的地方，读下去你就懂了）。这么做是为了帮你厘清创建播客所要完成的各种任务。现在的你可能已经对自己擅长什么、愿意学习什么及完全不懂什么有了大致了解。到本章结束时，你将能清楚地认识到自己接下来要面对什么。这样一来，你就能判断自己能否用现有的团队人力做好自己的播客了。如果不能，我们也能帮你判断是应该外包出去一些工作，还是应该更换播客类型，以便更好地匹配既有资源。

播客团队的经典配置

编辑（任务管理大师）

确保播客架构稳定，叙事清晰。

制作人（老黄牛）

操刀或监督音频制作、技术性编辑、声音设计和混音等工作。也可能参与剪辑乃至其他很多工作。

主持人（动脑又出力）

必要工作：呈现故事（但很多时候也需要创作故事）。

声音设计师（声音效果的总建筑师）

开发、获取或创造动人故事所需的声音效果。

混音师（微观细节大总管）

负责微调音频质量。

解决问题的主管（揪出那些几乎听不见的声音异常的总管）

负责音频质量的最终打磨。

作曲（情绪调动大师）

可以用原创作品，也可以通过获得既有音乐作品的授权，将其用作整个播客节目的主题曲或单期节目素材。

节目封面、图标设计（视觉反斗城）

为播客搭建视觉体系，创作视觉艺术效果。

重申一下：你的团队可能只有一两个人或者少数几个人。这都没问题。本章的目的是为了让你了解各个分工的职责，以此判断哪些工作是你可以做的，哪些工作是你能学着去做的，又有哪些工作是你能用既有的资源雇人去做的。下面就让我们看一看每个岗位的具体内容。

像编辑一样思考

编辑之于故事就像拉布拉多（小狗）之于嘴里的塑料玩具：前者会咀嚼、守护后者，有时还会把后者"撕碎"——这种爱就是这么狂热。

无论是结构、语言、音乐还是音效，编辑需要把控一档播客的所有细节，并确保它们能彼此配合，发挥价值。他们会不停地问："这么做能带来怎样的结果？能否达到我们想要的效果？该怎么做才能尽可能全面地呈现这个故事？会不会导向某种新的方向？"

在 NPR，编辑在制作的早期阶段、故事还只停留在概念层面的时候就开始工作了。在制作电台广播节目（通常以新闻为主）时，记者会在报道发布前与编辑短暂会面，讨论报道内容的设计与呈现方式。而在叙事类（尤其是调查报道类）播客中，编辑的角色则更为重要，有时还会全程参与制作，以协助团队把一个宽泛的概念锤炼成一期内容丰富、翔实的节目。

编辑总是不断地问这些问题："为什么听众要关心这个故事？""我们要采访谁？""怎样才能更好、更快、更简洁地切入正题？""还有没有其他没有触及的角度？"

等播客的实际素材（也可称为"实况录音"）到手后，<u>我们会把写好的脚本大声念给编辑听（有时会隔着电话念），并插播对应的声音选段</u>。编辑需要用两套思路（一个从听众角度；一个从专业编辑角度）听完。

JustPod 注：

在一个脚本中有一部分话是旁白说的。当中会穿插一些采访录音，所以我们一般在跟编辑过会的时候，会念一遍脚本，然后在设定好采访或者音频资料片段的时候，播出这一片段。这样可以形成一个基于听觉的、完整的体验。编辑基于此来判断诸如节奏是否合适，某些旁白或者采访片段的选用是否冗长；设想听众听完以后是否还有疑惑、逻辑是否顺畅等。

然后给出反馈，如"科学家在这里用了一个术语。你们需要定义它。""一个冷笑话可以，两个就太多了。""这一段太拖沓。"[2]"那个片段<u>不太清楚</u>。有音质好一点的吗？"

2. 这句话最能看出好编辑的门道。他们在说这句话的时候总带着一种恼人的热情。

> **JustPod 注:**
> 此处的"不清楚"，可能是由于录音质量不好，也可能是记者选择的录音没有把意思讲清楚。

编辑的话有时会让你感到不舒服，但你的故事真的会因此大为改观。一位明察秋毫的编辑有着一双挑剔、无情、如鹰一般敏锐的耳朵（我们之后会展开谈这一点），他们参与得越早，你的播客质量就越高。

制作人：转旋钮、拧控制盘，等等

制作人需要管理数字文件并把播客节目的各个部分串联起来，还要对声音本身高度关注。

编辑和制作人的区别是什么？总的来说，制作人要和各种调控、参数打交道，要亲手把音轨组合起来，改善声音质量。比如从 60 分钟的采访里截出 60 秒确实可用的部分；调整音轨，让爆破音不那么刺耳，衡量一场圆桌会谈中突然爆发的笑声到底是因为"有趣"还是"自我陶醉"（如果是后者，就要像技术精湛的外科医生一样把它切掉），或者把厨房里丁零咣啷的杂音（以及厨师的声音、采访嘉宾的声音和录制团队里发号施令的声音）从不符合氛围的录制素材中去掉，以让音频变得更清晰。

不过，制作人也可以承担很多其他职责，成为实质上的项目经理，比如联系受访嘉宾、组织录制环节、管理账目，乃至参与市场营销。②制作人的具体工作取决于你的播客的需求。

接下来，我们会逐步带你了解音频制作的最佳方法。这是条很陡峭的学习曲线，但只要多练习，你就一定会有所进步，并且知道一位制作人可以做哪些事情（如果你决定找一个制作人和自己共事的话）。就说我自己吧，我知道自己肯定当不好制作人。制定日程、对接嘉宾足以让我头大，更不用说这份工作还需要组织管理才能、统筹协调多方日程的能力和与人通过电话沟通的能力。我自己很少录制自己的发言，也很少参与音频的剪辑、制作，因此我只能请人来帮我。

n p r

行家心得：制作人之魂

杰西卡·利迪，《流行文化也快乐》制作人

　　在《万事皆晓》节目实习的时候，我遇到的第一个制作人是一位叫布伦丹·巴纳扎克（Brendan Banaszak）的人。有一天他和我坐在一起并对我说："如果你厌烦了整天枯坐在这里剪掉人们呃呃啊啊的声音，那么你就会厌烦这份工作。如果你觉得这很无聊，那么你就不该干这份工作，因为你在接下来的人生里不知道要在这种事上花多少时间，无论喜不喜欢都得这样。"这句话确实触动到了我，因为其实我喜欢这样。怎么说呢，我有时候觉得这就像一种正念冥想。③

主持人：播客的门面、声音甚至灵魂

　　主持人是播客的门面、声音甚至灵魂，尤其当主持人又是播客的创始人时，更是如此。

　　很多时候，主持人需要和编辑、制作人反复推敲节目构思，推动故事发展，或进行各种采访，乃至亲自把素材整合成节目成品。

　　有的人之所以相信自己适合当主持人，可能是因为觉得自己对播客主题有足够的了解与热情，并且足够"话痨"，或者喜欢被人关注。但要注意的是，主持人的工作是非常繁重的。这就是为什么需要考虑找联合主持人，或者说主持搭档。

　　你或许会凭第一感觉找到一个同样对播客很狂热的朋友，然后说："嘿朋友，要不要一起做播客？"也许这终将成就一场美妙的合作。但也可能这会使你们美妙的友情到此为止。——讲真的，信我没错。

联合主持人必须像朋友一样，有共同的兴趣与关切，能彼此合拍。但这只是你寻找合适人选的起点，而非终点。在拉人上"船"之前，请先看一下下面这道练习。

练习：斟酌联合主持的人选

首先，设想一下制作播客的流程：

- 你觉得在制作播客的流程中，哪些工作是你比较擅长的（或者说从既有经历判断哪些工作是比较擅长的）？
- 流程中的哪些环节是你觉得自己需要提高或多加学习的？
- 在那些让你觉得还需要多加学习的环节里，有哪些是你最想学习的？

接下来，思考一下你要制作的播客的主题：

- 你对哪些领域的了解最深？你能带来哪些独到的见解？
- 你对哪些领域的了解比较有限？

现在，再审视一下自己的工作习惯和个人特点：

- 你是喜欢慢工出细活，还是那种平时磨洋工，但在临近截止日期的时候能高效工作的人？
- 你更喜欢向他人推销自己的想法和计划、寻求他人帮助、拉别人入伙，还是更喜欢在幕后工作？
- 你更喜欢做总览全局的宏观筹划，还是喜欢保证细节工作井井有条，让一切良好运转？

也许你已经注意到了，这道练习的标题明明写着联合主持人，但提出的问题都是关于你自己的。之所以会这样，是因为好的联合主持人应该在分享对播客主题的共同热忱之余彼此补充。如果能把不同的知识领域、观点和经验融合起来，那么播客的趣味性和丰富性就能大大增加。除此之外，为团队聚集各类人才，也不失为扩展播客领域的一种明智策略。[4]如果你不擅长实务性的工作，那么你可以找一个这样的搭档帮你监督节目及时推出、成本不超支等工作。又或者是当你需要花时间学习音频制作时，你可以找一个可以分担电话沟通、对接采访工作的人。这种"互补"的模式可以为一些人带来绝妙的平衡，也会给一些人造成不必要的压力，影响工作效率，尤其是在不同的工作方式（或工作伦理）发生冲突的时候——这完全取决于个人。在这里，真正的关键在于对彼此有认识，并且要时刻对自己、对合作伙伴保持坦诚与公开。回答上面提到的那些问题将会帮你更好地安排分工。无论你是一个人单干还是和另一个人合伙，找出那些可能需要雇人代劳的领域。

声音设计师、混音师、音频工程师：宝贵的聆听者

声音设计师的职责兼具创意与技术性，他们负责开发符合播客调性的声音效果，执行音频制作的技术性工作。混音师的工作如其名，就是主要负责把各路音频融合成一个完美的整体。视制作流程不同，这两份工作都可以由制作人兼任。

再说音频工程师，在像 NPR 这样的机构里音频工程师往往坐镇后方，既要提供新鲜的视角，又要提供一些就连制作人也没有掌握的技术手段，以便让一段音频素材达到适合电台或播客播放的水准。他们能发现各种不为人知的细节。这些细节为最终的成品带来了丰富感（richness）、圆满感（roundness）和一致性（consistency）。例如，减少在一次远程录音中，线路中产生的杂音或延迟干扰，或消除在一场户外采访中收录的风猛烈撞击话筒产生的噪声。音频工程师就是质量的最后一关守门人。

不过，并非每一档 NPR 播客的每一期节目都要通过这最后一关。像《流行文化也快乐》这样并不是依照脚本的播客节目，其中并没有那么多复杂的素材，所以只有在有特殊且具体的需求时才会请音频工程师帮忙，比如需要在节目中加入老电影片段时，我们可以请音频工程师改善一下原片的音质。

虽然一个人只有凭多年的工作经验才能成为音频制作的行家里手，但这本书也可以指导你从零开始，学会"用耳朵编辑"——这是音频专家们的行话。

作曲：用音乐推进故事

音乐可以为你的故事设定情绪，也可以给情绪带来戏剧性的转折，或在故事的章节之间充当过渡记号，一切都只需几个音符即可完成。

简而言之，音乐能给人带来巨大的冲击力。因此人们争相在播客中加入音乐，但与此同时也产生了很多对"免费音乐"和"合理使用"的错误理解。一定要记住这条底线：无论成本高低，当你要使用另一个人的创意内容时一定要获得授权许可。⑤（具体可以参见第 8 章。）

美术设计：让音频节目视觉化

美术设计对播客非常重要。好的设计可以让人一下子注意到。你需要的是一个可以清晰传达播客主题和名称的图标。[3]

授权许可与付费使用原则既适用于音乐作品，也适用于美术作品。关于法务的相关问题可以参见第 8 章，关于美术设计的相关问题可以参见第 14 章，无论你是委托别人制作还是自己上手做都要看一看。

再说说社群、课程和服务

让我们依次进行介绍。你可以上网搜索一下线上或本地的播客社群。加入社群后，你就能找到同样在做播客的人。在这些播客社群里你可以结交人脉、咨询问题、互帮互助，也能和他人切磋播客制作与经营的方法与门道。

> **JustPod 注：**
>
> 在国内比较知名的播客社群活动是 "PodFest China"。"PodFest China" 是中国首个围绕播客的线下活动品牌，由 JustPod 参与发起。2019 年至 2021 年，先后举办了 4 次年度峰会、6 场专业工作坊，发布了《中文播客听众与消费调研》报告等，是国内具有行业认可度的播客线下活动品牌。透过汇聚中国优秀的播客与音频内容制作者、发行方与播客爱好者，JustPod 与 PodFest China 一同推动高质量音频内容与播客文化在中国的发展，并建立起良好的行业社区和合作关系。

找到合适的社群并加入后，有些活跃的成员会在社群中倾囊相授。你要做的就是遵循社群规则，四处浏览，做好自己应做的，如果觉得社

3. 但也不要太简洁了。（我知道，伙计，你相信自己只要有一张餐巾纸就能画出一个抢眼的图标来。或许你也确实能做到！但说实在的，视觉设计师是你可靠的盟友，他们可以帮你把那一大堆画在餐巾纸上的涂鸦草稿变成一些确实能在播客界面上夺人眼球的作品。所以，至少向我保证你确实会考虑找他们帮忙，好吗？）

群不适合自己，那么就体面退出。[6]希林·马里索尔·梅拉吉说："你要置身于其他怀有同样热情的人当中，让他们不断挑战你、磨砺你。如果身边的人只知随声附和，那么你就很难成就大事。"[7]

如果找不到想要的社群呢？答案是你大可自己开一个！《隐形力量》的主编兼联合主持人邵友薇（Yowei Shaw）在入行之初就是这么做的。你可以看看后面她在名为"关于社群"的文章中给出的建议。

至于课程，你可以在网上找到很多关于 Audacity、Garageband 和 Final Cut Pro 等音频制作软件的教程。你也可以参加正式的教学课程，提高自己的音频制作技能，和其他播客人（包括在班上授课的专业人士）建立联系，在播客圈积累人脉。[8]

提供播客制作服务的服务商非常多。只要上网搜一搜你就能找到。这些服务提供者能以几乎完全满足你预期的水准为你做好播客——当然，得给钱。一些雄心勃勃的播客人不愿把制作工作外包出去。但人生如此繁忙，你并非不能考虑这个选项。当现有员工业务繁忙，又或者你作为一家企业的管理者无法在日常的工作之外兼顾播客制作，那么就可以考虑选择外包。但在决定外包前先看一看，你的员工中是否有跃跃欲试，想要学习播客制作技能的人。[9]

独立播客创作者因为需要花时间经营社群，提高播客的规模、节目时长或更新频率，也可以考虑把流程中比较耗时的工作外包出去。

和任何一种服务一样，作为买家有很多需要注意的地方。外包业务对你的播客的影响越大（如果这就是你播客商业经营策略的一部分，那么外包的影响会非常大），你就越需要保证服务提供者可以在质量和时间上满足你的要求。

只要在购买服务时多长点心眼儿，你对行业的了解就会更加深入，就会知道优质的制作是什么样的。那么，请少安毋躁，接着读下去。

关于社群

邵友薇，《隐形力量》联合主持兼主编

播客行业的人都非常大方。如果你加入了一个社群，那么你可以说："嘿，我对于在家录制有一些困惑"或者"我玩不转某某编辑软件"。你也可以拜托其他制作者帮忙。

对我来说，录音是做播客时最难的部分。例如，设置技术参数、确保声音效果理想。例如，你需要了解麦克风是如何工作的，知道嘴与麦克风的距离多大合适。但我对这些都不太擅长。当然，这里也有一些演绎的问题——我很难发出自然的声音。所以我需要别人的帮助，至今依旧如此。

我加入了费城本地的一个播客社群，这个社群是我开始做播客时参与组建的。社群中的人从播客制作新手到播客制作老手，水平各不相同。有些人和我一样只是刚入行的新手，但也有些人是资深的音频编辑或音频工程师。堪称业界传奇的杰夫·唐恩（Jeff Towne）正好也在这个社群里。他真的太乐于助人了。例如，我会在社群里提出自己的问题，然后他就说："哦，我正要给Transom（一个电台节目制作培训工作坊）整理一篇教程，我们不妨一起看看，把这个问题解决了？"

所以我们就一起尝试，用了很多种不同的方法。这就是一个把问题分享到社群并最终解决的例子。你把问题分享出来，就会有人开口说："你可以试试看这个"，或者提议和你一道解决。人们会自告奋勇地帮你剪辑故事，你也可以向他们提出具体的问题。

如果你是在凭一己之力做播客，那么我认为加入一个播客社群是至关重要的，毕竟你背后没有机构支持，也没有一个成功的工作室或者制作公司可用。⑩

练习:你的团队该有哪些人?

现在,你已经知道做一档播客需要经过哪些流程、需要哪些人才了。接下来你要做的是根据自己播客的特点进行安排。你可以先回顾一下第 2 章里提到的"时间 + 金钱 + 热情"方程式,再思考以下问题:

1 你是不是预算紧张所以一切都得靠自己?如果是,那么你应该设法留出学习的时间,积蓄能量与保持热情。以下是具体建议:

— 不要操之过急。花几个月的时间学习教程。尝试一下编辑音频,了解工作方法。如果确认自己对制作播客这件事仍有热情,但又觉得自己可能承担不了全部压力,那么为什么不找合伙人 / 主持搭档与你分担呢?

— 制定日程。根据现实情况,给自己预留充足的时间。我们的经验之谈是,你的每一个时间计划都要往长了定。记住了,是每一个时间计划。

— 先做几期节目,再上线。囤积节目就像在银行存钱,存款可以帮你实现理财目标,囤积的节目也能帮你更好地完成节目计划。今天存的货越多,明天流的冷汗(以及失去的睡眠时间)就越少。

— 不要更新得太频繁。来日方长,更新频率以后总能上去。对你来说,最重要的是信守准时更新的承诺,不能让听众失望。

— 缩短时长。短短几分钟的内容也需要好几个小时的制作投入。如果 15 分钟的节目可以在减少一半工作量的同时达到同等甚至更好的效果,那么为什么非得让听众听你叨叨半个小时呢?

— 改变节目形式。访谈类播客在技术上的要求比叙事类播客简单得多。圆桌讨论可能需要更多的编辑处理(声音太多了!),但可以减轻节目内容编排的压力。

— 缩小范围。例如,一档以美食 / 店铺评论为主题的播客可以把焦点对准本地农家、店铺和餐厅,以降低差旅费。或者把视野对准全国,但可以通过电话与农民、私家店铺、厨师或饮食健康专家联络。这样一来,你就不需要外出采访,也不需要出差了。素材编辑起来也更便捷。

2 也许你缺少时间，但对做播客充满热情？那么可以考虑找些做播客的帮手。

- 找一个联合主持人，或采用圆桌会谈的形式。就像《指环王：王者归来》里的那句台词——"佛罗多先生，有负担，要分担。"

- 向社群求助。也许你可以和群组里的其他播客人彼此帮忙，或者通过社群的关系找到物美价廉的服务——早期找到的帮手可能是在校生或应届毕业生。

- 把最费时或自己最不熟悉的工序外包出去。例如，把音频制作或市场营销类的工作外包出去。总之，只要觉得棘手就可以外包。

现在，你明白我们在说什么了吧？这些建议归根结底都是要让你学会"减负"。这不是让你妥协退让，而是教你一劳永逸地干掉那个最影响质量的大敌——"压力过大"。只有这样，你才能根据现实条件妥善运用自己的力量，完成自己在播客行业想要达成的目标，达到自己最理想的产品水准。

第 4 章

要花多少时间，又要花多少金钱？

在第 2 章里，我们已经知道如何用"时间 + 金钱 + 热情"的方程式为自己的播客做规划了。在本章中，我们将更深入地探讨时间和金钱这两个要素。你对播客的热情与志向当然至关重要，但时间和金钱才是决定你能否脚踏实地、实现志向的根本。

在本章中，你可以学到如何制定工作日程表、时间规划的诀窍，以及在制定预算时的注意要点。我们的目标是——让理想中的播客成为现实。

开始制定工作日程表

亚伯拉罕·林肯（Abraham Lincoln）曾如此定义人类最理想的腿长："……我认为那就是足以撑起人体与地面之间的长度。"[①]

这句话放在播客上也同样适用。对播客而言，最好的时长就是最适合完成任务的时长。这取决于你想做的播客的类型、你亲自参与的工作量，以及你自己的经验积累。

由故事驱动的播客和调查类播客是最耗时的。制作者需要充实故事，充分调查，寻找采访对象，约访，完成采访，采集声音，检验全部素材，制作完整的故事。然后不断修订、编辑，直到完成成品。

另一方面，圆桌讨论类播客是最省时间的。只要两三个人围坐在一起，就一些共同喜欢的话题聊聊天就成。评论型播客也是如此，你只需把一个人或几个人的声音与插入的片段混合起来即可。如果对制作过程比较熟悉，那么你只需几天甚至几小时就能做完一期节目。

位于这两个极端之间的是访谈类播客，你需要约访嘉宾，为访谈做好前期准备，然后收录声音、编辑成片。但优点是需要处理的音轨数量比较少。

播客的话题越贴近潮流（流行文化、时事热点），对更新频率的要求就越高，否则你的节目一出来就成明日黄花了。《流行文化也快乐》的听众大都不想听主播们对着一部已经上映三个月（可恶，三个星期都嫌长）的电影喋喋不休。

与此相对的是，也有像《隐形力量》这样的播客。它以节目时间较长、叙事结构复杂著称。每一期节目都要好几个月的准备时间。这种播客的更新频率较低（每年两季，"一季"约六七集）。但因其大量的报道内容、精心的构思编排，呈现的效果也更加精良、丰富、有层次。[1]

另外，你也要考虑市场营销的因素。如果更新时间不稳定，那么听众很可能会忘记收听（或者平台不再下载你的节目）。[2]

> JustPod 注：
>
> 这是一个以"苹果播客"为代表的泛用型播客应用的功能。苹果公司 2021 年 10 月曾经发表过一篇文章解释其中的原理。简而言之就是，如果你使用苹果播客（Apple Podcasts）订阅一档播客，那么它就会在节目更新后自动下载最新一集的音频文件到你的手机中，以便你在想听的时候，即使是在离线状态，也可以随时播放。但如果你连续几期没有收听，那么系统就会暂停自动下载，只提醒你节目更新了。
>
> 另外，在 2022 年 5 月发布的 iOS 15.5 版本中，苹果播客优化了自动下载的偏好设置。听众可以选择存储多少数量的单期节目到自己的手机中。在默认情况下，对发布的独立的单期节目会默认保留最新 5 期，而连载式节目则会保留所有节目。

我们不想吓唬你。但只要认真审视自己的能力、制定好一份工作日程表，就没有什么困难是不能克服的。

1. 你有没有考虑过把自己的播客以"季"为单位编排，比如一季 10 集？如果你的播客并不需要紧跟时事，那么这种季播制可以帮你在日程中预留更多的喘息时间。但要确保听众能理解你到底在做什么。

把握两个环节

无论你做的播客是哪种类型，你都要把握住两个环节：

1　制作日程，包括把素材汇编成一期节目的全部工序。

2　发布日程，记录每一期播客的发布时间。

为帮你加深理解，我们会列出各类播客在制作和发布过程中通常会经历的程序与主要时间节点，你可以根据自己的需求随机应变。

不知道用什么来记录这些日程？如果你一个人干，那么只要用软件列一张日程表或在日历上做上记号就足够了。如果需要和他人协作，那么建议使用一些功能更加强大的项目管理工具进行记录。

制作日程

节目的制作日程表概括了播客制作的流程，囊括了你为做完一期节目必须要做的所有事。表 4-1 中列出了一些你可能会遇到的工作程序。你可以根据自己的情况加以调整，挑出那些你自己的播客需要的环节，或在必要时加入表上没有的工序。

发布日程

试着想象一下你的播客已经做了一年多。此时的你或许想跟进某一段故事（"呃，那期节目是什么时候发布的来着？"），想和之前约访过的一位嘉宾谈谈他 / 她新写的书、新拍的电影、新出的唱片或新开的餐厅（"呃，联系方式在哪儿来着？"），想把之前某次访谈的链接发给新的嘉宾，以便邀请他 / 她对谈（"呃，标题是什么来着？"），或者想根据金额大小给你的赞助者（也许你已经拉到赞助了！）排序（"呃，那些票据都在哪儿来着？"）。

只要有一份发布日程表，那么这一切的信息就都尽在掌握了。你要把这份日程表当成自己播客事业的鸟瞰图，这既是你播客历史的总记录，也是你为播客做未来规划时的重要参考。伙计，做生意就要这样。

一份播客发布日程表一般会囊括以下信息：

- 节目标题与序号、内容简介，以及发布日期。

- 受访者／嘉宾信息（姓名、职务、所属单位、联系方式、社交媒体账号等）。

- 既往节目脚本（有转录者姓名与发布时间）。

> **JustPod 注：**
>
> 转录者，指负责制作、校对转录文稿或基于音频生成的听打稿的人。例如，NPR 的转录文稿就是由一家英国的专门负责文稿转录、字幕制作的公司 Take 1 负责制作的。

- 发布前宣传活动记录（包括内容、时间）。

- 发布当时及发布后宣传活动记录（包括内容、时间）。

- 发布后查看数据表现。

- 赞助者／广告提供者信息（名称、联系方式、广告描述如时长和位置、金额、支付日期）。[3]

表 4-1　节目制作日程表

前期准备

□ 酝酿与构思单期节目内容	□ 修改脚本或大纲
□ 确定受访者／嘉宾名单	□ 预约嘉宾，确定正式录音的时间、形式等
□ 分配前期调查等任务并确定时限（当与联合主持人或团队合作时）[4]	□ 收集访谈期间插播的片段（如果需要）
□ 就话题或嘉宾展开研究（必要时包括阅读、观看或聆听嘉宾的著作、影片或音乐作品等）	□ 发出访谈许可（Interview Release）／授权书，获得使用音乐或插播片段的授权许可（如果需要）
□ 草拟脚本或大纲	□ 准备访谈问题

续表

制作

☐ 录制一场访谈或多个采访

☐ 采集声音（见第 9 章）

☐ 事实核查

☐ 脚本 / 大纲终审

☐ 对最终版的脚本进行录制

☐ 音频剪辑

☐ 混音

后期制作

☐ 插入广告（如果需要）

☐ 转录文本（关于这份工作怎么做及意义何在，见第 14 章）

☐ 撰写节目的文字介绍

☐ 发布前的宣传

发布

☐ 发布节目

☐ 发布当时及发布之后的宣传

☐ 向受访者或嘉宾致谢（给他们发送链接，以便他们收听转发！）

☐ 对制作流程的事后复盘和指标检查（见第 16 章）

JustPod 注：

"Interview Release"是在美国的学术论文写作、出版和媒体采访中常见的一种文件。根据实际情况，它可以是一份免责声明，也可以是一份对于采访使用范围、编辑权等进行的授权声明。实际上，国内很多综艺、真人秀等节目在录制前已经在运用这类文件了，即要求出镜的嘉宾或素人等签署该文件，以保证未来内容以商业目的发布后，不会出现纠纷。

一档长篇播客的日程表范例

《隐形力量》的制作总监利亚纳·西姆斯特罗姆给我们发来一份她工作时采用的节目制作基本架构，以解释她是如何为这档以深度和洞见闻名的叙事类调查播客驾驭如此庞杂的制作过程的。我们不是让你一味遵从这个模板（我们会在后续章节里深入解释脚本和编辑的问题，所以暂时不要被这些术语吓到）。我们之所以把这个案例分享给你，是为了让你了解 NPR 是如何制作这类节目的，并让你对这类节目的制作流程的紧张程度（即便她的制作团队由许多全职的资深专业人士组成）有一个概念。

下面是利亚纳对安排时长较长的春季节目的基本概述：

- 推销并规划构思：两到三周。（推销指的是向编辑介绍你的想法。规划指的是与你的编辑一道找出实现构思的办法，选择需要动用的信息来源，为节目寻找核心落脚点。）

- 采访报道：三到四周。（前期研究、接触信源、联系受访者，为采访录音。）

- 选定、摘取音频片段：一到两周。

- 完成文本大纲：一周。

- 完成节目初版：两到三周。（包括临时用来占位的粗制人声。）

- 主持人编辑＋修改：两周。

- 团队共同编辑＋修改：一周半。

- 外部顾问提出修改意见：一周。（这里说的是找一些并未加入制作流程且值得信赖的人，可以理解为一种临时的焦点小组。了解他们听不听得懂？他们会不会感到无聊？）

- 事实核查与节目制作：两到三周。

- 向团队成员发布半成品链接并修改：一周半。（即形成一个大体成型的早期版本，通过电子邮件传达给其他团队成员。）

- 发布第二版半成品节目并修改（非必要）：一周。

- 最终版／制作：一周。（主持人录制最终版人声。）

- 终审：两天。

- 最后打磨：一周。[5]

JustPod 注：

长篇（Long-form）播客，这个概念在音频节目中与在文字作品中的定义接近。可以类比非虚构文学。通过大量采访与文稿的撰写形成的一档结构严谨、内容饱满的叙事类播客，并且时长在同类播客中属于较长篇幅的节目。

推销（Pitch），是的，就是许多创业者向投资者汇报自己的想法时常用的那个词。在新闻行业，这个词同样适用。通常指记者或制作人向编辑推销和阐释自己的想法，可以理解为提报选题。

占位人声，现在技术发达了，我们一般是用网上的人声朗读软件来生成这些占位配音素材的。内容就是读出前面一步里的文本，再加上挑选出来的音频片段，按照大纲的顺序摆放，形成初版节目音频。

焦点小组（Focus Group），定性研究的一种方法，除了在学术领域，也被咨询公司和广告公司广泛使用。

保持一致最关键

播客时间表应能让你维持一个比较可靠的发布进度。你是打算根据固定的时间安排发布系列作品（如周更、几周一更、月更），还是打算做季播制播客（那么，你的一季有多长？），又或者是一档限定期数的节目？[6]这一切都取决于你，但我们可以告诉你：放低预期才能收获惊喜。这对工作、爱情和生活都适用。

要记住，做播客不同于开电台。你不能只是把节目放出去，然后等着别人在你播放节目的时候收听。你必须让听众把播客当成他们生活的一部分。与此相对的是，听众也要求你的节目能够满足他们的预期。你要确保每一期节目都能在他们想要的时候，以他们期待的时长呈现出来，并且与他们做饭、跑步或健身的步调相吻合。[7]如果你成功了，那么你就在这段交互关系中信守了自己这边的诺言并终将收获听众的信任与忠诚。

保持一致（或者说确保节目的稳定性）能帮助你获得金钱回报（比如拉广告——有梦是好事，对吧？）。企业往往期待广告能按约定投放，所以你应该给他们发一期带有时间戳的节目链接，以证明自己兑现了承诺。[8]

时间规划的 11 条诀窍

接下来，我们看一下在制作播客时节省时间、争取时间或更好把握时间的办法。

1　一开始，你得给自己预留足够多的时间，因为你面前的学习曲线是陡峭的。但只要摸清了门道，你总可以在后期加快脚步赶上。[9]

2　不积跬步，无以至千里。起初你可以制定一些<u>不那么远大的计划</u>，这样就能从各种错误和挫折中吸取教训，为日后全力以赴的大事业做准备。比如，如果你很擅长收拾杂物，那么你可以围绕如何整理办公室做一档三期系列节目。[10]这样一来，你就对做播客的时间尺度有了概念，也能摸索出一季节目做多少期比较现实。同样地，如果有听众在听完你的第三期节目"整理文件：为你解惑"之后觉得很喜欢，那么他们还会对你的第一期节目"主宰你的桌面"和第二期节目"收件箱断舍离"感兴趣。这样一来，你就渐渐获得了观众基础——这可是维持播客运转的最大驱动力。你需要让听众知道这档系列播客只有有限的几期，这样他们会知道除了正在听的这期节目之外还有另外几期节目可听，同时还能在意犹未尽时向你表达希望继续更新的心愿。[11]此外，切记：你在播客界的初出茅庐之作可能并不理想。这在所难免。但千万别气馁，吸取教训，你可以一步一步改进，让播客越做越好。[12]

JustPod 注：

所谓的"不那么远大的计划"，可以理解为：不要野心太大。做一些力所能及的事情，逐步建立信心，减少节目中的变量（这也是 JustPod 做新节目时经常说的）。

当一切从零开始的时候，其实有很多维度都需要测试，如形式、话题，等等。降低其中的变量就是说，比如内容上，我对这些话题了解的深度，或者话题本身的稀缺性是足够的，即使这些内容被写成一篇文章，这些信息整理出来也是很有价值的。这样一个新节目测试的重心就放在了其他维度上，比如形式、制作手法等。

这样做一方面不会分散精力，另一方面如果最终的节目效果不理想，那么也能更容易找出问题，对症下药。

3 用冷酷无情的现实审视你的理想时间表。你既要记录一项工作在计划中的完成时间，也要记下它实际的完成时间。这样，你就能在制作复盘阶段找到哪些事情与预期不符。补救措施如下：

- 从其他环节中腾出时间。

- <u>延长发布周期。</u>

JustPod注：

可以理解为：把上线时间适当推迟，不要让截止日期（Deadline）"逼死"自己。

- 学习教程或寻求他人指点，以提高自己的播客制作技能。

- 以金钱或互相帮助为交换，请别的播客制作人帮忙，或者请音频专业人士为你代劳。

- 重新审视播客的节目形式。

4 节目发布后一定要复盘。发布一期节目后，记得重新审视你的播客制作流程。看哪些环节超出了预期？你能怎样提高效率？此外，也要检查节目的质量。同样要记得指出那些做得好的地方，小小地鼓励自己一下！⑬

5 团队参与。如果你有联合主持人或一组对谈者，那么可以请他们参与前期规划、日程安排和事后复盘，以便让所有人保持同步。你们可以一起敲定日程（杰森每天下午要接孩子放学，所以我们只能在上午录音）、分配任务（杰米擅长预定访谈，戴博喜欢研究声音编辑）、一起解决问题（我不是在怪谁，但佐伊每次完成大纲都不够及时，我们该怎么帮她？）。⑭

6 为了更好地推进项目，学会从后往前排计划。NPR 的培训团队在"项目蓝图"中建议从预定的发布日期出发，按时间倒序编排日程。例如，像表 4-2 一样逐周分解工作任务。⑮

表 4-2　周工作任务模板：5 月 14 日—5 月 18 日

目标： 本周你想完成什么任务？	做法： 列出完成任务所需的举措。	阻碍： 完成任务要克服什么问题？
• 完成第一期节目的脚本	• 完成录音整理 • 初稿 • 重写一遍 • 二稿	• 花时间与编辑交流 • 解决音乐授权问题

7 　多囤积几期节目，然后你就能像卡通片里的大富豪那样躺在节目堆（钱堆）上逍遥自在。只要开始做播客，就需要同时处理正处在不同制作阶段的好几期节目，以兑现自己的节目发布排期。（另一个好处是：你可以预先为后面的节目做宣传，因为你事先已经知道内容了！）

因此，在正式发布节目之前，应该保存几期已经完成的、随时可以发布的节目成品。在这些节目发布的同时，你又能着手制作接下来的几期节目，然后再把下一批节目存起来等待发布，就这样左一步右一步地错开更新。

囤积节目还有什么好处？因为在一开始，<u>你做的播客很可能因为缺乏经验，制作水平达不到播出的标准</u>。别担心，这是常有的事。而多备几期节目，可以减少这种焦虑。

> JustPod 注：
>
> JustPod 有一套应对这个问题的处理方式（针对谈话类节目）：
>
> 第一集或称 demo 集录制的嘉宾必须与需求方（企业或者主播）非常熟悉，以备在第一次录音效果极差的情况下，可以随时请嘉宾再次录制。录制后，制作人会和主播做两次复盘，一次发生在录音后，甚至可以是在嘉宾离开后直接进行；另一次是在 demo 出来后。第一次实际上最为关键，谈话节目有两个"场"或者"层次"，第一个场就是录制现场，

（续）JustPod 注：

这里的顺畅与舒适对整体效果起到了决定性的作用。最好第一时间就告知主播，刚才哪些事情做得好，又有哪些事情有明显不足（比如应该追问、应该提醒嘉宾说清楚、应该看看提纲上还有没有更合适的问题，等等）。demo 出来后的复盘则更多的是为了让主播感受到现场的时间线与剪辑后的时间线有哪些不同，并不要求他们能够在实际行动中立刻将两个 "场" 合二为一地思考。这个要求很高，但至少让他们知道有这件事。

与主播复盘他与嘉宾的沟通，包括事先沟通和录制中的沟通，比如告诉嘉宾，节目是提前录制的，如果说了不合适的话，后期都可以处理，等等。目的是要让嘉宾知道录播客是怎么一回事，它不是一个媒体采访，而是一场真诚的交流，他需要有一个放松的心态。好的播客非常考验这一点，它并不要求嘉宾在节目中有什么惊天猛料爆出，但必须要有一个真诚自信又不受拘束的状态。这个状态听众完全能够通过声音感受到，它远比你说了什么更重要。

8　做长线规划。以《流行文化也快乐》为例，制作人们会预先做好准备，提前记下热门影片的首映或剧集首播的时间。至少为今后两个星期的节目做好计划。

9　建一个点子库，定期从里面找灵感。想法是播客的起源，你必须 "孵化" 它们。记得新建一个文档，把所有关于播客的想法及时写进去。[16] 不要挑挑拣拣，想到什么就写什么，还要鼓励团队成员也这么做。你们要定期开会交流想法，检阅一下自己的点子库，琢磨琢磨里面的那些概念，加一些新的创意进去，再把其中一些想法付诸实践。你可以每周把点子都过一遍，不需要太复杂，找个时间，这一刻只有你、一杯咖啡和你的笔记本，也可以和团队开半个小时的语音会议。（在本书的第 2 部分，我们会讨论在阐发构思、讲述故事时要思考什么样的问题。）

10　准备几期比较好做的选题。[17] 如果某一期节目（或者生活中的其他事）让你遇到了麻烦（比如嘉宾需要更改约定的时间，甚至取消邀约；制作出现了技术问题；或者你家小孩的耳朵发生了上学以来的第 84 次感染），那么你可以优先制作一期比较好处理的节目，以保证按时发布。如果你的播客以外出实地采访为主，那么也要记得做些可以请嘉宾到录音棚里录制的节目。如果你的主题紧跟热点（比如时事新闻），那么记得做些以时间段（比如十年）或主题为单位的历史回顾节目。如果你的播客主要是评论时下新闻或流行文化，那么记得准备一些"长青"选题——这些选题不依赖具体事件，可以自成一体，可以在危急时刻拿来填"坑"。[2]

11 给混音留足时间。播客制作的每个环节都需要时间。而混音（通过剪切、排列音轨以达到某种效果）则需要花费几个小时的时间，才能弄出几分钟的成果。所以，尤其是在刚开始制作播客的时候，你一定要给混音留足时间，尽可能把这件事做好。[18]

2. 你肯定会遇到这种"危急时刻"。

要花多少钱？播客预算入门

办事总得花钱，而你为播客花多少钱，则取决于你做播客的目的。如果只是因为喜爱而做，那么你就该在经济上量力而为，无论最后的结果是阳春面还是满汉全席。

如果你打算让自己的播客有朝一日实现收支平衡，乃至为自己小赚一笔，或者你从一开始就打算以变现为目的开播客，那么，就算在刚入行时轻装上阵，但你终究需要投入资本，把产品打磨得足够精细，然后根据逐渐进步的制作能力、逐渐增强的影响力和对这场疯狂的播客生意的情感投入，逐年增加投资。

我们会在第 16 章讨论播客变现的问题。在这里，我们主要关心成本。

制作播客的成本有些是一次性的，比如买一支话筒；有些是需要持续投入的，比如给播客平台缴纳的使用其托管服务的费用，以便使用该平台上传节目、进行分发并将节目纳入播客目录中。

> **JustPod 注：**
> 这里体现了中外在播客分发上的不同。所谓 RSS 分发，它的核心逻辑就是，创作者制作的音频文件怎么在互联网世界出现是由创作者解决的问题，听众使用的所谓的"泛用型播客应用"只提供检索、订阅，以及提供良好的播放体验和功能等服务。
> 例如，苹果播客在创作者一方是没有提供节目上传后台的功能的。因为你的节目怎么在互联网上出现是你的事情。对于苹果播客来说，你只需要提供解决了这个问题后的结果——一个 RSS Feed 的链接，再把它提交给苹果播客就行。
> 在这种情况下，专门的播客托管服务就应运而生了。有了这样的服务，创作者可以不用

（续）JustPod 注：

像"极客"一样去研究怎么购买服务器、怎么搭建网站等。只要向托管服务商每年交一笔费用，就可以使用它的服务，把你的节目上传上去，最终得到一个 RSS Feed。

在第 6 章中，我们将会讨论设备的问题。但如果你想走极简风，那么设备成本基本上只需电脑、智能手机和对应的音频编辑软件（除非你在用免费版）。为自己和联合主持人（或采访对象）购置几支话筒和耳机可能会花去几百美元。想要出外景？对应的设备（如便携式录音机等）也需花费几百美元。想在室内录制？如果你没有一个消音效果比较好的录音空间（后面会细说），想租一间专业的录音棚享受优质音效，则需要支付每小时几百美元的租金，乃至更多。[19] 哦对了，你或许还打算花钱学习各种技能，或者找外包进行制作？

无论如何，你都要统计自己为制作播客投入的成本。[20] 这么做是为了：如果你想用播客制作成本申请商业退税（首先咨询你的会计），那么你就需要记录开支，并收藏好对应的票据证明；如果要给团队的其他成员报销，那么你就需要记录他们的具体花销；如果你想要为播客申请资助，那么你就需要弄清这档播客的成本，以便说服金主。

JustPod 注：

国内播客公司的经验是"如果是一般纳税人，购置设备如果拿到的是增值税专用发票，那么可以作为增值税进项税的抵扣额"。前提是要是一般纳税人。

表 4-3 囊括了一档普通播客常见的开支项目。这不是一份必要开支清单，也没有穷尽所有项目，你要做的只是参考这份列表，想一下自己的播客需要花多少钱。你的目标应该是什么？例如，制作过程精简、高效，节目效果没有廉价感。

还有其他节省开支的方法，如养成好的声音收集习惯，知道如何、在哪里放置话筒最能避免音频问题，让你不必花大量时间与金钱对声音进行调整。

做好功课。从网上查看服务和产品的价格区间与用户评价。或者融入播客人的社群。与其他播客人聊聊他们是怎么选择设备与服务的，也可以了解一下其他人的预算，了解他们在哪里节省开支，又有哪些地方值得花大价钱提升品质的。比如，如果你想专注于构思选题与市场营销，那么你就应该多花点钱找一位制作人，负责录音和高度费时的音频编辑工作。这样播客的质量会大大提升，并且能够按时完成发布计划。[20] 你也可以与其他播客人互相帮助（如"你帮我做音频编辑，我可以给你的下一季节目写点音乐""你教我用 Audacity（一款免费、开源的音频编辑软件），我可以教你记账"，等等）。

表 4-3 播客开支列表

设备与软件

☐ 电脑

☐ 录音机

☐ 话筒（一支或若干）

☐ 话筒架（一个或若干）

☐ 防震架（一个或若干）

☐ 耳机（一副或若干）

☐ 防喷罩（一个或若干）

☐ 防风罩（一个或若干）

☐ 编辑软件（除非使用免费版）

☐ 电话录音软件（除非使用免费版）[22]

制作成本

☐ 音频编辑

☐ 音频制作

☐ 混音

☐ 文字转录

市场营销

☐ 播客封面与美术设计

☐ 播客托管服务

☐ 流媒体平台服务

☐ 网站域名

☐ 网站托管服务器

☐ 网站设计

其他开支

☐ 外部专家、团队成员

☐ 租赁录音棚

☐ 音频处理设备或材料（如移动录音间、隔音泡沫材料，等等）

☐ 差旅费

☐ 其他费用（音乐和声音效果等的授权许可或委托制作费用，等等）

☐ 文件储存及备份费用

练习： 底线在哪里？

现在，你已经对播客的制作成本有了大致的了解。下面试着回答以下问题：

— 你的构想需不需要调整？可以调整的对象包括节目形式、长度和节目上线日程安排。比如：你可以把一档偏重户外采访的节目改成以访谈为主的节目，这样只用偶尔出门；又或者是找一位联合主持人分担工作与成本；缩短节目时长，不要东拉西扯半小时，而是要精准有力地说上十分钟（相信我们，短小精悍的节目确实是好节目）；或者把某些特定主题的播客从周播制改成在特定节假日前后推送。

— 哪里能找到性价比高的帮手？比如，加入（或组建）播客社群，以便交流想法、情报，互相帮助；上音频制作课，或者搜索免费的网络教学资源；找学习艺术设计、作曲或音频制作的学生帮忙。

至此，你是不是还不太清楚该如何具体地制作播客？没关系，有疑问就是好的！本书的第 1 部分提出的种种问题，就是为了打磨你的想法，让它能在现实中落地。

第 2 部分

规 划

准备开播

现在，你已经给自己的播客确定了核心理念。接下来要做的就是对着话筒开录，对吗？不，先别急。在开始录制之前还有很多工作要做。如果做好前期准备，那么你的音频编辑[1]一定会感谢你的！

首先，确保声音能被清楚地听到。我们会告诉你评估自己说话声音的不同方法，让你知道自己声音的哪些部分是好的，又有哪些部分可能是你需要调整的。我们还会教你通过练习适应自己的说话声音，规避说话时常见的问题，让你在播客中融入情绪表达。

在按下录音键前，你需要知道什么样的话筒最符合自己的需求，还要对提升播客音频质量的必要设备有所了解。我们会为你提供设备的必要信息，也会告诉你怎样用有限的经费为播客升级硬件。

我们会告诉你：如何创造出人们爱听的内容，如何讲述引人入胜的故事。我们还会讲解如何撰写脚本和大纲，如何安排节目的引入与导出，以及专业播客人是如何吸引听众注意力的。

最后，我们还将在第 8 章为你讲解相关法律中最基本、最必要的知识。

1．或者，你自己？

第 5 章

找准你的声音

没错，我们都听过广播里那种极具辨识度的声音，温暖又不失威严、放松又不失精致的声音。

大多数人并不是天生就有这样的声线的。在 NPR，很多受欢迎的电台主播都要经过多年的训练和历练才形成了自己的声音。比如，《万事皆晓》的奥迪·科尼什（Audie Cornish）和《早间播报》的雷切尔·马丁（Rachel Martin）的声音都经过了长期打磨。无论是讲述悲剧性内容还是技术性内容、温情故事还是幽默段子，都能收放自如，引人入胜。对新闻类节目主播而言，专业的声音更是必不可少。

但在做播客的时候，你并不需要非要具备那种传统的播音腔。因为播客的核心是发出个人的声音。无论你的声音是朴实无华、不同寻常还是离经叛道的。你的听众在意的是，你整个人是否有足够的热情，是否具备足够的知识。

下面按照文中的三步法，尝试找到自己的声音。避免发声时可能会遇到的一些常见问题。掌握一些简单技巧，让你的声音达到自己最满意的状态。

第 1 步：接纳你的声音

让声音听起来更像你自己。你的声音是一种天然的秘料，融合了你独有的腔调、音高、韵律、声量和抑扬顿挫。而这一切又反映了你在说话这一刻的情绪（比如好奇、愉悦、迟疑）和你的生活经历、成长环境，以及你是否会说其他语言。

你可以找一些值得信赖的人问："听众会觉得我说话难以听懂吗？"

然后，问你自己："我对我自己的声音满意吗？"

清晰、易懂是音频录制的关键。如果听众不断在反馈中指出你的声音不太清晰，那么你可能就需要接受一些发音训练了。不是为了消除你自己的声音特色（这些特色是让你独树一帜的东西），而是为了让你的发音更清楚。掌握一些说话技巧（比如放慢语速），可以让听众更能听懂你说的话。

他人的反馈可以让你发现一些自己难以发觉的、不好的发音习惯，或者发现一些可以作为个人风格的特点。愉悦的声音或许能让听众想象出你的笑容，平直低沉的声音有时则带有讽刺色彩。美国南部的口音温吞但精炼，纽约口音棱角分明，英式英语咬字清楚、调性闷骚——即便只是说"达喀尔"这个词，也可以有技惊四座的念法。[1]

> **JustPod 注：**
> 关于达喀尔（Dakar），你或许听说过达喀尔拉力赛。不过不重要，结合旁边的注释，你知道在这里举这个例子，只是 NPR 一个记者的梗。

不要为了营造品牌形象或播客人设强行改变自己的声音。如果你因为找不到更好的表达而在播客中随口说出一句意第绪谚语，或者从德国籍老阿婆生疏的英语表达中撷取了一段格言，那么尽管去做。因为那就是本真的你。你要驾驭这些特色，而不是夸大它们。你的声音一定要真实，原原本本地道出你自己。

> **JustPod 注：**
> 一种德国犹太人说的语言

1. 这是 NPR 国际新闻记者奥菲贝亚·奎斯特－阿克顿（Ofeibea Quist-Arcton）的专利。

n p r

行家心得：如何找到自己的声音

萨姆·桑德斯，《久违了！萨姆·桑德斯》主播

我应不应该让自己的声音在节目中更像其他种族的人，无论那到底意味着什么？比如，为了证明我有一个独特的视角，还是其他？或者，我应不应该有意让自己像一个得克萨斯人那样说话？类似这样的疑问，我还可以举出许多许多。

但我必须抛弃这些想法。我的一些朋友觉得我在节目里的声音总是很"黑人"。但也有一些同事说自己从来都听不出来。有些时候我会暴露出自己作为得克萨斯人的一面，但有些时候我的声音反而更像加利福尼亚人。

但现在，我觉得最让自己满意的是，人们只要收听我的节目，就能认出我萨姆·桑德斯的声音。我的声音属于我自己，它是我各种身份的融汇，我也可以根据叙事的需要，对声音做细微的调整。在讲述死亡时，我的声音可以是肃穆的；在讲述趣闻时，我的声音可以是活泼的。但每一种腔调都只能是同一道光谱上的一个节点，而这道光谱就是我萨姆·桑德斯自己的声音。[①]

马努什·佐莫罗迪，《TED 电台时间》主播

很多人当听到自己说话的声音时会起鸡皮疙瘩。你要学会适应。如果你相信自己确实有话可讲，那么就不要太顾忌自己的声音是否好听，要大胆去说。[②]

卡迪夫·德·阿莱约·加西亚，《金钱星球》子栏目《金钱星球指标》联合主持人

听自己的录音时不要害怕，你要反复地听，直到弄明白自己的声音为什么和自己最初的想象如此不同。也许那个关于保加利亚央行的机灵笑话特别有趣，又或者你的声音听起来过于装腔作势，让人无法忍受——只有亲耳听一遍，你才知道真相。然后再听一遍，你可能又有另一种看法。正如穿上新衣服如果不照镜子就不知道效果如何，如果没有实际听过自己的录音，你就想象不出自己能发出什么样的声音一样。[3]

第 2 步：避免 3 种说话方式

在我们收集到的听众反馈中，以下 3 种说话方式是听众抱怨最多的、最不喜欢的说话方式。

1. 缺乏活力

缺乏活力的声音只要一听就能认出来。平淡，乏味，没有抑扬顿挫，也没有高低、轻重与缓急。

如果你平时说话就这样，那么也没问题。但你要记住，这样一来你就放弃了一件抓住听众注意力的关键武器。

一个简单的应对办法是，在给节目写脚本的时候，把你认为最需要听众注意并理解的词句和想法重点标记出来。例如，可以加粗字体，可以用下画线，也可以用圆圈进行标注。这样一来，你就能看到它们是如何在脚本中起起伏伏的，然后再各个击破。

"昨天是五月的第一个星期一，是大都会艺术馆慈善晚宴的日子，纽约的时尚精英纷纷盛装出席，秀出了自己最狂野的装扮。演员比利·波特扮成了一尊有翅膀的金色古埃及神像，由一群半裸的男子抬着进场。歌手贾奈尔·梦内（Janalle Monáe）走的是超现实主义路线，用一只大眼睛的图案当文胸，头上还摇摇晃晃地顶着一摞帽子。今年慈善晚宴的

主题是'宿营：时尚的注脚'，这说的可不是什么寻常的夏令营。"

要学会用力说出这些关键词。你要提高声量，调整声调，吐字比平常更清楚一些，在说完后略微停顿一下。这些变化能提醒听众竖起耳朵。除了音乐提示音以外（这点后面会说），这是提醒观众"重点来了，不容错过"的最好办法。

一个人的声音缺乏活力，往往是因为不擅长控制气息、稳定神经或两者皆有。如果你的气息坚持不到说完一整句话，那么你就无法调整自己的语调。你的声带可能会彼此摩擦，发出所谓的"气泡音"（vocal fry，这个词承载了很多意思，我们接下来会讨论）。在听广播或播客嘉宾说话时，有没有感觉到他们的声音在一开始可能有些局促、沙哑？那是神经惹的祸。肾上腺素让他们的肺部和喉咙收缩，使他们的声带在说话时送气不足。

这里还有一些简单的诀窍：在开口前，深吸一口气。深呼吸可以为你的发音提供底气，让你的声音有共鸣、好控制、有纵深，使你在说话时的声音表现更加丰富多样，让听众对每一个词都保持关注。

做到这一点并不难，需要的只是一点锻炼。有朝一日，你也可以在运用说话技巧时就像呼吸一样自然。看看你的脚本，找到换气的地方（通常是在逗号处，也有可能在其他地方），然后标记出来，给自己提醒。调整气息真的有用，没错吧？

练习： 三狗喘气法与吹蜡烛法

在 NPR，演员、配音演员兼发音教练（也是我们的播报员）杰西卡·汉森向我们传授了很多控制气息的方法。杰西卡每天都坚持做一些简单的热身活动，以保养自己的声音，让自己说话的声音听起来更自然。试试看，你也能达到同样的效果。

三狗喘气法

杰西卡认为："很多人说话缺乏活力是因为呼吸支撑不够。增强呼吸支撑的第一种方法是打开胸腔，让气息在体内自由流动。为此，你需要模仿 3 种狗。"④

首先，是模仿吉娃娃。"把所有气息集中在胸腔上方，然后做短促的小幅浅呼吸。"你需要以尽可能快的速度喘气 10 秒。

其次，要模仿拉布拉多。找到腋窝下方的肋骨。拉布拉多的体型比吉娃娃大，接下来你的呼吸要更深一点、更慢一点，要能感受到肋骨的张弛开合。像这样，再呼吸 10 秒。"只要打开肋骨，让它们变得更灵活，气息的流动也会更自如。"

最后，是模仿圣伯纳犬。你要把气息集中在胸腔下方与腹部之间，深呼吸 10 秒，要感受到自己的腹部和肺像手风琴一样大开大合。

只要为肺部和周边的骨骼、肌肉做好热身，你就能在发声（无论是朗读脚本、根据大纲叙述，还是即兴发挥）时更好地保持气息。这个过程只需要半分钟，但一定能让你的声音充满力量。

吹蜡烛法

这是杰西卡用于提高气息控制力的另一种锻炼方法。

在面前竖起一根手指，假装那是一根生日蛋糕上的蜡烛。接下来，深呼吸，然后分成 5 次，用同样的力度与时间均匀地吹气，就这样再重复 4 次。

> **JustPod 注：**
> 补充另外一种借助道具的方法。抽一张轻薄一点的餐巾纸，然后放到面前吹它，你能看到餐巾纸被吹起的幅度，以判断自己是否是均匀吹起的。

你可能觉得这很傻（显得好像自己从来没吹过蜡烛一样），但这种小锻炼可以帮助你控制自己呼出的气息。这根假想中的蜡烛可以帮助你集中注意力，学会让呼吸保持均匀的力度与节奏。无论是说长句还是短句，都可以让声音保持平稳。

2. 气泡音

气泡音指的是人常在一句话结尾发出的那种低沉、沙哑的声音。这时，你的声音是从喉咙后方发出的。在说话时，随着空气传入，声匣中的声襞通常会快速振动，但在发出气泡音时，你的声襞会逐渐变短、变松弛，甚至黏到一起，直到空气送入时才再次弹开，发出公鸭叫一样的"气泡"音。⑤

对于气泡音，有的人深恶痛绝，有的人根本注意不到，有的人从社会、经济、文化等各种角度做过分析，还有的人会有意无意地把它发出来。但归根结底，气泡音本身源自一些特定的声匣状态，一些技巧型歌手可以利用气泡音唱出自己音域之外的低音，还有一些语言（比如扎波特克玛雅语）把气泡音视为其发音体系的一部分。

和另一种类似的发音弊病——句尾上扬（即在一句话结尾时习惯性地提高声调）一样，气泡音是 NPR 听众经常反映的问题。

但这些听众的反馈又体现了什么？在 NPR 的调查中，我们发现大部分人对气泡音的批评是由老年男性对年轻女性提出的。这一点非常有趣，根据语音病理学研究，男性的气泡音现象远比女性普遍。事实上，气泡音有时会被当成男子气质的一种极致体现。一些年龄较大的男性认为，气泡音让年轻女性的声音听起来像"山野村姑"或"假名媛"，因此在他们听来不够权威。

确实有证据表明，这种针对气泡音的偏见背后有代际与性别歧视的因素——所以请问问自己：你关心这些么？

你的播客应该反映你自己的感受、热情与个性，而你的声音在其中扮演了重要角色。也许你不喜欢自己现有的声音，想要做出改变。如果你正好是成百上千万带有这种越来越普遍的发音习惯的人，那么你可以选择是否纠正它。

如果你按照我们之前的框架，为播客选定了目标听众，而其中正好有很多老年男性（比如做一档关于高尔夫的播客，或者军事史的播客），那么你可能就需要解决气泡音的问题，这至少能让你少受些抱怨。

当然，决定保留气泡音的人也不罕见。但细心如我们，有必要提醒你注意一个不太为人所知的问题：气泡音会伤害你的声音。杰西卡·汉森说："作为一种发声技巧，气泡音真的不太健康。气泡音意味着（你喉咙里）那些小小的声襞要以一种不自然的方式彼此碰撞，这可能会对声襞造成伤害，最终磨出老茧，甚至需要手术治疗。"⑥

所以杰西卡要求学员们把声音"前倾于口腔前部"，与门牙、硬腭（口腔上方坚硬有骨头的部分）和鼻窦共鸣，这能让声音更为嘹亮、更为有力。

练习：唇颤音

为了训练靠前的发声。根据杰西卡的方法，首先你要"做一次深呼吸"。然后，紧闭双唇，从唇缝里吐气，让嘴唇"颤动"起来。与此同时，调整你发声的音高，从低到高，再从高到低。

下一次开口说话时，你的声音就会离开喉咙后部，自然而然地向前倾。

3. 照本宣科

萨姆·桑德斯最受听众喜爱的一点是，他的声音听起来很"真实"——松弛、亲和不紧张，既不过分冗长，也没有人为的雕琢痕迹。一位听众写道：他听起来完全是即兴而谈，就像坐在吧台前和我们聊天一样。

萨姆的节目素来以开篇取胜。从标志性的开场问候语（"嘿，伙计们"）到坦白直率、几乎有些琐碎的说话方式，唤起了亲密与舒适感，吸引听众听完节目。

当然，这不是临场发挥的结果。萨姆和他的节目制作人在撰写开场白时非常注意语言的清晰与准确性。在录音室录音时，脚本的一字一句都要精确计时。对很多人而言，写作脚本只会让我们的语言变得冗长笨重，但萨姆非常善于写作完全符合自己原本说话方式的脚本，也擅长用一种轻快自然的方式把脚本念出来。很少有人能天生具备这样的才能，萨姆自己也是靠后天锻炼才走到了这一步。

你应该听过不少人大声朗读文稿。无论在婚礼、读书会、教会活动还是会议上，总有人站上讲台，朗读事先准备好的文字。有多少人能发出自然的声音呢？答案是屈指可数。如果偶尔遇到一个发声自然的人，那么你一定会印象深刻。

如果你在做一档有脚本的播客，那么你就不能像在亲戚婚礼上念《传道书》的二大爷那样僵硬。

当然，紧张是可以理解的。当众讲话在大多数人眼里是最恐惧的事情。我们焦虑、不安、汗流浃背，生怕把事情搞砸，任何让听众提起兴趣的东西如潇洒的风格、得当的语速及音域，都会荡然无存。

我们的目标是让自己足够放松，以便让自己的声音听起来不是在生硬地朗读，而是在讲述一段故事。

为了做到这一点，首先脚本一定要简洁明了。我们会在第 7 章中讨论如何用最自然的方式书写故事。但现在你只需记住，你的声音是听众对节目的唯一参照。你要让句子保持简短。记得我刚开始把自己网页上的文本转化成电台与播客脚本时，是 NPR 教给了我第一课——"和从句说再见。"

我写作的散文总是像俄罗斯套娃一样，嵌套起好几层互为表里的从句与论述。这是一个很常见的写作习惯，有时可以让读者很受用，即便语句变得比福克纳的小说更难读，他们也能从头再读一遍，理清逻辑。但听众和读者不一样，如果一句话的内容像雕梁画栋一样复杂，他们就很难捕捉到故事中真正重要的部分。他们需要的是清晰的、容易明白的内容。而当你站在话筒前时，这样的内容也会更易读。[2]

将脚本调整得更易读之后，此时你追求的目标是让声音更有叙述感，就像是在和你的听众说话一样。你要想象自己正在酒吧里向朋友讲故事，并调动起在这一情境下自然涌现的各种发音方式，如平仄、高低、快慢、轻重，等等。

一开始，你的声音听起来可能仍会有些生硬。但有一种办法能让你放松下来并逐渐掌握那种侃侃而谈的韵律。

练习：角色朗读

人在说话的时候如果揣着太多想法，就很容易陷入一条单一而狭隘的声线。这一练习的目的就是让你打破这种局限，让声音变得像在对他人娓娓道来一样自然，既有轻重，也有缓急。最终，你要让你说的内容引领你说话的方式。⑦

> JustPod 注：
>
> 人在说话的时候头脑中会进入一种状态，你会把注意力放在思考和说的内容本身，很多时候并不会顾及声音。一方面是因为此时你的大脑已经像一台高速运转的计算机，忙得不可开交；另一方面是因为大多数人对自己想的东西说出来以后的样子即那个声音，是没有认知的。脸好不好看还可以照镜子，但声音呢？

2. 我在录制有声书时，就曾痛骂当初作为写作者的自己写了太多百转千回的句子，而这些根本不适合朗读。

如果你代入一系列角色的声音（你应该对这些声音比较熟悉，以便不假思索地使用它们）朗读自己的脚本，那么你就能打开自己的声音，让发声的调性与韵律自然而然地丰富起来。代入什么样的角色并不重要，只要让不同的声音彼此区别开来就行。

借用杰西卡的例子。首先，她会让学员用自己在录音时用的"本音"朗读脚本。然后，像和声音做游戏一样，她会让学员们用几种相差极大的腔调把稿子反复朗读几遍（比如牛仔、歌剧演唱家和兔八哥）。最后，学员们再用回自己原本的声音。他们的声音在这之后都变得更灵活、更生动、更自然了。⑧

> JustPod 注：
>
> 这个方法很像是表演课上的"解放天性"训练，不是要让你模仿得惟妙惟肖，而是让你意识到声音的边界可以很大、很宽广。再回过头听你自己的声音，你会觉得："哇喔，那么夸张的声音我都发过了，我可以做得更好。"

你也可以试试看！用我们在之前讨论发声"缺乏活力"时用过的那段话作为素材，用特定角色的声音大声朗读出来。你可以借鉴杰西卡用过的那几种声音，也可以用自己喜欢的角色，如电影里的黑帮恶棍、柯克船长、葛丽泰·嘉宝、尤达大师……当你回归自己的本音时，看看是不是有所差别？

第 3 步：了解行家的做法

以下是更多行家分享的经验，供你参考：

- 一边念一边写脚本。在敲打键盘的同时试着大声把文字念出来，这样文字就能更接近你自己的表达习惯。⑨

- 多调整格式，多用着重符号。像之前提供的那段大都会慈善晚宴的文字那样，用加粗字体标明需要着重强调的词句，或者像 NPR 记者卡莉·约翰逊（Carrie Johnson）那样用大写字母圈出或标出文中的要点，学会安排换气。约翰逊经常用"省略号"提醒自己暂停、换气。她还尝试用换行的方式将文稿中的多层次含义提炼出来，还会用整整一行宽的行间距让脚本更方便阅读。[10]

- "哼哼""喵喵"。杰西卡·汉森认为，这两种办法能"让发音位置远离喉咙向前倾"，以避免气泡音出现，增强说话的力度。[11]"哼哼"，试着哼一哼，找准自己舌头动作最频繁，甚至有点刺痒的位置。如果感到舌头痒痒，不用怕，这是对的！"喵喵"，是的，我们没打错。像一只愤怒的、大声嚎叫的猫一样出声，可以让你把发声位置放到口腔的最前方。使尽浑身解数，用猫的腔调说一句话，再用正常的声音复述一遍。感受不同的效果。

- 放慢语速。因为听众看不到你嘴唇的动作，所以很容易遗漏内容。你的语速应当比平常放慢一些。这样可以让你的口齿更清晰。[12]

- 站着说。NRP 的司各特·西蒙（Scott Simon）在录制《周末播报》（*Weekend Edition*）时总是在 45 号播音室站着播音。站姿能增添声音的力度与权威感，这让他在节目中的表现充满魄力。

JustPod 注：

另一位 NPR 记者弗兰克·兰菲特 (Frank Langfitt) 也习惯站着录制报道的配音。他会把稿子放在一个谱架上，旁边放着一支立式麦克风进行录制。事实上，这种站着录音的情况在 NPR 很常见，因此在 NPR 总部的录音棚里，麦克风和桌子的高度都是可以调节的。站立说话就好像站立唱歌一样，在气息和气势上确实会很不一样。

- 找对话筒的位置，稍微偏左或偏右一些。如果话筒离嘴太近，就有可能录下爆破音和咝音（见下文"小心 P 和 S"）。划重点：话筒应略微偏左边或偏右边，与你的嘴保持几厘米的距离。（关于放置话筒的进一步介绍，可以参考第 9 章。）

小心 P 和 S

爆破音和咝音是人们说话时常发出的声音，但在话筒中会被放大。[13] 它们可能分散听众的注意力，甚至让听众恼火（他们会说："什么业余玩意儿！"）。下面是一些诊断和防范爆破音和咝音的方法。（相信我，你绝对不想浪费时间把那些杂音剪掉。）

症状说明：爆破音造成的气流会像拳头一样打在话筒上。在英语里，这样的问题往往与包含 P 和 B 的单词有关；T 和 K 有时也会出现这样的问题。咝音是空气从话筒表面快速掠过时发出的声音，常见于 S、SH、TH 和 F。

诊断：把手放在嘴前约几英寸的地方，说下面这些话：

"Bobbing for popovers.Speak the speech, I pray you, as I pronounced it to you, trippingly on the tongue.stop sitting on my throbbing thumb!"

感受到气流没有？

疗法：爆破音和咝音往往很难做后期处理，有的需要请专业人士处理，有的需要耗费大量时间，有的甚至不可能消除。所以，为了防止以上问题，可以尝试以下方法。

– 说话时试着少吐气。以上面那些句子为素材不断练习，直到你几乎感觉不到手掌上的气流为止。

– 掌握摆放话筒的诀窍。离嘴几厘米，角度略微偏左边或偏右边。这样就能避开爆破音和咝音的扰动了（用手掌充当话筒试试看！）。

– 给话筒配上防喷罩或防风罩（见第 6 章"装备齐全的播客"）。[14]

通过以上练习调整发音习惯，可以改善音频质量，节省编辑时间，让播客更动听。（"produce a more pleasing podcast"——试着不发出爆破音，把这句话说三遍）。

　　接下来，上手试试看！你可以用智能手机录下自己的声调。为寻找理想的话筒位置，你可以把手机放在靠近脸颊的地方，维持一种和人闲聊的角度，或者放在自己前方大概 10 厘米的位置。[15] 你可以说些自己的观察发现、内心想法，或者对播客的构思。然后，播放录音文件，找出有爆破音和咝音的地方（同时调整与话筒的距离，在发辅音时不那么"喷"）。你要多做尝试，找到那种不急不躁的、对话式的、能体现重点与关键词的说话腔调。渐渐地，你便会习惯这种新的说话方式，找到最适合自己的说话腔调！

第 6 章

装备齐全的播客

在开始录音前，首先你要知道什么样的话筒最适合自己，确认话筒已经接入了电脑或便携式录音设备，找好要用的音频编辑软件。对了，还有耳机（就像录音室里搞音频的人头上戴的很"拉风"、很有专业范儿的那种耳机）[1]，还有……

别慌，也不要花太多钱。我们会向你介绍播客工具（从低端到中端）的基本知识，帮你找到合适的设备。

接下来，我们会提到一些专业术语——但你不必担心跟不上。在这一章里，我们会介绍在播客起步阶段需要的一些重要的技术设备，为你提供参考。另外，就是要不断学习（技术总是在变——这确实很烦）、阅读产品评论，以及与其他播客人多沟通。音频达人很喜欢聊技术动态，并且交换实践心得。我们应学会集思广益，向同好征求意见，寻求帮助。

基础中的基础

你可能已经了解了创建一档播客的最基本配置：①

- 智能手机。

- 电脑。

- 音频编辑软件。

你可以用智能手机上的录音功能，或下载专门的录音 App，以收录自己的语音和其他声音。然后，你可以通过电子邮件或者用手机连接电脑等方式上传音频文件。但音频文件很快就会越积越多，所以要记得在

1. 电台圈译名"罐头"，但我没听人真这么说过。毕竟，我们是 NPR，不是什么"大只佬交通广播"，你懂的。

手机上预留足够多的存储空间。

　　然后，你可以用免费的音频编辑软件（比如 Audacity），根据网络教程学习如何剪切和混合（"混音"）音频文件，以便讲好故事、改善声音质量。[2]

---

n p r

行家心得：起步之前，全副武装

邵友薇，《隐形力量》联合主持兼主编

　　我没有选择做电影，而是选择做播客，原因之一就是播客的入门门槛低，网上可用的资源多。这会让你觉得似乎你可以做更多事情，会有更多可能性。而我要做的就是把能找到的资料都读一遍，然后从最基础的硬件起步。[3]

练习： 制作音轨

　　单个音频文件也被称为音轨[2]。播客的各个部分素材最好录成单独的音轨。

　　还记得上一章结尾练习时录下的那些音频文件吗？那就是你的第一批音轨！你可以利用这些音轨，试一试最基本的录制、上传（电子邮件）流程。录音时记得录一段就停一下，这样你就能一边录一边保存文件。[3]当逐渐适应这种工作方式后，再播放录制的音轨，听听有什么需要修改的地方。虽然暂时你可能还没有修改的能力，但有朝一日总会掌握的。渐渐地，你也会培养出一个音频编辑应有的感知力。

　　你可能已经发现了，用手机录单人语音的质量虽然还可以，但要用来录制访谈就不行了。[4]原因是用一部设备录两个人的声音，会令收音效果不均匀。同样地，这也不适用于远程录制。

2. 在传统广播术语里，"音轨"专指记者本人的音频文件，与其他人声（"实况录音"或"片段"）和环境或背景声音（"环境声"）相对。直到今天，NPR 在记录自己朗读台本的声音时，仍把这个过程称作"录音轨"。但你大概不是传统广播人，那么，把音频文件叫作"音频文件"就好。

3. 你肯定会这么想："嗐，搞这么多玄乎的事情，我就一直录不行吗？没事的。"嗯……你要不要……试一试技术的力量？（试试吧，相信我。）

访谈及双主播形式类播客的基本选择

如果打算做访谈播客，或者有一位远程合作的联合主播，那么你可以使用网络电话或网络会议平台（比如 Skype、Zoom）的录音功能。[5]

不过，首先你应该学会把声音收录为不同的音轨。这样一来，你就能分别编辑每一条音轨，某一条音轨上的问题也不会对其他音轨造成干扰。[6]

举个例子，也许在录音时，你自己的声音听着还不错，但你的对谈人总是在你说话的时候清嗓子。如果你们两人的声音都被录在同一条音轨上，那么该如何在不删减自己发言的同时剪掉这些杂音呢？[7]

再举个例子，你正在和另外两个人做电话访谈，但其中一个人家里的雪纳瑞听到门铃声开始狂吠，搅乱了所有人的声音。这时你又该如何处理呢？ 4

还有一个问题需要注意——网络信号差。[8]打网络电话的时候，我们都遇到过这样的情况，总有人因为信号太差，直接掉线了。如果在做圆桌会谈的时候有人掉线，那么你该怎么办呢？ 5

最后一点，如果录制的声音听起来过于尖细（"亮"）或过于低沉（"闷"），那么这可能是因为高频与低频声音不均衡造成的。这在业内被称为音调（tone）或均衡（equalization，EQ）问题。[9]

上面的各种情境如果发生在以下条件下，那么我们还能勉强忍受粗制的播客。

- 你仍在学习制作播客的阶段；
- 你在做单人播客；
- 你的播客时长较短（所以网络掉线的风险较小）；
- 你的听众足够狂热，可以忽略播放质量上的瑕疵。

但是，如果你想在更大的市场上有竞争力，或者对音频质量有所追求，那么就一定要注重声音效果[6]。你可能需要升级一下制作播客的装备。

有些软件可以在每个通话人的电脑上分别录下每个人的声音，不妨一试，比如 Ringr、Zoom、ClearCast 或 ZenCastr。[10]这些软件可能需要付费，

4. 你可能觉得把小狗的嘤嘤声录下来反而更生动、更亲和、更有特色。也许吧，你可以这么认为。但我知道，当我们 NPR 的人在疫情期间从临时改造的家中录音室（衣柜，或者用枕头堆出来的空间，等等）录节目的时候，我们的听众一开始还能忍受狗叫声、孩子的喊声、丈夫在院子里开鼓风机扫落叶的声音（就在我房间楼下！他知道我们要在 10 点半录节目但他就是把我的话当耳边风）——但这只是一开始。很快，无论是听众还是我们自己都会厌倦。

5. 我们在疫情期间录《流行文化也快乐》的时候经常出这种问题。数量简直太多了。

6. 毕竟……我们是 NPR。

但为了更好的声音效果，花钱也值得。

在选择进阶软件时，你要考虑下面这些问题：[⑪]

－ 软件能否适用于不同的操作系统？

－ 录制是否对网页浏览器的种类有要求（这样就能让对谈人事先准备好）？

－ 一次通话最多能容纳多少人？

－ 通话时长有没有限制？

－ 其他对谈人需不需要安装或添置某个软件（比如 Zoom、Skype、谷歌语音）？[7]

－ 有没有可能从多个不同的频道上录音，如果可以，最多能录制多少人的声音？

－ 录音文件是什么格式的？（MP3？ WAV？ AAC？ FLAC？在 NPR，我们的播客一般使用 WAV 格式，因为这种格式的音频文件没有被压缩。很多音频制作者认为未被压缩的音频文件的音质更高。但它们也会因此占用大量空间。MP3 是储存音乐文件最常用的格式，也是最节省存储空间的格式。你可以用网上的工具转换文件格式，也可以对格式问题先放着不管。）

－ 文件储存在哪里？

－ 除了在电脑上录音，能不能在智能手机上录音？

－ 收费价位如何？（如果是分段式定价，则每一档费用能换来怎样的服务？免费版又有哪些功能？）

你可以和自己的听众交流，问问他们对你有什么建议，以及希望你怎么做，然后浏览一下可用的软件，再做出选择。

7. 在 NPR，如果有嘉宾不能来录音棚，但有智能手机和固定电话，那么我们一般会让他 / 她下载一个 App，把手机变成录音设备。但接下来，我们会给嘉宾提供一份详尽的说明以指导他 / 她自行录音（这件事很复杂：嘉宾必须同时把手机和电话听筒贴在脸上）、监视电平、给新创建的录音文件命名，以及把文件发给 NPR。为了给在技术上不那么熟稔的嘉宾提供指导，往往会让我们 NPR 的制作人花费……非常多的时间。这样做能带来很好的声音效果，但在疫情期间，我们的很多广播和播客节目都满足于用语音备忘录解决问题，毕竟这简单得多。但要记住一条底线：不要以为你的受访对象和你一样懂技术，在开始录节目之前一定要预留时间，排查问题。

npr

行家心得：是否升级配置

邵友薇，《隐形力量》联合主持兼主编

我不会在一开始就用顶级配置，因为那时的我还不知道自己需要什么。我一般会准备一支能用的话筒、一部录音机、一个音频剪辑软件，这些基本上就是起步阶段的全部必需品了。接下来，只管动手做播客就好。[12]

J.C. 霍华德，《TED 电台时间》与《我的经商路》制作人

建议花一些工夫找一款好的编辑软件（比如 Adobe Audition、Pro Tools、Hindenburg）。编辑软件不需要特别贵，也不需要特别高端，只要能在有需要时做剪辑就好。创建一档播客是好事，如果能有更好的后期编辑，则更好。[13]

进阶配置

如果不需要外出采访，则建议配置的设备如下：

- 固定话筒，或者有支架的手持式话筒；

- 耳机；

- 录音与编辑软件（比如 DAW）。

如果需要外出采访，则建议配置的设备如下：[14]

- 手持话筒；

- 便携式录音机[15]；

- 耳机；

- 录音与编辑软件。

让我们一个一个来看。

选择合适的话筒

做音频绝对少不了话筒。[16] 你的手机和电脑上就有话筒，而拥有一支外接式话筒则是在此基础上又前进了一步。

基础配置：一支能连接到电脑或智能手机上的话筒，可支持 USB 和 XLR（一种细长的圆柱形端口，中间有若干个针状接头）连接线。这样，只要时机成熟，你就能把录音设备从电脑换成更高级的录音器材。

进阶配置：把话筒连到一台便携式数码录音机上，这样你就能到棚外录音了。

无论怎样选择，你及你的联合主播都应该人手一支话筒，最好给嘉宾也配上。

有一种话筒名叫电容式话筒，需要幻象电源才能运作[17]。这会额外消耗话筒的电量，你在购买话筒时一定要事先想好、问清楚。

话筒的种类还有很多，但在做播客的时候，你只要选择最适合自己录音类型的话筒就好。[18]

拾音样式

不同种类话筒的拾音样式不同。心形指向、全指向、双指向和枪式指向，是其中最关键的几种样式。[19]

心形指向

心形指向式话筒很适合录制人声，因为这种话筒正好对前方一小片倒心形区域中的声音最敏感，可以很好地收录正前方的人声，而对后方与侧面的声音不太敏感。[20] 如果在没有消音设置的房间里录音，则这种话筒的优势更明显。[21] 不过，心形指向话筒对风声很敏感（无论是自然风造成的风振声，还是人说话时发出的爆破音），所以需要额外注意。[22]

心形指向

全指向

全指向话筒可以均等收录各个方向上的声音，适合在几个人围坐在一张桌子前说话时用。[23] 但考虑到很多播客追求的就是一种与听众之间的亲密感，所以这种话筒就不是最佳的选择。[24] 如果录音环境里有其他

全指向

声音，那么你在录音时应让话筒始终靠近你想要收录的音源，这样收录的效果会更好。[25] 和心形指向与枪式指向话筒相比，全指向话筒对风声与爆破音的抗性更好 [26]，但如果不能让话筒时刻靠近音源，或者要在有很多回声与噪声的环境里录制，那么最好不要选择它。[27]

双指向

双指向话筒可以收录正前方、正后方的声音，但对两侧的声音不敏感，录制一对一访谈时效果更好。[28]

双指向

枪式指向

枪式指向话筒形状较长，可以让你在距离音源比较远的时候仍能有效收音。但因为枪式指向话筒的敏感度很高，所以很容易收录爆破音、风振声 [29]，以及周围的噪声，所以在嘈杂环境里表现不好。

另外，这种话筒还对触摸杂音（如用手握话筒时发出的声音）特别敏感，所以不要直接握住话筒本身——有些人的确会这么做，但这是错的。[30] 你可以买一个手枪式握把（参见"话筒配件"）。枪式指向话筒是一种电容式话筒，需要幻象电源。

枪式指向

别忘了高通滤波器

一些电容式话筒上有一个名叫高通滤波器的小开关，只要将其打开，就能允许频率较高的噪声"通过"，并且抑制你不想要的低频噪声（比如访谈时卡车呼啸而过的声音）。这个装置还能减轻风振声、触摸杂音与爆破音的干扰。毕竟，在后期需要剪掉这些噪声时，可能免不了牺牲自己想要的人声和其他关键音频。

一些人会默认将高通滤波器打开，除非有必要收录低频声音。

话筒样式

接下来，让我们看一下可以满足不同播客制作需求的话筒样式。

立式话筒

这些稳如泰山的小宝贝物美价廉，并且可以通过 USB 端口与电脑连接。[31]

手持式话筒

手持式话筒价格不贵，在户外与室内都很好用。但为了消除触摸杂音，你在录音室内使用时应该把它放到支架上。[32] 这种话筒的接口可以是 USB 的，也可以是 XLR 的。

领夹式话筒

这种话筒可以直接被夹在你或嘉宾的衣服上。[33] 这听起来很便利，但对播客而言，音质就是一切，但领夹式话筒的音质不太理想。这种话筒离嘴不够近，可能会被衣服干扰，影响收音，还有可能收录其他噪声。[34] 而且，你还完全无法控制话筒的位置。

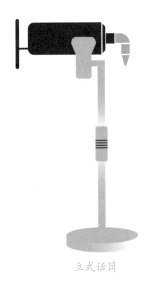

立式话筒

手持式话筒

领夹式话筒

话筒配件

在挑选话筒之外，你也可以为话筒找些额外的配件，以改进录音质量，改善录音体验。

支架

在握话筒的时候，即便手指只是在话筒表面滑动了一下，也会产生触摸杂音。支架可以省去后期需要消掉触摸杂音的麻烦。㉟

减震架

减震架可以减少搬动与持握话筒时造成的振动。㊱

手枪式握把

曾在 NPR 培训团队工作的音频制作师罗伯·拜尔斯说："这种装置基本上就是有握把的减震架"㊲。它让你不必手持话筒，减少触摸杂音，并且适用于多种话筒，尤其对枪式话筒来说是绝对必要的。

防喷罩、防喷板

这种防爆破音的配件可以防止唾液喷溅到话筒上，让下一个使用者放心一些。㊳（更多的防护方法，可以参考下文"保持清洁：如何清洗、保护设备"。）此外，防喷罩、防喷板还能保护话筒的表面免遭腐蚀。这些配件可能是用金属或尼龙（双层材料的效果非常好）制成的网罩，可以分散气流并被放置在距话筒 2~5 厘米的地方。㊴但任何防喷配件都不能彻底消除爆破音㊵，所以你还是要注意控制气息，摆好话筒的位置，小心操作话筒，在剪辑的时候竖起耳朵！

防风罩

前面提到的防喷罩是防风罩中的一种㊶。除此之外，防风罩还有一些门类，有些只是简单包裹话筒的海绵，有些则是毛茸茸的话筒罩。防风罩可以打散气流，在话筒周围形成一片空气较为静止的区域。防风罩对户外录音非常有用——但在这种情况下，只有海绵套是不够的。

还有一种防风罩大到夸张，简直能让你想到大冬天伊利湖上吹来的东北风。㊷这种防风罩也叫"Dead Cat"㊸，适用于风力很大的环境。但在室内，"Dead Cat"还可以用来震慑你的嘉宾（说笑的）或者给你家

支架

减震架

手枪式握把

防喷罩、防喷板

防风罩

的狗狗咬着玩（这不完全是说笑，但我们不提倡）。

数码录音机

除了在电脑上录制播客，你还可以买一台便携式数码录音机进行录制，有些录音机可以放在手上或揣在兜里 ㊹，使录制更灵活、方便。可做户外采访、收集现场声音，以此丰富节目内容，提升播客质量。录制完后，你可以用记忆卡把音轨文件传到电脑上进行编辑。㊺一些高端录音设备还可以在录音的同时监控、调节参数，为后期编辑节省时间。

在选择设备时，你可以考虑以下方面：㊻

- 设备的内置话筒效果如何？

- 如果你打算录制音乐，设备能否胜任？

- 能不能插入一支或多支外置话筒？

- 是不是只有 XLR 接口？

- 设备能兼容什么型号的外置话筒？

- 音箱设备够不够好，听回放时需不需要用耳机（或电脑）？

- 怎样权衡大小（便携性）与性能？

- 设备需要什么型号的电池，续航时间有多长？

- 电池是否可以充电？

- 录音设备是否需要幻象电源？

- 设备内置的存储空间有多大？

- 记忆卡是什么型号的？

耳机

作为播客人，你要培养自己对音频质量和对需要处理的音频问题的敏感度，比如咝音、爆破音、触摸杂音和风振声。㊼戴上耳机，你就能听见平时注意不到的细微声音，比如空调的嗡鸣、自己的呼吸、或者你身体后仰时声音远离话筒的感觉。无论是在录音时还是在剪辑时，你都需要戴耳机。8

8. 要不要让嘉宾也戴耳机？这全看你。根据我们的经验，一些不习惯听自己说话声音的嘉宾一旦戴上耳机，就会过分在意自己的声音。

　　不建议用无线耳机或降噪耳机（因为会额外费电，并且不能确保录音或编辑音频时所需的声音质量），也不要用那些听音乐用的耳机。®
<u>你只需要一对舒适、紧贴、能让你发现音频文件中常见问题与剪辑难点的耳机就好</u>。这些耳机最好轻便、易携带，比如可折叠或配有包装袋。连接线不要太长也不要太短，正好能连上录音设备即可。如果一些易磨损（耳套）、易损坏（连接线）部件可以更换则更好。

混音器

　　<u>混音器能让你同时用多支话筒收录声音，还能在录制过程中微调声音。</u>如果使用娴熟，则混音器能在编辑时为你节省时间，也能大大加快录制的进度，但我们不建议新手使用。混音器是你在达到进阶水准（在

经济投入上也是如此），想要节省编辑时间又有些余钱可用时的选择。

再说说软件……

对于录音软件与编辑软件的选择与使用，我们可以再写成一本书，但这恐怕只会把人吓跑，不会真的提供什么帮助。在 NPR，我们用一套自有软件为电台与播客节目做混音。这套软件灵活好用、功能强大，但用法特别古怪，就连有多年经验的音频制作者在加入 NPR 时都要好几个星期才能上手。所以，我们只在这里简单提几点建议：[49]

- 在学习的初始阶段，像 GarageBand 和 Audacity 这样流行且免费的软件很适合起步阶段使用。

- 找到那些与你现有的操作系统兼容的软件，看看哪些种类的音频文件是 DAW 可以处理的，哪些软件是免费的（或者有免费试用期的），哪些是付费购买的，哪些是需要注册和订阅的。记得留心学生折扣。

- 多读测评文章和操作指南，学习线上教程，或与其他播客人聊聊他们起步时的配置和现在配置的区别。了解各个软件的优缺点，再根据你的播客的类型和你制作播客的水平进行选择。

- 如果你和其他人合伙做播客，记得要与他们统一端口与音频编辑平台（见第 11 章）。在不同编辑平台间转换文件是很困难的，还可能遗失关键内容。

- 如果有条件，那么最好可以选择一款有响度标识的软件，这样可以根据人耳对响度的感知调节音量。如果没有条件，那么可以选择有相同功能的外接设备。记住，响度检测工具和编辑软件一定要匹配。[50]

- 最后要注意的是，在起步阶段不要透支预算，也不要用力过猛。

保持清洁：如何清洗、保护设备

　　在本书将要完成时，疫情正席卷全美乃至全球。在 NPR 虽然有很多人居家办公，但勇敢的记者同事们仍要深入现场，报道故事，展开采访。因此，作者肖恩·菲利普斯（Sean Phillips）将如何保护、清洗与消毒录音设备的心得整理成了一篇文章"保护、清洗、消杀设备，这样做才对"（Protecting, Cleaning, and Sanitizing Your Gear the Right Way），以供大家参考。⑤谁能想到保鲜膜、塑料袋甚至避孕套（嗯……没错）可以派上这样的用场呢？

做决定，下决心

　　这么多选择，该怎么选？首先，你要考虑自己的需求，以及自己想做的播客类型。如果做一档单人播客，唯有一人、一间消音室，那么你可以找一支不错的固定话筒，买一副耳机，再搭配对应的录音和编辑软件。

　　如果你的播客需要做很多远程访谈，那么可以选择一个有内置录音功能的互联网电话平台，等比较熟练以后再用专门的录音软件，改善播客质量。

　　如果你的播客需要出很多外景，如在嘈杂的环境里做人物访谈，那么你可以给自己和对谈人都配上话筒，以及防范各种杂音、爆破音的话筒配件。还要准备耳机，以及便携录音机。

　　你可以与自己节目形式相近的播客人聊一下，看看他们在初期是怎么起步的，看他们的配置和你的配置有什么不同的地方。可以问他们方不方便在录音和剪辑时允许你到场观摩，学习技术（记得带一些礼物）。你也可以主动帮他们做一些外出采访的工作。这样，你可以学习布置录音环境，见证设备的实际运作，甚至能上手实践一下。

　　还有，正如上文提到的那样，要多读产品测评，多看教程。如果需要技术上的指点，则可以浏览 NPR 的培训网站（搜索"training.npr. org"）。你还可以与音频技术爱好者交流经验，沟通你的需求和预算。

练习： 装备齐全？那就上手试试吧！

大胆试试看！弄一弄开关、调一调参数，要有初生牛犊不怕虎的精神。⑩

首先，你可以从室内做起。对着话筒说话，试着犯一些"错"，比如拼命发出爆破音，把话筒拿到离嘴很近的地方，制造触摸杂音，一边说话一边敲桌子，然后听听效果。

如果话筒上有高通滤波器，那么可以先试试看关掉高通滤波器的效果，再打开，听听两者的区别。或者把录音文件放到音频编辑软件里播放，试一试软件里的滤波器。

如果条件成熟，你还可以走出门去，找个大风天，对着嘈杂的街道，录下自己在户外的声音。要多多犯"错"，多调试一下各种滤波器和旋钮，比较结果。

找一位朋友做一场模拟访谈，可以是电话访谈（试一试网络电话的录音效果），可以是室内访谈，也可以在室外，可以在餐厅里（别让话筒落到鸡蛋上），也可以在公园长椅上（没错，被鸟儿的叽叽喳喳声轰炸），还可以在大堂里（有回声……回声……），甚至在街头。如果两人共用一支话筒，要尤其注意摆放与操作时的细节。如果有两支话筒，则要确保它们都放置合理、使用妥当，还要小心其他杂音（爆破音、咝音、拍桌子的声音）的干扰。

接下来，你要戴上耳机，模仿听众收听播客的场景，如在公交车上、地铁上、汽车里、健身房或者做家务的时候听自己的录音。每个词都能听清楚吗？如果不清楚，那么问题出在哪里？后面我们会进一步介绍音频的采集与编辑，现在你只需要关注自己听到的东西即可。

像这样上手试一试，既能锻炼你制作音频的能力（如录音环境的布置、录制结束时的收尾、持握话筒的姿势、使用控件的方法，等等），也能训练你的听觉，让你的耳朵适应音频编辑的要求，像专业音频制作人一样分析录音环境和人的说话习惯。这样一来，等到真正开始录制播客的时候，你就会感到轻松很多（你的嘉宾也会更放松）。这就是你要达成的理想状态。

第 7 章

音频叙事入门

　　叙事，是播客的核心。本章我们终于要开始讲音频叙事了。对于大多数人来说，比起枯燥的数据，故事才是吸引人的。我们如何才能讲好故事呢？这才是问题的关键。我们有成千上万个故事，也有成千上万种讲故事的方法。和那些叙事工作坊的说法不同，讲故事没有黄金律可言。但在 NPR，我们的一切工作都是为了叙事，我们可以基于自身经验，为你提供一些经得起实践考验的指导。[1]

　　本章将以互动的形式，介绍一些练习和播客人常遇到的问题。我们会告诉你书面写作和音频文案写作之间有什么不同，帮你从主题中提炼出核心内容并加以阐述。你需要脚本，还是一份故事板或大纲？如何用自己的方式讲故事？如何做到让听众放下手上的家务，专心听你讲故事？

　　在这里，"故事"指代的含义很宽泛。它可以是像《隐形力量》那样的长篇调查，也可以是一场圆桌讨论、一次访谈，或者只是你一个人对着话筒讲话。但无论何种形式，总会有你想要讲的故事。至于应该怎样讲这个故事，则取决于你的播客形式、个人风格和最适用的叙事方法。你可以从本章中挑出最适合自己的方法，从其他播客人那里学习叙事的心得，或者多听好的播客，锻炼自己的判断力。

　　抓住听众的耳朵是一切的关键，而做到这一点是有窍门的！

1. 没错，我们都试过了。这些真的灵。

JustPod 注：

关于这件事我们的切身体会是，这就像在电影学院导演系的学习一样，除有理论知识之外，更要求有一定的阅片量。同样，我们的团队会要求制作人和编辑有一定的听片量，并且保持这一习惯。它的价值在于：

1. 训练自己的内容审美与品味。一个创作者的内容审美，很多时候与从小身处的媒体环境有很大关系，这一点有些时候是比较无奈的。举一个不太恰当的例子，"80 后"中的很多人在小时候看过电视剧《大明宫词》和《大宅门》，那么你就会知道，"哦，原来历史题材电视剧可以拍成这样"，但"00 后"可能就错过了这个阶段。他们对于历史剧的理解就是另外一套审美。审美之间没有优劣之分，只是说我们自己没得选，所以有目的性地增加听片量就是一个很好的训练审美的方式，或者用书中的说法就是"锻炼判断力"。

2. 积累各种不同的操作方式。比如在叙事类播客中，提示"是谁在说"是一件很重要的事。但如果是视频，则可以通过上字幕、上人名条的方式进行说明，而在音频里就要明确说出这个声音是谁的。在实际操作中，在哪里提，怎么提，会有不同的处理方式。大量地听片可以帮助制作人看到各种各样的处理方式，把这些方法记下来，就可以指导实践。

n p r

行家心得：叙事的关键问题

J. C. 霍华德，《TED 电台时间》与《我的经商路》制作人

我觉得这里最大的挑战在于如何把收集到的音频片段剪辑到一起，形成一个高质量的有趣的故事。为了最有效利用叙事时间，你必须做出正确的判断。比如，你可以先问自己以下问题：

1　我的努力对不对得起这段故事？这通常是我的第一个念头。受访者委托你讲好这个故事，我希望当他们回头听我的节目时，即便内容有了大幅剪辑，他们也能说："没错，这可以。"

2　能不能让观众清楚地理解这段故事？开工时整理一份故事大纲很重要，有些时候我会写在便利贴上。有的故事复杂而晦涩，也许你自己对故事非常了解，但对其他人而言，他们很可能是第一次听说这个故事。所以在筹备时，你需要先列一份故事大纲，梳理出一条

简明的线索出来，以帮助之后的讲述。

3 要不要加入有趣的段子？有些段子可能是你情有独钟的内容，是它们让这段故事值得一讲。而有些时候你需要用心挖掘一下才能找到这些小插曲，但如果它们能吸引你走进这段故事，或许也能吸引其他人。

4 要不要放弃某些段子？加入段子也有不好的一面。在某种情况下，即便你特别喜欢某些段子，也必须忍痛割爱。也许是因为它们偏离了故事主线，也许是因为它们太依赖语境，解释起来很费时间。因此，你必须舍弃一些非常有趣的内容。①

音频叙事中的 3 个工具

一切音频故事都离不开这 3 个工具：

1 **人声。**没错，人们说话的声音不断推动着故事向前发展。其他人（受访者、嘉宾）的声音被称为"实况录音"（actuality 或 acts），你自己作为叙事者或报道者的主导性声音则被称为"主播音轨"（track）。2②

2 **声音效果。**声音效果可以让听众用听觉感受故事的时间和空间。音效分为"动态声音"，即可以推动故事的非口述声音（比如厨师在案板上切葱花的声音），以及"环境声效"（比如鸟鸣声、运动鞋在体育馆地面的摩擦声，或者房间里独有的嗡嗡声即"房间音"）。

3 **音乐。**音乐可以用来渲染情绪、营造场景，以及切换话题。音乐的感染力很强，但在使用时要巧妙、有分寸。音乐只应该用来传达你用尽文字与音效都不能传达的东西。举个例子：如果有人在你的播客中说"我感觉像灰姑娘"一样，看在上帝的份上，请千万不要直接插一段《仙履奇缘》主题曲进来。小心我顺着书页（或网线）爬过来揍你。

2. 你会反反复复看到这个词，因为"音轨"（track）也可以指代混音过程中的所有音频文件。但在我们 NPR，"主播音轨"（track）指的是记者本人的声音。"录主播音轨"（tracking）指的是录下记者读脚本的声音。

这 3 个工具应分别录制在各自的音轨上，然后组合、编辑，变成充满个性的产品，那就是你的播客。

你调度这 3 个工具的巧妙程度，决定了你营造的音频世界是否丰富、是否可信。而用音频建构的世界，与影像世界、书本世界不同。影像可以为你提供画面、文字、声音与音乐，几乎是把一整个世界硬塞给你。书本不会把世界强加给你，而是用在书页或屏幕上有序排列的符号把世界编排呈现出来。你让这些符号进入你的视线、激活你的大脑，然后你就能在自己的大脑里建构出书本所讲述的那个世界。

音频既不能像影像那样灌输世界，也不能像书本那样用符号转译世界，而是像一条引人深入的小径，从你的耳朵进入你的灵魂，引诱你沿着它越走越深，进入一个完全由声音构成的世界。

在那个世界，如果我们什么都听不到，也就什么都"看"不到。作为叙事人，你的任务就是设法用音效在听者脑中唤起每一个场景、每一起事件和每一个想法，无论是艺术家的工作室、竞技场、工厂大门、城镇广场，还是一幅画、一块夹心蛋糕。从头到尾，这一切都是由声音组成的。③

听众必需的叙事要素

人同时只能听一种声音 3，所以音频故事不能像报纸一样同时铺陈出许多要素，供听众在多种信息流（图片、图说、标题、副标题、图表）间浏览、拣选，并且还能在思路不清时往回翻页，重新确认内容，或再次加深记忆。④

收听音频时遗漏内容，会打破听者的沉浸感，让他们不断问："等等，这是怎么了？"他们很可能会感到困惑甚至恼火，以致不愿继续听下去。⑤

换句话说，在音频媒介里，信息必须以更细嚼慢咽的方式传递。需要设置要点，时刻提醒听众保持专注。如果他们的注意力被烧开的茶壶、苦恼的孩子或者隔壁跑步机上的美女分散了，那么你应该用简要的提示让他们重新跟上步调。

所以，音频文案的句子应当偏短。如果主语和谓语间相隔太远，那

3. 不服？那你行你上啊！放马过来！

么听众就会在一长串短语、从句与间接宾语里迷失方向。更何况，一般人根本不会这样说话。

你在罗列事实、抛出人名时也要加倍小心。统计数字不能平铺直叙地念出来，而是要有对应的解释。对于人名与头衔，你也要定期复述强调。[4] 此外，陈述事实本身并不构成故事，构成故事的基础是解释这一切是如何发生的。

就像那些发生在"我小时候"或者"很久很久以前"的故事一样，音频故事也需要从一开始就（用意外、恐惧、滑稽或好奇的情绪）抓住听众的注意力，然后一点点地放出信息，使故事像拼图一样逐渐丰满起来。[6]这些"小发现"（我们称其为"叙事节拍"）让听众有时间按照你的安排构建世界，并不断吸引他们听下去。

> 我们是这样讨论节拍的：这段故事里有多少个节拍？这个人的经历里有哪些有趣的、出人意料的亮点？如果我们要让人专注地听上 20 分钟到 30 分钟，那么你的故事就得有节拍。一个角色在一个场景里能撑起多少个节拍？如果把尺度放大（一整期播客），那么问题就应该是，该如何让听众一直听下去？
>
> ——凯丽·迈凯维斯（Kelly McEvers），《嵌入其中》主播[7]

每一期节目只专注于一个目的。每次只围绕一个想法展开。如果想进一步深挖，就再做一期续集（上下集系列，营销好办法！）。[8]

故事应该是一趟旅程，从"无知"到"知道更多"，其间点缀着一些意料之外的转折，如"但惊人的是……""你以为这么多人齐聚一堂，接下来肯定要投票表决，但其实没有……"或者"对这些移民家庭而言，这只是长途跋涉的第一步……"。你要在脚本或大纲上自问，什么样的"小发现"能每隔几分钟就抓住听众的注意力。[9]你希望的是引起听众的好奇，而不是困惑。因为困惑是让人想要"跳过"的最大原因。[10]

不过，你也不应指望每一期节目都能改变别人（虽然这并非不可能！），因为这可能让你过分地滔滔不绝（这是让人想要跳过的第二

4. 例如，虽然我作为播客听众算是身经百战了，但在听某一期节目听到 20 分钟的时候，我也会忘记故事里的"乔治"是谁。

大原因）。借用 NPR 培训部门高级编辑师艾利森·麦克亚当（Alison MacAdam）的说法，你应该这样问自己："当我说完之后，听众还能记得什么？"也许是一种观点，一套策略，一个生动的细节，一个好笑的"梗"，对某个陌生世界的一瞥，或者一种独特的视角。⑪

> 在《金钱星球》中，我们经常用的一个词是"开心"。我们可不想搜罗那种学究气的、好为人师的故事，而是更愿意找一些能让人惊讶的故事。当然，故事里要有"干货"，但对我们来说，让人开心才更重要。
>
> ——尼克·方坦（Nick Fountain），《金钱星球》制作人⑫

脚本还是大纲？

脚本是一张路线图，把音频叙事的所有要素组织起来，包括人要说的话，各种"动态"的声音与环境声，以及对音乐的规划。例如，何时插入音乐或切出一条人声音轨；何时清空其他声音，只播放音乐。

即便听众可能察觉不到，NPR 的播客是有严格的脚本的。这些节目讲述的故事错综复杂，需要经过好几个月的研究、调查，以及大量的采访录音、现场收声素材、音乐与解说。尤其涉及热点或敏感议题的播客，必须追求语言的精准性。像《NPR 政治播客》这样的播客听起来只是轻松的交谈，但其实在录制前都有精心准备的文稿，因为主播必须准确说出民调数字与专家的分析。《语码转换》的调性似乎很随意，但它讨论的主题（种族、文化）复杂敏感，所以也需要做周密筹备。主播之所以表现得很轻松，是因为他们懂得按自己的风格写脚本。

长篇叙事尤其需要这种细密的颗粒度来构筑一个生动的世界，要像脚手架一样拼接可靠的信息，为表达观点搭建平台。凯丽·迈凯维斯（Kelly McEvers）说："我们的节目非常依赖脚本。这些脚本要一个词一个词地写出来，然后反复推敲，反复修改，从草稿、讨论、编辑，等到最后批准的时候，几乎已面目全非了。"⑬如果故事太长，那么可以将脚本细分成场景或章节，并且在主播短暂的沉默处、切换讲话人的地方，或音乐、音效处进行标注。

对于其他类型的播客的准备可以轻松一些，比如只需要故事板或大纲。这种准备适用于那些形式或主题比较灵活，听众更喜欢节目的实时感或真实交流的播客。但即便如此，故事板或大纲也需要事前准备与反复推敲。

虽然在完成准备工作、采集音效（见第9章）和完成约访（见第10章）之前，你还不能写出脚本的最终稿，但你仍可以写下一些草稿，随着想法的积累逐渐完善。推敲与写作唇齿相依[5]。随着音频设计、找到自己要说的故事，你的脚本也会逐渐成形。这一部分具体可参考第12章"塑造故事"。

5. 或者说，"写作就是改写"。反正都是老掉牙的话，随便选一个！

---

npr

行家心得：把故事串起来

杰西·索恩，《杰西·索恩之正中靶心》主播兼制作人

在事前准备的时候，我总会在电脑上用写作软件"Q10"打开一个文档，在其中输入的文本都会被自动同步到其他设备上。如果突然间想到一个该问的问题，那么我会把它记下来。当然，我的灵感往往不是具体的问题，只是一些词句，比如"爱好曼陀铃但不太会弹"之类。

我经常用一种即兴艺人所谓的"从A到C"的思维想事情。如果看到某个信息，我首先会想："这让我联想到了什么？"然后我会想："我刚才联想到的那个'什么'，又能让我联想到什么？"这能让你的思路不至于太"直线"。毕竟，你追求的不是让对方像白开水一样的空谈，而是新鲜、即时的想法与反应。

最后，我会列出 6～8 项自己想要尝试的事或打算提问的要点，列出 6～8 个片段，还有我脑海中许多关于对谈者的信息。有些时候，我会把问题具体写下来，但这主要是因为有些问题本身比较敏感，我在提问时要做到绝对准确，比如询问某个人遭到刑事指控的经历、某个人的同事被骚扰的经历，或者某个人说了蠢话出丑的经历。但大体而言，我要问的只是短短几个字，所以我通常不会忘记。不久前我和女高音蕾妮·弗莱明做过一次对谈，我的提纲上就写了一句"唱高音震碎玻璃杯，是真的吗？"。⑮

尼克·方坦，《金钱星球》制作人

如果想让自己在播客中听起来轻松自然，是很难的，得下很大工夫。在扮演一个（和听众一样，不知道问题答案的）人的时候，你的声音很难不假。我们基本上都要念脚本，然后偶尔抛开脚本，彼此背诵，以便找到那种比较随性的感觉。⑯

你的播客也许不需要脚本，但这不是事前不做准备的理由。我知道，你可能觉得自己有即兴发挥的天赋，觉得自己口才好、有思想、够机灵，又不想让节目显得太刻意。你以为自己只要站到话筒前就能做得很好。

——但你绝对做不到。

我取消关注的无数播客都是这样的：主播或座谈嘉宾自以为只要抬高声调问一句"那又是怎么回事"，就算提出了一个新视角。只有态度是不够的，我们需要更多。要事先想一想自己打算说什么，记一记笔记，斟酌用词。

不过也要给自己留一些拓展的空间。一些播客（比如圆桌谈话、访谈节目、回顾节目）需要营造参与感。听众想要有与主播共处一室的感觉。所以，准备是必要的，但你应该追求的是敞开讨论，而不是封闭思路。邀请你的对谈伙伴或嘉宾进入你的思路，同时也要跟从他们的思路。你们要集思广益，一起迸发新见解。一言以蔽之，学会倾听。

下面是一份大纲可能需要的基本组成部分：[17]

- 播客的标准开场包括：开场音乐、自报姓名，以及介绍播客的名称。

- 关于节目的一两句介绍。

- 广告（如果需要插播广告的话）。

- 嘉宾访谈。

- 宣传（比如嘉宾的新专辑等）。

- 向嘉宾致谢，介绍播客制作团队，向听众致谢。

- 介绍播客的搜索方式。

- 特别请求：可以征求听众的参与（分享个人经历、想法、观点与评价）。

- 播客的标准结尾：播放音乐、自报姓名、介绍播客名称，等等。

无论是写脚本还是列大纲的时候，最好都设置一个模板，在其中标出节目的标题与序号，写下嘉宾的名字及录制与发布日期。[18] 如果需要保证播客的时长固定，那么你还需要提前设定每一部分的具体时间点。例如，你可以从 00:00 开始，然后在第 5 分钟的位置标记一个切换话题的时间点，到第 10 分钟时介绍嘉宾，等等。这样在录制的同时留心时间，提醒自己现在该进展到哪一步了。

关于塑造故事，编辑最爱问的问题

编辑会用各种不同的方法问："为什么别人要关心（care）这个？"。内部选题会的过程往往是这样的：

提案人说："最近有这样一个艺术节。"

编辑没说话。（心理活动：为了一场活动做一期播客？只是因为有这么一场活动？）

提案人说："这个艺术节太棒了，我对背后的组织者特别感兴趣。"

编辑抿一口咖啡。（心理活动：好吧，那就去问问。）

提案人说："最近有这样一个艺术节，曾经只是一场波希米亚风格的小众活动，但新一批组织者想要改变活动风格，一方面保留波希米亚的气氛，另一方面让内容更有互动性，把整个艺术节办成一场盛大的行为艺术。他们打算给艺术节拍影片，然后在网上放出亮点推广视频，制造口耳相传效应。如果他们的策略成功了，那么就能彻底改变同类活动的运作方式，扩大受众人群。"

编辑放下甜甜圈，开始问问题。

上面都是开玩笑的（甜甜圈是认真的）。我们想讲的重点在于：对专注叙事的人来说，一段故事真正让他们欲罢不能的"弧线"不是"发生了什么"，而是"为什么发生"和"怎样发生"。[19] "为什么发生"可以引出事情的意义，"怎样发生"可以引出事情背后的方法与思路。这让我们从一个地方走向另一个地方，沿途发现新的东西。这趟旅程就是一条叙事弧(Story Arc)，它们彼此组合，就会形成一条故事线。无论是讲童话故事、报道奥斯卡奖，还是在调查一个文化现象或时事的时候，这一点都能适用。

JustPod注：

"叙事弧"一词，被广泛用于小说、电影、电视剧、漫画等的创作中，当然也包括音频叙事作品的创作。

🔊 我在《金钱星球》学到了这样的一课：如果你想明白一件事，首先应该亲自上手做。比如，为了理解石油产业，《金钱星球》团队真的买了一百桶原油。为了理解太空商业化，我们真的发了一颗卫星。当然，这些都是比较贵的例子。但你也可以用自己的方式身体力行。你应该带着一个任务跳进一个复杂的世界，敢于在赛场上刮掉两层皮，这样一来，你（以及你的听众）就能设身处地地了解一个陌生的主题。而且这个过程还挺有趣的！

——肯尼·马龙（Kenny Malone），《金钱星球》联合主播[20]

下面列举的一些问题可以帮你根据"为什么发生""如何发生"缩小叙事焦点，更好地塑造故事：㉑

- 你的故事的核心可能是什么？

- 这个故事有什么新颖或惊人的地方？

- 你是否想回答某一个特定的问题？（我们有时称其为"核心问题"。）

JustPod 注：

在 JustPod 我们一般说"问题意识"，就跟写论文时，导师问的问题差不多。

- 主角是谁（或是什么东西）？

- 这个故事的节奏是怎样的？（我们有时会问："这个故事与听众间的利害关系是什么？"）

- 现在讲这段故事的时机合不合适？

- 如何让现在还不关心（care）这段故事的人对它产生兴趣或关切？

- 故事该如何开场？

- 在故事中可以放入的最理想的素材是什么？比如，怎样的声音最为理想？怎样使用引语解答你的核心问题？什么样的场景或时刻能让这段故事深入人心？㉒

JustPod 注：

引语（Quotes）这个主要是指要引用被采访者说的某段或者某句话，辅以一些研究资料中可引用的部分。

接下来，设想一下你希望这段故事在听众中唤起什么样的反应：㉓

- 听完故事以后，他们会聊些什么？

- 他们可能需要从你的故事中得到什么？为什么需要这些？

- 他们还能通过什么别的渠道获取这些信息？

- 你的讲述方法有什么不同或更优越之处？

- 你的听众能从故事中得到什么裨益？你的故事能为他们提供信息、鼓舞、与他人的联结，还是能促使他们积极行动，或者改善他们的人生？

当事前准备遭遇创意性交流

《万事皆晓》总编辑萨米·叶尼冈（Sami Yenigun）曾描述了已经停播的著名访谈类播客《与斯特莱奇和鲍比托聊点好东西》（*What's Good with Stretch and Bobbito*，主题涵盖音乐、政治等）是如何讲述故事的。你可以看到，为了找到一期节目的故事线，他们需要付出多少努力，在编辑层面做多少次修改、推敲。

我们每周都要确认进度。在开始写脚本或做任何事情之前，首先要搜集媒体资料，包括嘉宾最近的所有访谈、他们正在从事的新项目，以及他们之前在媒体报道中的言论。我们会事先与主播谈话，大概像这样：在这些资料里，你对什么感兴趣？你打算从

什么角度出击？那么，你想专门谈谈这个专辑吗？

我会根据主播的兴趣写作脚本。然后，我会把脚本草稿发给编辑与主播看，在一两天后再打电话交流。到那时，我们才开始逐渐收缩故事的范围，讨论这场对话的故事线应该是什么样的？一开始，我们会和嘉宾简单聊一聊，比如你最近如何、你最近在忙什么项目，然后也许可以回溯一下往事，梳理一下嘉宾的职业发展历程。在访谈最后，我们可以展望未来，比如询问你明年希望和谁合作，等等。从这里开始，我们才真正触及了故事线编辑的实质。这将指引我们的节目录制。[24]

为了讲好故事，制作人最爱问的问题

现在，是时候脱下创意工作者与编辑的帽子，站在制作人的角度上思考问题了。通过提醒自己思考"这该怎么才能做到"，你可以在讲述故事的过程中进一步收拢自己的想法。

作为参考，你可以看看这些问题：[25]

- 你想和谁做访谈？在前期阅读资料的时候你也许会想到一些名字，这只是初步的想法，但这些想法往往能给你带来意料之外的结果。[26]

- 你能否呈现出所有必要的视角？

- 为了报道这个故事，你能否找到正确的地点、正确的信源？

- 你想要怎样的声音、怎样的场景让这个故事更为深入和生动，以及回答为什么？如何采集？㉗

- 有没有什么问题要事先向访谈对象确认（比如，访问未成年人，或不披露受访者全名，等等）？

- 有没有什么法律问题（见第 8 章）？

- 你在时间上来不来得及编排这段故事？如果来不及，你能否把它的发布日期往后推一推？或者削减故事的体量？㉘

- 你可能遇到哪些挑战（比如，外景或差旅费，很难联系访谈对象，难以获得音频片段或其他素材的使用权，等等）？这些困难将如何影响你的故事体量、制作预算或制作周期？㉙

- 你该如何更好地在多个平台上讲述这段故事？节目发布之后，你就需要推广它，一些额外的素材也会很有用（比如，音频、视频选段、照片、地图、图标、统计数据）。你可以把自己想到的额外素材列一张清单（申请某些素材的发布或授权可能会很费时间，所以你最好留足时间）。具体可参考第 8 章。㉚

- 你的故事不应包括哪些内容？如果在一段故事中的表达过多，反而会毁掉这个播客，如脚本、预算、日程、人际关系等都会有所影响。所以，要敢于做减法，专注于核心问题。㉛

练习：为了讲好故事，你需要什么？

首先，做好前期准备：

- 你准备搜集哪些文章、视频（及音频）选段，或者其他资料？

- 你发现了什么出乎意料的东西？

- 有什么东西勾起了你的好奇心？

- 你的故事该如何打动目标听众（见第 2 章）？

接下来，可以列出你打算收集的声音，以及想要联系的嘉宾或访谈对象，试着创建一个像表 7-1、表 7-2 这样的表格，里面的栏目也可以根据实际情况调整和定制。

表 7-1　计划收集的声音列表

实际采集的声音素材	音频或视频片段

表 7-2　计划联系的嘉宾、访谈对象列表

姓名	头衔或称号
来源或介绍人	联络方式
备注	

规划你的故事

在挖掘事实，寻找兴趣点，发现矛盾，探寻细节，搜索采访线索的同时，你也要开始勾勒故事的大体框架了。㉜ 故事板、流程图、大纲，任何方式都可以。随着你对信息越挖越深，故事的概念也会越来越明朗。

随着你对故事的规划逐渐丰满，你要思考以下这些问题：

- 有什么是和故事线直接相关的，比如阐释一个要点、关键行为，或角色的动机与决定？

- 切题与离题的边界在哪里？有什么内容是可用但不必要的？

- 还有什么新的角度？它们会不会改变故事？

- 从预算、时间安排和节目时长的角度出发，有什么内容是你无力报道的？

- 你该如何用声音效果传达重要信息？

- 有没有什么信息刷新了你以前的认知？这会如何影响叙事弧？

敲定标题

什么？！故事八字没一撇就要起标题？㉝ 没错，毕竟你总得起一个。因为你必须克服起标题恐惧症 6。而且，起标题可以有效地帮你找到故事的内核，即便故事的内容本身可能会变（无论是微调还是大改）。如果场合合适，而你又不乏幽默感，那么你可以起一个诙谐一点的标题 7。

此外，你还可以试着想一句（最多两三句）单期节目简介。㉞ 这也能帮你抓住节目的核心思想，在约访和发邮件征询素材时也能发挥作用，或许还能逐渐演变成一份更完整的节目内容介绍。8 如果觉得简介难写，那么你可能需要再聚焦一下自己的思路。

练习：你的节目标题与简介

那么，准备好了吗？现在，把笔记本翻到空白页，或者在电脑上打开一个空文档，以便之后可以反复研读（如果一次就成功，就太没意思了！），写下关于标题和介绍文案的暂定想法。

6. 恐惧你是克服不了的，但你可以养成起标题的习惯。这算是次好的结局。

7. 但要问起"怎么知道自己有没有幽默感"，人们就笑不出来了。所以，恭喜你，现在你知道了。这会为你省去不少时间和精力。

8. 读到第 14 章的时候，不要说我们没事先提醒过。

故事的结构是怎样的?

我们可以花好几个小时聊故事的结构，如英雄的冒险、大卫战胜歌利亚（《圣经·旧约》故事），等等。说来有些冒昧，但这些故事结构我们都用过。它们都很棒（像《荷马史诗》《圣经》这样的故事都经历了几千年的考验，对我们绝对够用了），你应该多研究研究。我们就是这么做的！在书本、影片和我们自己的叙事媒介——音频当中都有优秀的叙事结构。㉟

但我并不想开文学课。你是一位音频制作者，时间紧张。那就让我们用资深音频记者的方式来处理你的故事吧。

练习： 把握大格局

好的报道者在开始收集音频前就已经想好了故事的结构，故事应怎样开头（需要使用怎样的录音或场景），叙事应遵从怎样的次序（比如是否按时间顺序叙述），甚至也想好了故事该在哪里结束。㊱ 当然，这些想法在报道过程中是会变的，但揣着"假设"起步总没错。下面这些问题可以提供指引：

- 你对开场的构想是怎样的?

- 第一段录音（或第一个场景）是怎样的?

- 故事该如何展开、叙事弧是怎样的?

- 谁（什么）是主角?

- 如何结尾?

- 故事结束后，你希望与听众分享怎样的感触?

当然，你想要的不只是用解说把一串音频片段简单拼接起来而已，那就舍本逐末了。你可以试着用下面这些基本的故事结构：㊲

- **时间顺序结构。** 首先(……)然后(……)再然后(……)直到结尾。这种结构适用于新闻或者中立性的话题。缺点是有些平淡，如果带着主观态度去讲述会更活泼一些。（举一反三：倒叙指的是反时间顺序，把故事的结局当成起点，然后逐步回溯事情的本末。）

- **三幕式结构**。适合节目时长较短的播客。每一幕都在前一幕的基础上展开。例如，第一幕设定场景，提出核心问题，点出矛盾冲突（利害关系）；第二幕解释事发经过；第三幕解释事情发生过后带来了怎样的变化。在幕间切换时设置提示，以营造推进感，增强叙事的复杂性。[9]

- **新闻特写式结构**。NPR 前编辑萨拉·萨拉森（Sarah Sarasohn）曾如此概括这种结构：问题—解决—复杂化因素—展望。这种结构可以用来讲述复杂度较高的故事，在"复杂化因素"部分，我们可以讲述各种举措、反应、再反应，以及事态的后续发展，直到得出最终结论。事实上，最终结论可以只是一句话——"那么，现状就是这样。"[10]

- **侦探小说式结构**。在这种结构中你扮演的是像福尔摩斯一样的侦探，摸着下巴不断地问"为什么"。你带着听众一起进入迷宫，不断发现"线索"。你发现了什么，他们就发现了什么，最后结案。

9. 或者说，建立叙事弧。

10. 也许可以加一个"第二部"？

---

npr

行家心得：怎样才算好故事

尼克·方坦，《金钱星球》制作人

　　我觉得做播客最大的难点就是找到故事，并且我们对故事是有追求的。

　　我们需要一个鲜明的、能引人共鸣（或者听众有可能感到共鸣）的角色。有时，主角可能就是旅途中的我们自己，或者探索故事的报道者。

　　这个角色最好有一个目标，或者发生了一些思想上的转变。这个角色不能是一条平白的直线，要有一些弧度。

　　我们需要一些行动，要切实地发生一些事情。一般而言，我们希望这个行动背后的动机来自主要角色的诉求。

我们需要一些能够与听众产生利害关系的东西。这可以是在主要角色的身上体现出的利害关系：比如与他们个人直接相关，与他们的名誉直接相关，或者让他们陷入被伤害的危险。或者，这个利害关系也可以是一个非常宏大的理念，比如"国家的未来在此一举"。

我们需要意外与惊喜。这当然能通过叙事技巧做到，但故事结构可以产生的意外性是有上限的。这个故事的内容本身也必须出人意料。你需要放置一些无法预知的转折，让人们改变对某些事物的看法。还有一种方法是在录音中收录一些出人意料的时刻，比如一些特别荒唐的事情。这样可以让我们稍微偏离既定的思维。

我们寻求足够宏大的观点，以证明我们的节目除了提供娱乐，也试图教听众认识这个世界。⑧

练习：剖析音频故事 01

找一档你喜欢的叙事类播客，选择其中一期，在收听时留心我们之前提到的要点：

– 故事的核心问题或利害关系是什么？

– 主播是如何建构问题意识和利害关系的？

– 故事的角色是谁？他们的纠结、选择、挑战、问题与改变是什么？

– 你从主播、角色或你自己（作为听众）的角度听到了怎样的叙事弧（如新发现、新见解、新知识，或者宣泄、决定、问题解决、疑点、更多的问题，等等）？

– 这些叙事弧是怎么发展的（如旁白叙述、专家访谈、主要人物访谈、实地走访）？

– 节目是如何提醒听众注意叙事的变化、转折或要点的（如旁白或叙述者提醒、其他人声提醒、音效提醒或音乐提醒）？

练习：找到叙事弧

如果你为自己的故事想好了初步的一句话简介，那么你可以再做一些研究，试试看下面的练习。

1 "平铺直叙"地描述一段故事：先是……然后发生了……，再然后……，等等。

2 叙事弧是怎样的？有没有什么矛盾、抉择、过程与学习曲线？故事的利害关系在哪里？这些将决定你能否吸引人们把故事听下去。

3 为了建构这些叙事弧与利害关系，你需要做什么？例如，你需要写一篇关于医学问题的故事。萨米·叶尼冈说："我认为，讲述医学故事有一个非常好的方式，那就是去找那些对这个医学问题有着亲身经历，或人生直接被其所影响的人。如果有人推给我一篇只有统计数字的报道，我会第一时间反问：那你能找到什么样的角色把这一切解释给我，让我知道它为什么重要？"[39]

4 把你对上述问题的答案整理成具体的想法，添加到声音采集与嘉宾邀请列表里。比如想要采访什么人，需要走访哪些现场，需要收集哪些音频、视频素材等。

怎样开始？故事的开头最重要

无论你做什么类型的播客，都得从一开始抓住听众的耳朵！我们的"NPR One"平台可以记录听众打开、持续收听或退出播客的数据。从这些数据中我们发现，最有效的开场白不应超过 22 秒。[40]

必须在这段时间里抓住听众的耳朵！你一定要击中目标听众（见第 2 章）的爽点或痛点，让他们感到忧虑、好奇、心痒。下面是一些经过实践考验的音频故事的开场方式：

- **提出问题或提出谜团。**我们将在这段故事里发现什么？我们的目标是什么？听众应该在节目中期待得到什么？最好是直接提出一个谜团："假如……会怎样？""你是不是一直在想，为什么……？"　"他们是怎么做到的？"　"想象一下……"。总之，吸引听众持续听下去的动力是——在听完故事以后知道一些自己以前不知道的东西。④

- 开门见山（所谓"冷开场"）。可以是让某人说一句耸人听闻的话（"我并不是故意的……只是不小心才这样的"）或者是某种十分引人注意的音效，比如一阵怪笑，然后是"唰唰——扑通"声。如果解说（比如"那是一个人正在吞下……一支离弦的箭"）很快跟进，则冷开场可以产生很好的效果。但如果故事想要传递的信息过于复杂或过于生疏，听众事先得不到解释就有可能跟不上。具体可以参考"行家心得：怎样开场"中基恩·丹比（Gene Demby）的说法。

- 树立概念。记得 *Serial* 第一集的开头吗？萨拉·科尼格（Sarah Koenig）试图让观众们认真思考"记事"有多么困难。她随机找到几个人，让他们回忆自己一到两周前在什么地方，但谁也没给出十分确切的答案。*Serial* 用这样的开头迅速诱导听众思考时间与记忆的问题，让他们与主播科尼格，以及（在一定程度上）故事主人公阿德南·赛义德（Adnan Syed）站在同一视角上。从一个宏大概念而非故事本身出发，将故事升华到超出基本情节的高度，赋予其深度与厚重感。

- 表达自我。如果故事与自己无关，还能不能用"我"开场？有些时候也没问题！也许你对这个话题有什么独特的看法，又或者这个话题几乎放之四海而皆准，那么你和其他人一样有话语权。也许这个话题是你自己好奇探究的产物，又或者你需要讲述一段亲身经历，<u>而如果你把自己变成了一只"小白鼠"，就再好不过了。</u>11

JustPod 注：

这里其实说的是，在叙事类播客中很常用的一种手法。就是让制作人或者主播自己成为故事的一部分，以帮助故事更好地推进。这里的"小白鼠"就是一种方式。让制作人自己去探索、试错，这个过程既成了推动故事的主线，同时也揭示了客观世界的问题，使其变得生动，同时让听众感觉到亲切。

11. 但你不能对此过分痴迷。在故事里加入自己的成分固然有用，但这么做必须以帮助听众代入内容、建立情感联结为目的。有时，以小而个人的角度为切口，能让你更好地谈论宏大而普遍的主题。

npr

行家心得：如何开场

萨米·叶尼冈，《万事皆晓》总编辑

开篇第一句话的每一个细节，都决定了节目在听众心中的价值。"近来选美比赛越发频繁"和"两星期前，又一场选美比赛举办了"不同的表述对听众的影响是不同，决定了听众是否听下去。为了向听众推销内容，每一个小细节都很重要。[42]

杰西卡·利迪，《流行文化也快乐》制作人

如果要做好一档谈话类播客，你就必须非常认真地思考这场谈话该如何开启、先和谁说话，以及你预期嘉宾会怎么做。因为他们决定了故事的调性。我们把这个过程称作"铺桌子"。在这之后，话题才能进一步展开。[43]

基恩·丹比，《语码转换》联合主播兼记者

我们的经验是，对冷开场一定要慎重。没错，冷开场很帅！那些扑面而来的声音，无比生动的环境声，以及慢慢铺陈的感觉。但要知道，除非讲述者非常、非常有魅力，或者开场的段子非常、非常吸引人，那么一期节目通常不应该等到 5 分钟后才对听众解释节目的主题是什么（故事的核心关切是什么）。因为迅速抓住听众的注意力，对我们来说才是关键。[44]

练习：试做开场白

首先，听几档与你的播客形式相近的播客，注意他们是怎样开场的。[45]有没有使用上面提到的方法？有什么特别吸引你的地方？他们又是怎么做到的？

如果你已经从一位音频制作者的立场出发听了其他播客的开场部分，那么你可以审视一下自己对单期节目的制作思路（哪怕只是一个非常初步的想法，还不确定是否真的要做成节目）。参考上面提到的关于开场部分的内容，再联系到你之前听过的其他节目，想想看你在开场时应使用怎样的招数，让听众被你的故事吸引。

随着你对故事的研究加深，会掌握越来越多的细节，勾画出越发清晰的叙事弧（见第 12 章）。下面你需要为开场部分撰写草稿并不断修改。你的目的是勾勒出"开端的开端"，为后续内容找到起点。请注意无论出于报道伦理还是对市场营销的考虑，你的开场白都不应把话说得太满，超出故事实际所能表达的范畴。[46]

音乐怎么办?

音乐即便无言，也能表达情绪。在《语码转换》的一期节目"这就是作为白人的意义吗？"开头，同一个音符在背景中反复出现，像急促的心跳一般衬托着人声，在开场白讲述 1965 年白人牧师兼民权活动家詹姆斯·里布（James Reeb）于亚拉巴马州塞尔玛遇害的同时进一步渲染了阴沉的气氛。在《短波》（Short Wave）的一期节目"噩梦鬼压床"中，一位科学家讲述了睡眠与做梦时的脑波活动，与此同时，播客安排的配乐是一段轻柔的、几乎是梦境般的琶音。

《今昔线索》（Throughline）制作人兼联合主播拉姆丁·阿拉布洛埃（Ramtin Arablouei）说："你要把音频故事想象成一首歌。正如一首歌是由贝斯、吉他、鼓等声部组成的，你的故事也是由主讲叙述、环境声、嘉宾访谈和配乐构成的。这些要素一定要和歌曲的各个声部一样彼此配合，天衣无缝。你要对每个部分都给予同等的重视，这样你才能不让配乐这个至关重要的调味剂变得呆板，或显得缺乏节制。"[47]

音乐的威力巨大，使用时要谨慎。一方面，音乐是奢侈品；另一方面，音乐可以为叙事提供支撑。让我们解释一下。

先说说奢侈品。使用音乐必须经过版权所有者的授权许可。为此，你至少需要走一些申请流程，如有其他因素制约，可能还需要支付费用。这些问题在第 8 章有更详细的说明。你也可以与播客圈的同好们聊一聊，其中一些人可能也在玩音乐，也许只要支付低廉的费用或者一句致谢、一次推荐就能换取作品授权。有朝一日，你还可以给他们的播客帮忙，还人情。

你也可以做点简单的音乐效果，给人声充当背景（所谓 "音乐床"）。你可以上网搜索 "免费作曲软件"，查一查有关信息、评论。拉姆丁说："音乐不是什么魔法，而是一种可以习得的技能。你不用亲自下场，像普林斯·尼尔森那样为播客配乐弹吉他，或者像汉斯·季默那样写和弦。你可以去乐器店买一台 20 美元的电子琴，或者找出正在吃灰的旧吉他，随手拿一只沙铃，然后试着做做看。"[48]

至于支撑部分（crutch part），尼克·方坦曾说："你不该指望用配乐解决写作上的问题。"[49]换句话说，如果你的故事、调查研究、解说、采访录音或其他地方略显薄弱，那么你可能会想要导入音乐，直接按下煽情键——感受情绪吧！

如果真的要用，音乐应该为你的故事增添感情维度，而不是把故事拉平，使其变俗套。[50]这个年头，用音乐还是朴素点好。你可以参考同类型的播客，听听它们是怎么使用配乐的。"比如，对于悬疑或真实罪案类播客，怎样的音乐效果最好？"[51]NPR 培训部门的阿尔金·赫钦斯说道。但也千万别忘了拉姆丁的告诫："不要太肤浅。如果你的节目讲述了一段发生在特定历史时期（比如 1950 年代）的故事，那么配乐就不要用波普爵士乐了。但你要出乎听众的意料，把听众传送到一个与现实不同的情绪与智识空间才是配乐永恒的目的，而通向这种情感体验的第一步，就是让听众感到新奇。要尊重你的听众，给他们一点意想不到的感觉。"[52]

对于配乐，要多闯多试。《今昔线索》制作人兼联合主播隆德·阿布岱尔法塔赫（Rund Abdelfatah）说："音效设计与配乐有无穷多的可能。有些时候，效果越抽象越好。"[53]

也可以让风格混搭一些，增强反差。尼克说："反其道而行之往往效果不错。如果你讲的是牛仔的故事，就别用西部片音乐；但如果不是牛仔的故事，就大可以用西部片音乐甚至牛仔音乐。"[34]

除非音乐本身是你播客的主题，那么它就不应该过于复杂或过于悦耳，以免令人分心。你要这么想：背景音乐毕竟是背景。你要先想清楚自己的故事是什么，然后再导入音乐。[35]

配乐的底线在哪里？拉姆丁说："要随性去试。不要管故事的类型，按自己的喜好配乐，怎么愉快怎么来。如果你自己都感觉不到乐趣或共鸣，那么你的听众同样感觉不到。"[36]

虽然在采集完其他声音、对故事有更深入了解以前，一般不会敲定播客的配乐，但你最好还是早一些考虑音乐的问题，对备选方案多做一些功课。

其他音效怎么办？

从你自己的呼吸到落叶与水泥地的摩擦，从灌篮的巨响到母狮哺育幼崽时的沉吟，从风吹树梢到人在熟悉的房间里听到的那种特殊的声音……声音在我们的世界无处不在。对音频制作者而言，学会倾听、捕捉这些声音，用它们讲故事是至关重要的。因此，本书将用整个第 9 章讲述怎样收集声音——从推动故事进展的人声音轨、动态声音到为听众营造身临其境感的环境声效。眼下你只需要知道，有这样一个由非语言的声音所组成的世界，它的表达可以和语言相媲美。特别是如果你想做一档制作精良、层次丰富的播客，那么你可以和各种声音"玩"得非常开心。

练习：剖析音频故事 02

首先，选一档播客，什么播客都行。或者就用"练习：剖析音频故事 01"用过的播客也行。在听播客的时候，试着记下自己听到的所有声音元素，如节目开场曲，主播开场白；第一段访谈，主播回顾要点，进一步提问，将故事引入下一阶段；音乐随着故事进入第一场外景而淡出，加入外景的声音；主播引入第二段访谈，主播回顾，段落过渡，等等。

你还需要记录以下要点：

- 各种声音或音乐在人声音轨之下淡入、淡出，或在无人声情况下单独播放。

- 从讲座、专辑或影片中截取的音频片段。

- 那些为我们带来新知识的"小发现"时刻，记得用星号把它们标出来。这些就是叙事弧上的"凸起"，或者"节拍"。

- 那些让人意外的转折与展开，也是故事的"节拍"。记得用感叹号把它们标出来。这些同样是叙事弧上的"凸起"，可以让故事时刻保持吸引力。

- 总结。关于听众能从节目中了解到什么，以及有什么值得思索的问题。

- 收尾。节目的结束语部分。

- 如果播客有多名主播，那么要记得辨别：主播中是否存在一人主导，其他人附和的情况？"主导主播"的人选是否固定？笑话、意见分歧与立场（或兴趣）上的差异又如何塑造了叙事弧，为其增强了吸引力，丰富了信息量？

- 如果播客是一档单主播的访谈或评论类节目，主播又是如何塑造叙事弧，增加信息或观点的深度，进而吸引听众收听的？

- 故事如何结束？你从故事中归纳了哪些要点？你会记得些什么？《金钱星球》的尼克·方坦说："我们在写结尾的时候会想'这能让我们对这个世界有什么样的新认识？'"[⑦]

恭喜！现在，你已经有了一份音频脚本的雏形。

简单说说脚本

即便念书的时候不擅长写作文，你也不用担心脚本问题。音频脚本不是拿来阅读的，而是拿来听的。这区别可大了。我们会在第 12 章中具体介绍脚本和大纲。正如你在"练习：剖析音频故事 02"里掌握的那样，脚本和大纲是一期节目的路线图或蓝图，它们规划了说话者的人选、其他声音的选择，以及不同声音的排列次序。

如果做一档由故事驱动的播客，那么你的脚本最好要在采集完所有声音（见第 9 章）、完成所有采访（见第 10 章）之后开始动笔。如果是圆桌讨论、对谈或个人论说型播客，那么你在录制之前应该列一份大纲或者一份更具体、更像脚本的文档，这取决于你的制作经验与偏好。

脚本的形式因播客类型而异。访谈类播客的脚本一定和长篇、外采主导的叙事类播客不同，而这两者的脚本又和圆桌讨论类播客不一样。如果你的脚本只是写给自己看的，那么在形式上独树一帜也没什么不好。然而，音频脚本还是有一些通用准则。下面是一个非常基础的脚本范例，供你参考：⑧

播客开场，报出节目名称。你作为主播自报姓名。也可以加入开场音乐，等主播开口时淡出。一切浑然一体。此时你的听众会意识到，自己已进入你的音频世界。

主播："嗨！我是格伦·威尔登，这里是《关于蝙蝠侠的一切》，我们关注那位哥谭的斗篷骑士，无论是你已经知道的，还是你不知道的。"¹²

12. 我就是这样的人。

本期节目引语，提前预告本期节目的主要内容，必须非常吸引人。

主播："根据××信源，每年万圣节时美国市场都要消费超过××套蝙蝠侠制服。但你有没有想过，原版的蝙蝠侠制服是什么样的（勾起好奇心）？我们对这一点也有过好奇。我们以为它应该是……这样的，但事情的真相让我们这些蝙蝠侠'死忠粉'也大跌眼镜……（要点提示）。"

第 1 段访谈引语

（主播介绍蝙蝠侠的"死忠粉"姓名，简述个人经历。）

第 1 段访谈（主播与死忠粉对话）

主播："接下来，你们这些'复仇少年'（Boy Wonder）¹³肯定会感到奇怪——世界上最大的蝙蝠侠纪念品被收藏在谁的手里。（阶段过渡，故事深入）我们试着找到了这位藏家。"

第 2 段访谈引语

主播："他不想向我们透露自己的住址，也只愿让我们称他为'鲍

13. 我会把类似这样的段子写进脚本里，但一个好编辑会把它毙掉。无论出现多少次，都会直接毙掉。这样的段子听起来不如读起来那样有趣，而且来得太早了——我们还在给听众营造预期，这时候讲笑话会分散他们的注意力。

119

比'。鲍比提议和我们在一座游乐场见面。这倒是和我们这档节目的主题挺吻合，我也能顺带用抓娃娃机抓一只皮卡丘玩偶。所以我们就这么敲定了。"

（淡出、淡入，引入外景声音。）

第 2 段访谈（主播与古怪的遁世藏家对话）

本期节目总结

主播："好的，虽然到头来没能抓到皮卡丘，我还是掌握了许多让超级藏家食指大动的要点……"（总结在之前的节目中发现或学到的内容，要风趣、简洁、深刻，还要留些问题。总之，要与你的节目内容相符合。）

节目结尾

主播："这就是本期《关于蝙蝠侠的一切》的全部内容。不过，我们需要你帮个忙。我们打算在今后做一期节目，盘点《蝙蝠侠》电视剧系列里的经典台词。你最喜欢的剧版台词是什么？你可以打开我们的网站（报网址），也可以给我们发邮件，这样一来，你最喜欢的台词就有可能出现在我们的盘点节目里！多谢参与！如果你喜欢这档节目，也欢迎把《关于蝙蝠侠的一切》分享给朋友们。你可以在某某平台或任意播客应用找到我们。下次再会！"

以下是一些关于构思脚本的建议。（如果你是那种跳着读小说、倍速看视频、总是对接下来要发生什么，急不可耐想要立马知道的类型，那么你可以直接翻到本书第12章的"脚本小提示"，看一看你在录制访谈、采集声音之后该怎样让自己的脚本最终成型。）

- 要有时间概念。4 分钟的故事大概需要 500～600 个单词。[59] 尼克·方坦说："脚本不是越长越好，如果你有一万名听众，那么你在节目里浪费一分钟，就等于在这个世界上浪费了整整一万分钟。"[60]

- 脚本要一目了然。上面的例子展示的是一个非常基础的脚本。你可以在这个例子的基础上做一些个人化调整，以便让你想说的内容更加鲜明。[61]

- 设置模板。如果你的每一期节目都采用同样的开场，那么你应该
  预先把模板确定下来。对结尾的处理也是一样的。[62]

- 如果需要发音提醒，那么记得严格按读音把单词或名字写下来。
  有变音符号的还要记得做好标记。[63]

- 要标记语气加重和换气的位置。可以回顾第 5 章的内容。

- 在圆桌讨论或联合主播式节目中，（友善的）分歧是有益的。听
  众不想听所有人异口同声、彼此附和，有差异才有趣。即便你
  们在节目中说："不，我认为你漏掉了这个……这个……和这
  个……"，听众也能感受到你们对彼此抱有尊重。

- 不要把重头戏堆在最后。播客应该在第一分钟就抓住听众的耳朵。
  每过几分钟就放出一点新东西：一种新声音、一个新的说话人、
  一场转折、一个新的节拍点。[64]

- 要活用结尾。[65] 在这一部分里，你要感谢嘉宾和其他参与制作节
  目的人。此外，你也要抓住这个机会与听众互动。你要感谢他们
  收听，告诉他们如何找到这档播客，让他们时刻参与到你的内容
  中来。有时，你也可以对他们提一些请求（那种老掉牙的"敬请
  参与"）[66]。

除此之外，结尾部分还有一些可做的事。你可以试着在模板里加入
下面这些要素：

　　□ 引导听众打开你的网站，浏览更多与节目相关的内容（比如
　　　完整的访谈、额外的图片、视频或音频选段，或者更进一步
　　　探讨节目主题的博客文章）。

JustPod 注：

在国内可能就是微信公众号。

　　□ 告诉他们如何获取嘉宾的最新专辑或著作。

　　□ 呼吁听众在社交媒体上关注你，把你的播客分享给朋友，或
　　　者给出好评。

    □ 请求听众为今后的一期节目提供想法，比如投票或者接受调查（一种音频喊话）。

    □ 当然，你可以重申一遍节目的名字、你自己的名字，以及听众找到播客的方法。

- 对数字要小心。音频中的数字比文本中的数字更难消化。[67] 使用数据、统计资料和计量单位时一定要慎重、简洁。不要让听众在数字上耽搁太久。一定要解释数字的意义。

- 根据自己的说话方式写脚本。[68] 你应该设想的场景是客厅，而不是教室。《短波》前主播、曾担任 NPR 科学记者的玛德琳·K·索菲说："如果你想要一种对话式的口吻，你就应该用自己在生活中说话的语调写脚本。这听起来简单，但人性总会迫使我们用一种不同于日常交流的方式写作。找到属于自己的声音，指的是学会坦诚面对自己，并把它写到纸上。"有一个窍门可以让你在写脚本时更好地体现出自己的声音：先大声念出来，再写到纸上。玛德琳还提到，"这也会迫使你接受自己在现实中的说话方式。这可能是很可怕的体验，但你正在做播客！要学会把虚荣心放一边。"[69] 现在，深吸

---

npr

行家心得：写出你自己的声音。没错，你自己的。

凯丽·迈凯维斯，《嵌入其中》主播

    我对于脚本写作的实践心得是，我宁可站在屋顶上把这些话大声喊出来，让所有曾和我合作过的人翻着白眼说："天啊，她又来了，也要把脚本写得像自己在和朋友说话一样。但这做起来可不容易。我在这个问题上有些强迫症。比如，我不会说"我与某某人对话"（我和朋友说话时可不用这个词），而要说"和某某人聊了聊"；我也不会说"关于做某件事，还有这

些诀窍……"，因为我的口头语里没有"诀窍"这个词。你会对朋友说"想不想学一些关于炒鸡蛋的诀窍"吗？不会的。我只用"窍门"，因为那就是我自然的说话方式。如果你在第一句话里用了"火"字，那么你在写第二句话时可能想换一个说法，比如"火焰"。但这是典型的新闻写法。谁会说什么"哦对了，我家昨晚起火了。火焰如何如何"？谁都不会这么讲。我就直接把"火"字重复一遍。你要写出自己的声音，但这其实挺难的。面朝一张白纸，你或许会想：接下来要写的东西会被录下来，我觉得我的声音应该和其他主播一样，或者必须符合我脑海中那个理想的声音。别这样，只管做你自己。这就是我最大的建议。⑩

一口气，思考一下你的播客的整体概念。回顾一下之前提到的"时间 + 金钱 + 热情"方程式。

根据你现有的对于播客制作流程的认识，你对上述三个要素上是否已经有了充分的积累，可以尝试着实现自己的目标？

如果没有，那么坦白承认就好。你不必因此放弃播客。

比如，你可以精简规模，把需要故事驱动的播客变成访谈为主的播客。如果你本来想做一档注重外景访谈的播客，那么你也许可以把大部分采访改成远程进行的采访。单人主播可以试着找人合伙、分担职责，或者把播客变成活跃的圆桌讨论。尽可能让日程变宽松，缩短节目时长。

记住，宁可保持稳定的完成度，也不要一上来就野心过大。

JustPod 注：

针对野心过大（Overambitious），我们有一个说法叫"你要做一个专栏，而不是一家电台"。

对于如何构思故事，萨米·叶尼冈是这么说的："一定要追随自己的兴趣和热情，但要用批判的眼光看待它们。比如，很多时候人们想要做一档关于电影的播客，只是因为喜欢电影，但他们往往不会批判地看待电影。想要爱你所爱，当然没问题。但我的建议是，如果要制作作品，你应该不断审视自己的预设。"

在播客人的成长道路上，你应该时刻擦亮眼睛，保持冷酷的坦诚。现在，你已经对播客制作相关的各种变量有了概念。接下来你要做的就是找到当前最适合自己的配置。作为播客人，你要时刻扪心自问，思考怎样才能做到更好。你的听众希望听到最佳的你。这是我们的期待，也是你的追求。

第 8 章

播客的法务问题

接下来我们要邀请一位嘉宾——NPR 副总法律顾问阿什利·麦森哲（Ashley Messenger），其不惜笔墨为我们指点播客相关的媒体法律问题。她在这件事上可太有发言权了：她曾出版过一部著作《媒体法实践指南》（*Media Law: A Practical Guide*，由 Peter Lang Media & Communications 出版），专门论述所有广播人（与播客人）必须考虑的法务问题。如果想对相关法律有更深入了解，建议你翻翻这本书。

本章有一些很严肃的内容，因为在我们看来，诚实与道德规范不可马虎。对于你的播客理想，我们也无比重视。所以，我们将把媒体相关法律中最根本的专业性原则分享给你。我们希望让阿什利亲自出马，直接言传身教，所以在本章你不会看到我的那些脚注（以及脚注里的冷笑话）。[1]

你或许认为本章的一些话题与你的播客的类型或话题无关，但我们还是强烈建议你读完本章。首先，你永远不知道自己何时会遇到意外情况，或者要呈现一篇未曾预想到的故事——天有不测风云是播客的常态。其次，任何公开发布创意性作品的人，都必须对这些最有利的法律操作与保护手段有充分了解。

请一定要记住：法务问题不只是你一个人的事。你的意图可能是善良而真诚的，你可能认为对某个公众人物评头论足没什么大碍，或者认为自己和几个朋友一起讨论一则流言也不会被人认真对待，或者觉得在播客里放一小段自己喜欢的新歌不构成问题。毕竟，只要加上几句评语，就算"合理使用"了。你还有可能觉得自己的播客太小众、太边缘，不

1. 基本上看不到。

会被什么全球化大企业的资深精英法务团队寄律师函。

简单来说，你这么想是错的。或者说，如果这么想，你就很容易（实际上非常容易）犯错。这些问题的重点不在于你觉得听众会对自己怎么想：如果有人想找茬（无论出于什么样的原因）且能够找到合理的理由指控你，你就会为自己的法律纠纷损失大量的时间、精力、金钱乃至更多[2]。你必须自食其力，保护自己。

> JustPod 注：
> 这段的想法非常对，从保护创作者个人权益的角度来说，这个观念是非常值得宣扬的。

接下来，让我们把篇幅交给阿什利。

你应该了解的法律常识

做播客的时候，你可能会遇到一些法律问题。下面列举的事项并不全面，但覆盖了最为普遍的情况：

– 如果你的发言可能损害某人的名誉，那么就有可能被起诉诽谤。

– 如果你的节目透露了某人的私人信息，那么就有可能被起诉侵犯隐私权。

– 如果你在节目中未经许可使用了来自其他地方的音频或视频资源（如电视节目、电影、新闻播报或其他播客），那么就有可能被起诉侵犯版权。

– 法律对何时、如何录制音频有所规定。如果不遵守，那么就有可能被起诉或遭到刑事调查。

– 制作访谈播客时，你应该考虑是否征求受访者同意，并且注意受访者是否要求匿名或只在节目中披露名（而非姓）。

– 在收集关于刑事调查的素材（采访或文件）时，你有可能受传唤或被要求向执法部门作证。

– 你在收集材料时可能要利用《信息自由法案》或州一级的信息法律。如果想要获取庭审记录，乃至出席庭审现场或进入新闻报道现场，那么上述场景的准入权都有相应的规定需要遵守。

2. 在写作本书时，市面上还没有能从播客音频中快速搜索关键词，以便听者确认自己的名字是否被提及的技术手段。但类似的技术正在开发且发展速度或许超出你的预想。

　　– 如果你的播客要面向多国用户（绝大多数线上播客都是如此），那么你可能也需要遵守其他国家的法律。这可能与美国有很大差别。

　　上述的每一个问题都十分复杂，值得用一整个章节阐述。所以，在这里我们只对法律问题做一些简短的介绍且以美国的相关法律为例。如果你觉得自己有法律问题需要考虑，那么请向专攻媒体法的律师咨询。

诽谤与隐私权诉讼

　　如果有人不喜欢你对他们的评价，那么他们可以起诉你。谨言慎行是一个道德要求，也是一个法律问题。例如，如果你对他人的评论涉及虚假信息且有损其名誉，那么对方可以告你诽谤。如果透露了他人的私密信息，那么对方可以告你侵犯隐私。

　　回避诽谤指控的难点在于，很多时候言论的真假难以辨别。比如，一人指控另一人对他性骚扰。这个指控属实吗？你很难完全确定。你能做的只是尽可能多地汇总信息，检验这一说法是否属实。你可能需要考虑这些问题：

　　– 他对事件的表述能否得到其他目击证人的支持？

　　– 是否存在与他的表述相违背的证词？

　　– 是否有需要注意的物证？

　　– 指控者是否走官方渠道发起了举报？

　　– 还有没有其他检举者？

　　有些时候，你能掌握的信息只有一方指控本身，有时可能还会得到另一方的否认，但这种否认不一定对你有用。被诬告的人当然会否认一切莫须有的指控，但货真价实的犯罪者通常也会否认指控，以逃避责任。因此法庭认为，否认声明本身并不代表真相，也不具备揭露真相的价值。所以，你必须在指控为真的可能性与报道这一指控的重要性之间做出艰难抉择。如果指控的情况被证明为假，那么任何重申过指控的人都会有造成被指控人名誉损失的嫌疑。除非你能为自己提出辩护。

　　对于报道带有诽谤风险的指控，法律为媒体（以及普通人）赋予了一定保护。例如，美国大多数州的法律都设有"公正报道特权"，允许媒体报道庭审过程。如果某事件立案审理或有人受到刑事指控，那么你可以对案件享有公正、准确报道的特权。但这种特权往往带有一些条件，如你的报道必须公正描述案情、准确描述指控内容、申明一切指控都取自庭审或诉状内容。一些州的法律还扩大了"公正报道特权"的范围，把警方报告或其他一些政府部门的官方声明、记录也纳入其中。

对于诽谤指控的另一个重要的辩护机制是，要求公职人员与公众人物在指控前必须证明言论发表者"确有恶意"。换而言之，必须证明发表者在发表言论时明知内容为假或对内容的真假毫无审视，却仍要发表。因为大多数人不会故意发表虚假言论，公职人员和公众人物往往不易在诽谤诉讼中取胜。

回到之前提到的例子。如果有一个人在你的播客上被控性侵，那么他能否成功告你诽谤？如果被指控的这种性侵行为正在接受法庭审理或刑事调查，而你在节目里对指控的报道公正、准确，并且按规定表明指控来自既有的诉状或庭审内容，那么你就很有可能受到"公正报道特权"的保护。不会轻易在诽谤诉讼中输掉。如果被指控者是政客或名人，而你又没有理由去怀疑指控者在节目中所发表的言论的真实性，那么被指控者就无法证明你"确有恶意"，也就很难在诽谤诉讼中胜出。然而，如果被指控者只是一个普通人，也没有被立案审查，那么他指控你诽谤时的立场就会更有利。你或许需要为反驳诽谤指控的真实性而出庭应诉，把自己的命运交给陪审团，由他们判断哪一边的说法更可信。

面对诽谤指控时，需要注意的另一点是——"被保护意见"。总体上美国法律保护批评与提出观点的言论免受诽谤指控。比如，法庭曾基于宪法第一修正案（"言论自由"）保护了用户批评餐厅"太咸"的权利。针对个人的日常辱骂等，通常也在保护之列。

不过，关于诽谤的法律规定极度复杂，其解释也因起诉人所在州的法律而异，所以我们在短短一章之内，不可能穷尽所有相关可能出现的问题。我们需要注意的是以下几个要点：1. 如果你在播客中有不利于他人名誉的言论，并且内容事后被证明为假，那么你就有被控诽谤的风险；2. 在听人发出指控时，你应该尽最大可能审视其真伪，以决定其内容是否可靠且值得重申；3. 如果打算在节目中放入可能造成名誉损害的内容，那么你应该事先咨询律师，询问自己是否能得到法律保护。记住，真相永远是对抗诽谤指控的后盾，但这意味着你必须在报道时确保自己对事实的把握准确无误。

然而，符合事实的言论同样会给你带来问题。虽然美国法律给予媒体以充分的保护，以便其传播具有新闻价值的信息，但播客也有可能因散播没有新闻价值的私人信息而背负侵犯隐私权的指控。这一风险在披露医疗信息、财务信息、性生活经历等敏感内容时尤为突出。

出色的叙事往往离不开一些与现实生活直接相关的轶事，但美国法庭已有判例认定，讲述者不能擅自讲述他人此前未经公开的个人信息。例如，如果你在播客里想讲述一个跨性别人士或者癌症患者的故事，那么你就要征求当事人同意，否则不能披露信息（假设此人的信息并非公开信息）。你不能随便找一个名不见经传的普通人，不经他们的同意就把他们的生活变成你故事里的桥段。不过，如果你报道的内容确实有新闻价值，那么公布一些本应属于"私人"范畴的信息并无不可。例如，如果美国总统确诊了绝症，这一信息一定对公众具有重大意义，那么无论总统本人是否愿意公开，法庭也可以轻松认定对这一消息的披露并不构成对隐私权的侵犯。

简而言之，如果你在故事中需要提及具体的个人，那么你最好事先征求对方同意。虽然不一定要以书面形式完成，但考虑到今后可能需要出具同意的证明，所以你最好在对方同意时留下证据。比如，你可以让他们签署一份免责声明（下文会进一步讨论），或把他们的口头同意录下来。如果当事人确实具有新闻报道的价值，那么你不一定需要征求同意，但你在判断"新闻价值"时必须慎之又慎。如果有问题，请咨询你的律师。

版权纠纷

如果在播客里未经许可使用第三方内容（由除你以外的人创作的素材），那么你可能会遇到版权纠纷。第三方内容包括音乐或声音效果、印刷或数字媒介产品的选段、影视作品的音频节选，以及播客视觉设计中使用的视觉艺术元素。版权纠纷中的例外情况是"合理使用"，即在特定情况下"合理"地使用有版权素材。

美国《版权法》对于"合理使用"的认定设有 4 个要点：

1 用途的性质。 第三方内容是否用于评论或批判？你使用第三方素材是不是为了呈现一种观点？你的使用是否构成"改编"，即将素材投入某种与原本意图不同的用途？如果你使用第三方内容是为了评判、呈现一种观点，或为素材赋予一种新背景、新意义，那么法官就更有可能认定你的使用符合"合理使用"。

2 被引用作品的性质。 与已公开发行作品相比，未公开作品享受的保护更强，这是因为原作者理应享有作品的首发权。另外，虚构作品受到的保护强于纪实作品受到的保护。这是因为虚构作品因需要创意投入而享有更强的版权保护。

3 内容使用量。 你可能听说过，只要引用音频长度在 20 秒以内就自动构成"合理使用"的说法，但这并不绝对准确。法律没有规定"合理使用"的绝对量化范围，引用的正当与否取决于第三方内容的使用量是否与用途相匹配。法官既会审视你使用了多少原作，也会判断你需要引用多少内容才能达成你的目的。例如，如果你从一部全长两小时的电影里截取 20 秒的选段，以论述在流行文化中应如何看待某个具体问题，那么这种使用一般能构成"合理使用"。但在一些场合下，即便使用更多的第三方内容也可以构成合理使用。如果一位名人在抖音上发布了 20 秒长的攻击性内容，而你试图解释为什么这段短视频具有冒犯性，并且只有引用全部内容才能充分呈现那位名人的观点，那么即便引用整段短视频也可以算合理使用。相反，如果你在没有特殊需求的情况下，从一首歌曲里引用了 20 秒的内容，那么也有可能不构成合理使用。因为你引用了这部作品中的相当一部分内容，却没有正当理由。简而言之，第三方内容没有一个放之四海皆准的"正当"使用量，问题的关键在于你的使用量是否符合你的要求。你可以找一位对合理使用的认定有经验的律师，让他帮你评估引用的"度"在哪里。

JustPod 注：

对歌曲的使用在国内还有平台版权的因素牵扯其中。换句话说，如果版权方想要追溯播客创作者使用音乐的问题，那么更有可能会先起诉平台，而不是直接起诉使用者本人。这令平台在音乐的版权使用方面变得更为敏感。最具有代表性的例子就是周杰伦的音乐。以我们的经验，在任何节目中如果使用周杰伦的音乐，那么无论以何种形式出现，这期节目都会被同时拥有音乐业务但没有上架周杰伦音乐的平台下架。但在其他音频平台或者 RSS 分发渠道，则视情况而定。

4　对原作品市场价值的影响程度。 使用第三方内容是否对原作品构成竞争？如果你使用了别人的素材，而你的用途又正好与原作相冲突（例如，听众不必直接使用原作，只要听你的内容就能享受体验），那么这就可能在合理使用的认定中对你不利。此外，你在使用素材时也要留心该内容是不是已经有了一个比较成熟的授权市场。例如，因为配乐的授权市场已经十分成熟，所以法官通常会认为使用者在使用音乐素材时应当付费。

总而言之，如果你使用一小段第三方内容以供评论、批判或呈现一种观点，那么通常可以被归入合理使用的范畴。但这不等于绝对安全！合理使用的认定有时会十分复杂，咨询律师的意见总是没错的。

引用配乐是做播客最常见的问题。通常，你需要为配乐购买使用许可，而购买音乐最简便、最实惠的方法是找一个已经拥有版权的曲库。这些曲库往往包括了成百乃至上千首音乐作品，可以覆盖配乐所需的各种情绪与调性。但通常时下流行的曲目不会在其中，所以你可能没法从中找到自己喜爱的音乐人的作品。如果想引用一首具体的歌曲，那么你需要直接联系版权所有人申请使用许可。但这可能会非常昂贵，也很费时间。如果你引用音乐片段是为了对其进行评价，那么可以构成合理使用。例如，一档专注于音乐评论的播客可以"合理"地引用歌曲中大概15 秒长的选段，以评论某乐器在其中的表现。但如果你在给播客配乐时只选用自己喜欢的歌，那么这可能就算不上合理使用了。

音频录制规范

对于记录对话内容是否构成犯罪，美国在联邦一级与州一级的法律中各有规定。联邦法律和很多州的法律都规定，对话的参与者有权录下对话内容。换而言之，如果你只是旁听（偷听）或以类似形式探听一场自己没有亲身参与的对话（无论是当面对谈、电话交流还是什么形式）并将其录下来，就会构成违法。

一些州禁止任何在未经所有参与者许可的情况下录制对话内容的行为。因为这种规定比其他地方的规定更严格，所以你在录制之前最好明确自己是否受这些州的法律约束。如果你正在这些州并且当面录制与他人的对话，那么你就要遵守这些法律。如果需要与身在其他州的人通电话，那么你在录制通话内容时就要遵守彼此所在地当中最为严格的那个录音法律。这里的风险在于，你可能不知道自己的录音行为受到哪个州的法律管制。如果你打电话给一个常住纽约州（只需一名参与者同意即可录音）、用马里兰州号码（需要所有参与者同意方可录音）但正好在加利福尼亚州走亲戚（需要所有参与者同意方可录音）的人，这该适用哪个州的法律？谨慎起见，你最好在录音前征求其同意。例如，如果你通过电子邮件安排一场电话采访，你可以在邮件正文中说明自己会录下通话内容，以充当征求同意的凭据。当然，你也可以在开始通话时请求录下对方的口头同意。

不过，大多数法官承认在某些特定场合下录音的权利受宪法保护。例如，在"没有隐私顾虑"的公共场所录音通常不会构成犯罪。法庭也曾将在公共场合对正在值勤的警察录音列为一种受宪法保护的权利。（在很多州，警察本来也会用随身摄像头记录你。）

录音带来的不只是刑事风险。在很多州，如果你在"有合理隐私顾虑"的情况下对他人录音，那么就有可能招来民事诉讼。这通常意味着你可以在公共场合录音，但如果未经许可在他人家中、办公室或其他私人场所录音，就有被起诉的风险。你可以咨询律师，寻求必要的指导。

在法庭录音需要遵循另一套规则（见"信息获得权"部分）。

公布许可与匿名保护

在制作播客时还有一个问题需要考虑，那就是是否需要向采访对象（或谈话对象）征求发布许可。大多数时候，法律对发布许可都没有硬性规定，但在一些场合里，征求许可或许是最为明智的。

一些内容生产者（尤其是在娱乐产业）无时无刻地在向他人征求许可。他们认为这么做天经地义，因为这样可以保证自己在需要使用他人提供的内容时不用为许可问题担心。这么做当然合情合理！还有一些内容生产者只会在特定场合，比如在内容涉及具体的法律风险（如披露私人信息、采访未成年人）时征求许可。这么做当然也合情合理。你可以根据自己的风险承受能力与管理能力做出选择。

和之前在"诽谤与隐私权诉讼"中提到的一样，只要使用了别人的私密、敏感或有争议性的信息，那么你最好都征求一下对方的许可。以书面或录音形式把对方同意许可的凭据留存下来。采访未成年人也应事先向未成年人的双亲或法定监护人征求许可，实在不行也应征求父母双方其中一人的许可，这总比没有强。发布许可不能保证你绝对不会被起诉，但可以证明对方确实给出了许可，这能在大多数法律诉讼中为你充当辩护。你或许应该找一位律师替你起草一份证明文书，以确保你在做播客时能得到自己真正需要的那种许可，帮你规避诉讼风险。

保护他人隐私的另一种方法是以名（不含姓）、昵称或某种描述性代称（如"大姐""小妹妹""前夫"）掩藏他们的身份。切记，信息会在互联网上永远留存，其他人可以轻易搜索到，因此人们对于线上暴露个人信息的态度往往十分谨慎。大多数人都不希望自己人生中的窘事变成他人搜索自己名字时找到的第一条结果。为避免这个问题，一个简单的方法就是不要称呼他们的全名。当然，这和传统新闻报道的原则（记者应当使用真名）有所违背。NPR 禁止使用化名，因为那是假的；不过，只要对听众进行了说明，我们允许使用名、中间名、昵称或描述性代称。即便不使用全名，你最好也要向他人征求信息发布许可。

法院传讯

如果你掌握了与法律诉讼或刑事案件有关的材料，那么就有可能接受传讯。是否需要交出材料，取决于很多因素，比如案件是民事案件还是刑事案件，审理机构是联邦法院还是州法院，以及调查者在寻求怎样的证据。被法院传唤的情况不算常见，并且取决于你制作的播客类型，但你还是需要对这个可能性有所了解，以便在需要时能寻求法律咨询。

在向信源进行保密承诺时，你必须考虑这个问题。如果你承诺为信息提供者保密身份，但又被法院传讯，要求公开提供者的身份，那么你就只能陷入两难境地。要不然因不服从传讯被判藐视法庭，要不然违背与信源的承诺。因此，在给出保密承诺前，你最好对这些问题有充分考虑。在此重申：即便你觉得自己的播客不会遇到法院传讯的问题，但你最好也要对这个问题有所了解，以便在需要给出保密承诺时有所准备。

还有一种情况或许更有可能发生，那就是你的播客的访谈对象被别人起诉了。如果案件中的任何一方认定你采访中的信息对自己的主张有利，那么他们就有可能要求你提供采访录音（尤其是在你只在节目中公开了采访选段，但还保存了很多未使用录音的情况下）。出于伦理考量，大多数记者都不希望自己的采访素材（尤其是未使用录音）被当作庭审证据。所以如果受到了传讯，那么你最好找律师咨询，以找出最好的应对方法。

信息获得权

对于在制作播客时于何种场合、以何种方式获取信息，法律也有规定。首先要注意的是，你不能直接要求进入私人领域，或调取私人记录。不过，你有权调取由政府机关保有或存放在某些公共场所的信息。

联邦《信息自由法案》规定，任何人都有权向任何政府机构请求提供档案记录。政府机关可以在 9 种例外情况下拒绝你的请求，在处理请求时的效率也十分低下，但只要你预留了充足的时间且提供了充分的申请理由，那么通过《信息自由法案》就可以帮助你获得需要的信息。关于这一法案有一点值得注意的是，政府没有义务替你做调查研究。因此，你在提出申请时必须明确知道自己想要什么。以最简单的形式请求政府部门提供具体的文件，往往是最容易成功的。例如，你可以请求联邦食品药品监督管理局提供（以下皆为假设）1993 年 1 月 12 日由乔·史密斯撰写的报告《吸烟对未成年人的影响》，这样有关部门就能更方便地找到所需文件并提供给你。相比之下，如果你只要求政府机关提供所有与吸烟对儿童之影响相关的档案，那么有关部门就会很为难：他们不但需要就这个话题调查文档，还要判断哪些文件与你的请求有关。(关于《信息自由法案》的更多信息可以搜索"foia.gov")。

与联邦法律一样，州一级的信息自由法律也允许人们向州政府机关申请调取档案。这些法律因州而异，但在捍卫媒体自由记者委员会(Reporters Committee for Frerdom of the Press)的网站(搜索"rcfp.org")上有一份"开放政府指南"("Open Government Guide")，对这些法律有出色的整理。在这里，你可以搜索任何一个州关于信息获得的法律规定。

通常情况下，你也有权旁听法庭审讯，查阅法庭卷宗。但要注意，当场录制庭审内容可能是违法的。对于庭审录音，不同的法庭有不同的规定，你在旁听时应予遵守。如果你认为自己录制庭审内容的权利受到侵犯，那么你可以请求律师出面帮你维权。但总的来说，你应对庭审录音做好计划，因为带着录音设备突然出现在审判庭内往往不是什么好主意。

除非这构成了安全威胁，或者与执法部门设立的警戒线有冲突，那么你有权在记者发布会或新闻现场录音。某些活动可能只对有"报道资质"的人开放，而只要设定了合理且无歧视嫌疑的规则，那么政府机关也可以只对有特定资质的人披露信息。一些州的法律还明确了保护个人对州政府或地方政府议事活动录音的权利。相关规定可以在"开放政府指南"中找到。

总的来说，如果你对于自己是否有权录音或申请档案有疑问，那么最好找一位律师请教。

国际法律问题

因为播客是在网上发布的，所以其他地区的听众也可以收听。因此，你可能会在其他国家面临法律问题。有的国家的法律规定会更为严格。我们不可能枚举世界各国的所有法律，但还是在此列出了几个重要的差别，以供参考。

- **仇恨言论法**。大多数国家都立法禁止针对特定种族、宗教、族群或社会群体的"仇恨言论"。如果你的播客中有类似言论，那么就有可能面临法律问题。

- **"诽谤"与"不敬"法**。一些国家的法律禁止对君主或领袖发表"不敬"言论且无法辩护。如果对君主出言"不敬"，那么你有可能面临牢狱之灾。还有一些国家对诽谤的法律制裁更为严格。事实上，在某些国家，诽谤指控就像开违章停车的罚单一样司空见惯。如果你批评了政府官员，那么你就有可能受到诽谤指控，甚至可能受到刑事指控，而不只是民事控诉。

- **法庭报道禁制**。在英国、澳大利亚和其他采用了类似法律制度的国家，在庭审结束前报道庭审过程有可能构成藐视法庭罪。美国没有类似规定，因此你可以在庭审进行期间对案件展开报道。对于习惯了报道庭审的美国人而言，对上述国家的法律规定不甚熟悉，但在美国以外的一些地方，报道庭审过程的确是一项严重的违法行为。

- **隐私权法**。与美国相比，其他国家的隐私权法往往严格得多，你在绝大多数时候都需要征求他人同意，才能使用与他们有关的信息。虽然"新闻报道"享受了一定的豁免，但这些豁免的诠释范围比较狭隘，只覆盖对公众具有绝对重要性的场合。政府官员在执行公务时的行为或许不构成"隐私"，但他们的个人事务往往受隐私权法的保护。

总体而言，除非你身在该国境内或在该国有资产，外国法院无法对你施加制裁。而美国政府通常也不会因为违反言论法将公民引渡到国外。所以如果你不出国旅行，也没有海外资产，那么就不必为是否违反国外法律而担心。

外国的诽谤罪判决也不太可能在美国境内被执行。如果你在海外被判诽谤，并且指控者希望在美国向你索要受害赔偿，那么他们首先需要让美国的法庭承认这一判决。美国法庭通常会尊重来自外国的判决，但在 2010 年，众议院通过了法案（SPEECH act），禁止美国法庭执行其他国家司法机关作出的诽谤判决，除非该国能证明自身对言论自由的保护力度与美国法律相当。换而言之，外国指控者如果不能在美国起诉你并胜诉，那么就无法让来自海外的判决在美国境内得到执行。但如果你有海外资产，对方还是能强制执行判决。

不过，其他类型的外国司法判决仍有可能在美国得到执行。所以，如果在其他国家受到指控，那么你最好妥善应对并征求可靠的法律咨询意见。

在养成法律意识之余，你也应养成伦理意识。无论是作为普通人还是作为专业人员，NPR 的追求都不只是合法，而是合乎道德。很多时候，做道德上正确的事也能让你避免法律问题。《NPR 伦理手册》（搜索"npr.org/ethics"）是历经多年形成且至今仍根据当下情况不断更新的一份文件，其介绍了一个专业新闻机构应有的报道与行为准则。希望你能来看一看、读一读，从中得到指导与启发！ [3]

3. 接下来，阿什利要把笔还给我了。准备好再次迎接注释里各种段子、冷笑话的轰炸吧。

第 3 部分

创 造

开始动工

　　构思过了，也准备过了。现在的你有了自己的团队、目标和计划，还有一些设备。

　　最有意思的部分来了！我们会告诉你一位专注的音频收集者在录音之前、录音期间与录音之后会做什么；告诉你真正有穿透力的采访者会如何做前期准备，以便完成一场令人印象深刻的访谈；告诉你制作人如何让声音变得好听（附带一份播客制作的典型流程表）；还会告诉你专业音频编辑如何用一堆人声与音效音轨组成一篇引人入胜的故事。毕竟我们很清楚，如果你想跻身于那个（目前依旧过分）狭小的优秀播客创作者圈子，那么就要把这件重要的工作做到最好。

　　我们追求的不是"雕琢"。遵循这一部分描述的步骤，可以让你的播客不会显得"矫揉造作""有失真诚"。而且这些指南确实能帮你找到播客的本真并将其发扬出来，使听众能和你自己一样乐在其中。

第 9 章

像行家一样采集音频

我们总是用声音衡量自己所在的环境是否安全，如我听到了什么声音，那声音又意味着什么？如果声音过于嘈杂或过于轻柔，又或者过于刺耳、含混，让我们难以辨别，那么我们就会感到不安、局促与烦躁，一刻也不能忍受下去。①

因此，我们在意话筒的种类和握法，留心如何给房间消音，以及想办法处理风声、爆破音和背景噪声，用恰到好处的音效营造良好的环境感。

此外，你制造的声场还要与听众身处的现实世界里的声音竞争，如地铁车轮与铁轨的摩擦声、汽车轮胎与公路的摩擦声，或者跑步机上的踏步声、砧板上切胡萝卜的声音。所以播客的声音必须足够清晰，才能把人吸引过来并让他们听进去。②

或者，可以这么说：优秀的声音采集可以极大增加播客的品质，并且为后期编辑省去不少时间与麻烦。[1]

本章我们将与你分享关于声音采集的基本知识（无论是居家的电话采访还是外景采访都用得上），以帮你讲好故事。例如，如何布置房间才能得到最佳的声音效果？你应该留心哪些常见的音频问题，又该如何处理？非人声音效如何为叙事提供助力？

一档播客是否可信，首先取决于对声音的采集。③如果声音采集的质量不好，那么听众就有可能直接按下"跳过"键。但如果声音采集的质量很好，那么听众就会更加有身临其境之感，从而忽略主播的存在。

1. 更何况还有一些音频问题不是后期制作时能修复的。

做好列表，反复检查

我们在第 7 章已经谈过这个问题。现在，让我们更具体一些：什么样的声音能帮你讲好故事？④

对于圆桌类、访谈类与评论类播客，你应该与什么样的人对谈？你应该评论什么？你应该收集什么样的声音片段？

如果进行外景采访，那么你想要收录什么样的人声和环境声？⑤什么样的声音能增强听众的临场感？例如，如果要做一期关于本地农场自制酸奶的节目，那么可以加入奶牛的低吟；如果要做一期关于定制西装的节目，那么可以加入缝纫机和用刀裁布的声音。下面我们一起列一张表吧。⑥

声音采集计划表

你可以参考表 9-1，为声音采集工作列一张计划表，在这里列出自己打算做的所有采访、采集的所有动态声音与环境声，以及配乐，并且还可以加上备注。理论上，这张表可以涵盖你为完成一期节目所需的全部声音。然后，你可以把计划表转变为工作任务表，以确保自己按计划集齐了所有声音。在表 9-1 中我们已经根据本书第 7 章里提到的架空播客《关于蝙蝠侠的一切》填入了一些内容。你会看到一些专业术语，但别担心，在本章的后续部分，我们会探讨人声与环境声，在第 10 章我们还会讨论访谈问题。

备好你的设备：话筒

是时候凑齐第 6 章里提到的那些设备并整装待发了！

采集声音的一种基本做法是，用 GarageBand 或 Audacity 之类的可下载音频程序或数码音频工作站（DAW）进行收录以及事后的编辑。⑦录制单人节目或远程采访时，使用线上录音服务较为方便、快捷，但也更有可能受到网络信号不佳的干扰，导致节目时长过长。

最好给每一个人配一支话筒。如果你坐着不动，那么话筒最好也固定在支架上，以便在最佳位置上保持稳定，把触摸杂音降到最低，还能把每个人的声音录成彼此不同的音轨，方便编辑。[⑧]

如果你要像记者一样拿着话筒，并且需要话筒在自己与采访对象间频繁移动，那么你可以用手枪式握把减少触摸杂音。[⑨]

出外景时，你要给自己和采访对象都配话筒，因为你不知道你提出的一些问题和得到的一些回答（参见第 10 章尼克·方坦的心得）是否会成为一部故事主导型播客的素材。外景设备可参考表 9-2。

表 9-1　声音采集计划表

播客名称	《关于蝙蝠侠的一切》
期数 / 单期标题	第 3 集："初代蝙蝠侠制服今何在"
采访对象 （姓名／称呼，联系方式）	"鲍比"（节目中只称呼名，不用姓氏）；鲍比·唐维尔（联系方式）
动态声音 （表现所有实现故事目标所需的动作）	斗篷招展、布料摩擦、拉链声，等等。打开制服收藏柜／收藏袋的声音
环境声 （表现实现故事目标途中面对的困难）	游乐园的音效（吆喝声、游乐设施的声音、铃声、儿童欢呼叫喊声，等等），如果需要安静的环境，也许可以在游乐园入口外的长椅或在汽车里采访
配乐 （乐曲名、作曲人申请许可的联系方式）	《蝙蝠侠》主题曲选段（版权所有者是谁？记得与他们联系）
备注 （须知，状况，等等）	他能不能把制服带来？如果不能，我们能否再次拜访，看看他收藏制服的地方？记得事先去游乐园踩点，找好适合录音的位置

表 9-2　外景设备确认表[⑩]

主要设备		
☐ 新电池	☐ 防风设备	☐ 格式化储存卡（加一张备用）
☐ 已充电的备用电池	☐ 手枪套	☐ 话筒夹
☐ 话筒（带电池）	☐ 耳机与转接器	
☐ 话筒连接线	☐ 录音设备	
其他工具		
☐ 应采声音列表	☐ 手机备用电池（充满电）	☐ 零食
☐ 手机（充满电）	☐ 名片	☐ 交通、停车用的零钱
☐ 手机充电器	☐ 笔和记事本	☐ 帆布包
☐ 雨具、帽子、手套、防晒霜	☐ 附注：我们毕竟是……NPR	

外景，外景，外景

　　假设在一处公共空间里录音，那么你会发现地上有一大块布料。走近一看，你发现那是一件大衣，底下不但有动静，还传来呢喃的人声。你猜那是什么？

　　冥冥之中，你一口咬定，那肯定是有人在嘈杂的环境里录音。[⑪]

　　坦白地说，的确有音频制作者曾像这样营造过临时的<u>消音环境</u>。[2]

> **JustPod 注：**
> 本页注释中写到的在军大衣和棉被里录音，真的是一个很有代表性的专业音频制作人场景。在《纽约时报》的一篇文章中，就曾介绍 2020 年疫情暴发之初，美国的音频制作人们是如何在居家的条件下完成制作的，其中大衣柜、军大衣和棉被随处可见。

　　"死气沉沉"通常不是什么好词，但在录音空间里，我们要的就是"死寂"。这种死寂可不好找，因为我们的世界充斥着各种声音：空调和冰箱的嗡鸣；暖气片的当啷声；人们来来往往的声音；垃圾车收垃圾的声音；婴儿与宠物狗的欢呼、哭泣、哀鸣；电话铃声，等等。

　　下面，你要像一名真正的音频制作者一样聆听这个世界！

2. 这稍微有点夸张，但不是没有原型。在 NPR，在大衣下面录音几乎是我们的传统艺能，但传统艺能之所以成为传统艺能，是因为 NPR 这么多年来有数以百计的记者与播客主播都曾躲在海军呢大衣下面，承受着创意之火与任务时限压力的炙烤（这真的是"炙烤"！大衣下面热得像桑拿房，人们还得手忙脚乱地操作话筒，调节设备，拿脚本，说话。所以除非万不得已，不建议你真这么做）。

到你想要录音的地点"听一听"。是不是总有人走过？有没有人在那里交谈？有没有交通噪声？有没有什么噪声很大的设备？电器等设备的震动声可能是很难屏蔽的。那里有没有人播放音乐？这个绝对不行！不把音乐声彻底去掉，你该怎么编辑人声音轨？

在户外要留心风声，那可是大自然带来的巨大爆破音。有些时候，风声不可避免，但它确实会让音频过于含混、难以理解，也很难用编辑去除。如果震颤过于剧烈，那么你的录音基本就毁了。只靠泡沫材料包裹是不够的。如果在户外录音，记得带上专门防风声的配件。另外，最好带一支全指向拾音话筒。如果话筒上有高通滤波器，最好打开，并且最好背对着风采访，或者在一栋大型建筑、一辆卡车或汽车背后（或者直接到车里）采访。

室内环境往往很有"居家感"，这种感觉对住户或许不错，但对音频制作就不太友好了。声音遇到物体表面时会反弹回来，表面越坚硬（墙壁、天花板、窗户、桌子、柜台），你的声音就越像地狱里的鬼叫。回声造成的听觉效果非常不好，也很难用编辑手段去除。盖伊·拉兹说："音频质量真的能决定一档播客是否出类拔萃。大多数播客听起来都有很强的回声，就像一个人在浴室里说话。它们的制作人可能花了二三百美元买了不错的 USB 麦克风，但只是这样是不够的。你还得多花点工夫，才能实现良好的效果。"[12] 你不需要为此花太多钱，但正如盖伊所说："优秀的音频质量能改变节目的命运。如果音频保真度高，那么你就能去除节目中 90% 的干扰，以营造出理想的亲密氛围"。

试试看在一个由较软物体（窗帘、枕头、有坐垫的家具、纤维、地毯、挂毯等）包裹的较小空间里录音，这些物体可以吸收杂音，降低回声。如果环境不理想，那么你至少应该让话筒与墙壁保持较大距离。

如果你做的是单人播客，那么可以试着在家里制造一个专门用于录音的消音空间。《隐形力量》的邵友薇就和资深音频专家杰夫·唐恩一道，在狭小而充满回声的卧室里临时搭建了一个小小的录音区，虽然简陋却很实用。她只要打开衣柜，坐在前面（用衣服消音——这谁能想到？），把话筒固定在用消音泡沫（网上买得到的）捆起的一卷衣服里，就能独立录制自己的音频。不过，她能这么做的前提是房间里的外部噪声本身就不大。

你可以在家里试着找一找回声最小的地方，以及最有效的消音方法。也许你可以挂一条床单（这是邵友薇的另一个做法）。邵友薇建议，如果某位播客同仁的家比较安静，那么你还可以借用他（她）的地方。当然，你也可以租一间录音室，作为高端解决方案。总之，这一切取决于你想不想，以及需不需要自己动手做。⑬

外出采访前，你应请求借用一间安静的房间（现在你知道"安静"到底是什么意思了）。如果与你想要营造的临场感相符，那么一些比较低沉的背景噪声（音乐绝对不行！）可以增强录音的氛围。⑭ 如果在家里录制，那么请避开厨房（坚硬的表面！电器的轰鸣！），选择客厅（比如松软的沙发、地毯、帘子等）。⑮

实在急得没办法了？你还可以到发动机熄火的车里录音，记得把话筒贴近嘴部，摆好角度，以防爆破音（后面会细说）。⑯ 声音效果可能会有些闭塞（把车窗开条缝会有所改善），但这总比满是噪声、无法修复的人声音轨好得多。

开始之前，先行准备

假设你现在已经试用过了自己的设备，掌握了工作的方法，接下来，你可以试着录一小段，模仿自己要做的播客。比如，如果你想做访谈，那么可以先录一段模拟采访，还可以找朋友过来充当"受访人"，好让自己放松一点）。试着准备录音，听一听声音效果，再进一步调试设备（或调整录音环境）以作改善。⑰

> **JustPod 注：**
> 请一位朋友来帮助你，这是很真诚的建议。从实际经验来说，也是必要的。我们在为企业制作品牌播客的时候，会在第一期上线前的筹备期里，录制一期 demo。这期节目的目标是让节目的整体效果符合企业和我们双方的预期并使其成为模板。我们一般会要求企业提供一位与他们相熟的人作为这期节目的嘉宾，或者说从企业列出的一连串未来会上节目的嘉宾中，找出与他们关系最好的人。这么做的好处是，如果这期 demo 录制下来效果不好，那么一位相熟的嘉宾可以方便甲方开口请他配合重录一遍。

你可以叫上一位懂音频制作的朋友，帮你准备第一次的录音工作。运行设备，了解电器的嗡鸣杂音和爆破音，以减少后期编辑时的麻烦。

如果找不到合适的地方，你可以在家里调好设备，布置好环境，试着录一次，看一下声音效果。⑱

　　录之前过一遍脚本或大纲。⑲ 你要大声朗读脚本，把重音和换气（见第 5 章）的地方标出来。要给你的搭档发去副本，以确保所有人都能步调一致，以及要避免恐怖的翻页声！⑳ 这些声音既刺耳又很难在后期编辑时进行处理。如果有条件，建议使用平板电脑进行录制。

　　为什么用平板电脑，而不是笔记本电脑或台式电脑呢？因为通常笔记本电脑和台式电脑里会内置风扇，而风扇发出的轰鸣声会被话筒录下来。一些程序特别"吃"电脑性能，尤其会令笔记本电脑快速升温，让风扇发出巨大的噪声。³ 因此，我们建议在用电脑时关掉多余的进程，只保留脚本文档。

　　记得提前充好所有电池，确保所有端口都准确对接上 ⁴。㉑ 录制时，如果你在耳机里听到任何声音问题，那么可以先确认一遍设备的连接是否正常，电池的电量是否充足。

　　哦对了，用手机录音时，还要记得预留足够的存储空间。⁵

　　如果你想给一期节目设定具体的时长，或者给不同的主题严格分配时间，那么最好带一只秒表，放在所有人都能看见的地方。㉒ 如果你用手机自带的计时器，那么记得把手机设置成飞行模式并关掉铃声。

　　当在外景录音时，你到现场后的第一个任务是"听"。㉓ 你要找到一个适合录音的空间或位置（见上一节"外景，外景，外景"），不必追求完美，只求尽可能做到最好。检查周围：有没有电视或广播的声音？有没有键盘打字声，或者打印机、扫描仪、复印机的噪声，以及手机的声音？有没有蒸馏咖啡机、风扇或者打开的窗户？你可以友善地请别人关掉那些设备，把手机调成静音，或者关门、关窗。这些都能改善录音的质量。如果无法完全避免噪声，那么就在设置话筒时尽量避开噪声的来源。

　　为了安排座位，可能需要调整家具位置。无论是相对而坐还是互成直角坐，都要保证自己与受访者的距离足够近，以便摆放话筒，并且在

3. 说的就是你，谷歌 Chrome 浏览器。

4. 我的朋友托尼曾把话筒插到了数码录音机的耳机接口而非话筒接口上。就这样"录"了一整场电话采访。回放时，她只能听到自己问受访者"然后发生了什么"，接着是一片寂静。

5. 提示：WAV 格式的文件比你想象的更大。如果手机内存有限，那么可能需要删掉一些应用，或者删掉和奶奶一起去多莉山公园玩的照片。注意优先次序！

JustPod 注：

"互成直角"坐，也可以理解为侧边坐。想象一下，主播坐在桌子的一边，嘉宾坐在桌子紧邻的另一边，两人中间夹着一个桌子的直角。

与受访者共用话筒时尽可能减少摩擦。㉔

录音设备都安排好后，记得把耳机戴上！⁶ 音频制作者必须耳听八方，一副耳机必不可少。㉕ 从最基本的实践层面来看，用耳机监听至少能让你知道自己有没有在收录声音。可以试着说点话，什么话都行。⁷ 能在耳机里听到自己的声音吗？如果能，那你就可以继续录制了。

接下来开始设置电平。如果你在听播客的时候需要调节音量以获得更好或更舒适的体验（且不是因为你所处的环境有噪声），那么就说明你遇到了电平问题。㉖ 声音的响度决定了我们听到的音量，而电平就是以音频信号表示的响度。好的节目应处在一个舒适的电平上，每一个音轨的电平应彼此平衡。

如果录制纯人声，那么建议电平应达到 −15dBFS 或 −12dBFS⁸，具体取决于你在仪器上看到的数字。如果你有响度电平表，那么理想的数字应是 −24LUFS⁹。㉗

关于话筒的使用，如果嘉宾有专属的话筒，那么可以事先告知他们将话筒放在略低于下巴的位置且贴近面前，保持大概 10 厘米 ~12 厘米的距离，还要维持在特定角度，以免录下爆破音。㉘

试着录几分钟。㉙ 你可以自己说话，也可以让嘉宾说话（见下文"我们是怎样热身的"）。回放一遍录音，确认设备运转正常并找出音频问题。如果有爆破音，那么就检查话筒的摆放位置和防爆配件。如果有咝音，那么可以试着调整话筒位置，比如调整话筒角度使其稍微远离嘴巴。㉚ 最后，还要检查有没有背景噪声。远程录制时，记得让嘉宾靠近耳麦或头戴式话筒。

绝对不要省略这一步！如果录完了一整段音频后才发现有空调的噪声，那就前功尽弃了。

最后同样重要的是，磨炼好另一件重要的道具：你自己的声音。按第 5 章（或下文）的说法，给自己的声音热热身。在去录音的路上你就要开始练习唇颤音和"喵喵"声了，在准备器材时别忘了"哼哼"。如果不想在后期编辑时费时费力地剪掉那些尴尬的嘴唇气泡声或其他嘴部噪声，那么你在录制前最好只吃青苹果或喝苹果汁 ¹⁰，不要喝咖啡或乳制品 ¹¹，同时建议你的受访人也这么做。㉛

6. 我们对这件事非常认真。你能想象有多少人以为自己能省略这一步吗？但你肯定不会让我们操心到这种地步，对不对？

7. "试音，试音，一二三"？你说什么都可以，但别说这个了。

8. "满刻度分贝"的缩写。

9. "满刻度响度单位"的缩写。我知道，这还是等于什么都没解释。你只要记住缩写字母就行了。我们会在第 11 章详细介绍这个。

10. 酸涩的苹果汁可以穿透口腔与喉部的所有黏液。

11. 生痰利器。喝了这些再说话，声音就会像浸在牛油里吐泡泡一样可怕。

我们是怎样热身的

如果你曾作为嘉宾出席过 NPR 的电台或播客节目的录制，那么你应该体验过以下场景：制作人会请你坐下来，调整你的话筒位置，然后走到调音台前，戴上耳机，问你今早吃了什么。但他们根本不关心你的早饭菜谱，只是想试一试你的声音、音量（检查电平！），以及你说话时会不会出现爆破音。

在我们 NPR，每一位播客主播在录制前都有自己的练声习惯，但一般不会是围绕早饭发表长篇大论。

例如，《万事皆晓》的阿里·夏皮罗在录播客前喜欢秀一段古英语，念《贝奥武夫》的开场诗："噫吁嚱！闻矛丹蛮之古谣兮，知其君王多勇健，公子贵胄皆俊杰。"

（ *Hwät! we Gâr-Dena in geâr-dagum þeód-cyninga þrym gefrunon, hû þâ äðelingas llen fremedon.* ）

而我喜欢用的是这句："看我给这蹩脚的家伙来一记超级无敌强力、震得你手抖、厚脸皮的重炮投球！"

（ *Watch me paste this pathetic palooka with a powerful, paralyzing, perfect pachydermic percussion pitch.* ）

这句话出自老版兔八哥动画的其中一集"棒球小虫"（"Baseball Bugs"）。这句话特别适合检测爆破音。

《流行文化也快乐》的琳达·霍尔姆斯则是花一分钟时间聊聊自己的宠物狗布莱恩当天做了什么、吃了什么，有没有对邻居乱叫，等等（提示：布莱恩平时的确会对邻居乱叫）。

NPR 的主播们检查电平时最常说的是什么？"八百标兵奔北坡，北坡炮兵并排跑，炮兵怕把标兵碰，标兵怕碰炮兵炮"

（ *Peter Piper picked a peck of pickled peppers. If Peter Piper picked a peck of pickled peppers, how many peppers did Peter Piper pick?* ）

就是像这样的绕口令。从盖伊·拉兹（《TED 电台时间》《我的经商路》《世间惊奇》主播）到基恩·丹比（《语码转换》主播），他们经常用这段绕口令检测爆破音。《流行文化也快乐》的斯蒂芬·汤普森还有一段自己的保留节目，就是在讲完绕口令后说："这里是——NPR。"

开录吧！

录制前一定记得：戴—上—耳—机。[12]

测试音频效果时，你有没有听到背景杂音，比如排风扇的轰鸣、车辆驶过的声音或其他震动声？如果有，那么可以打开话筒[30]或录音设备[31]上的高通滤波器。

12. 这事之前提没提过？好像提过吧。

> **JustPod 注：**
> 这些事情真的需要重复、重复，再重复。最终要注入灵魂。

按下录音键后，记得做"音频场记"[32]。报出录音的日期、你所在的位置、受访人的名字（最好让他们自己来说，以确保发音无误），并且简述这段录音的主题。这样能让你更好地整理素材，提醒所有人注意本次录制的目标。

> **JustPod 注：**
> 做"音频场记"是一个好方法，如同拍电影和广告前的"打板"，可以在外出采访的时候用。因为外出采访回来后通常会陷入素材"沼泽"，做好"音频场记"可以提高整理的效率。

如果嘉宾口齿不清晰的情况比较严重，那么不要害怕，可以请对方重说一遍（你自己说不流利的时候也可以重说）。[33] 如果停下来重说而不是强行说下去，那么在后期编辑时可以很容易地把磕绊的部分处理掉。所以在录制开始前就可以告诉嘉宾，一旦有说错的地方后期都能处理掉，以免他们紧张。

> **JustPod 注：**
> 这是一个非常重要的技巧。尤其需要记住最后一句。我们在给客户录制品牌播客时，都会提醒他们事先告知嘉宾，强调"这是可以剪辑的"，为了让那些平常不听播客，但可能有其他媒体经验的嘉宾，尽快找到播客中该有的真诚、放松、自信的状态。

下面用清单的形式简单回顾一下录制开始时的注意事项：

- 手机调成静音，让你的嘉宾也这么做。

- 开录之前调节电平！

- 有需要时打开高通滤波器！

- 戴上耳机！

- 做音频场记（让受访者说出自己的名字）。

- 说不流利也别害怕，回到之前的地方重说一遍。

- 语速要比平常慢一点。记住，听众看不见你嘴唇的动作。

- 注意控制气息（避免爆破音和咝音！）。

录音期间：让技巧派上用场——还要多听！多听！

在录音时做好以下工作，这样你的制作人（可能就是你自己）和编辑都会乐开花！[34]

- **话筒的摆放位置。**建议将话筒摆放在离嘴部有 10 厘米 ~12 厘米的、偏向一边的、高度略低于下巴的位置。

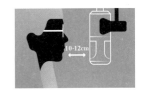

- **尽可能避免摩擦话筒。**买话筒是为了提高播客的质量，所以你应该让它发挥自身的作用，别给它添麻烦。之前我们介绍话筒支架、防喷罩和手枪式握把等，让你了解这些器材是有其道理的。移动话筒时要轻拿轻放，用手肘和手腕使力，在处理连接线时要避免出声。

- **必要时给话筒加装保护配件。**优质的泡沫防喷罩或防喷网可以减少爆破音，毛茸茸的防风罩可以抵抗风声。

- **主动引领。**如果同时与多个嘉宾访谈，那么你要主动地把他们引入对话中[13]。你要叫出嘉宾的名字，引领对方的注意力，然后传递话筒（如果你们共用话筒的话），提出问题，其间保持眼神交流。录制圆桌会谈类节目时，要先选定一位主持人，掌控节目进程的节奏，及时引导所有人进入下一个话题。

- **注意监听静态噪声、噼啪声或录音中断的情况。**如果声音的响度超出了设备参数设置所能容纳的范围，如巨大噪声或突然爆发的

13. 如果每个人的声音都录成了单独的音轨，那么完全散乱的杂谈部分也不是不能修正，但这毕竟不能完全解决问题。

笑声，那么就有可能令声音失真。你可以试着调节电平，为这些极端声音留下足够的空间。把电平设置在 −15dBFS 可以应对大多数场合，但你在录音时还是得时刻监听，因为你可能需要随时进行调整。避免失真是非常重要的，因为这不是你能在后期用编辑手段解决（除非电话录音）的问题。

> **JustPod 注：**
> 所谓的声音过爆是可以控制的。怎么控制呢？就是调节电平，把电平的位置设置得低一点。这样即使突然有过大的声音被收音进去，也不会真的爆掉。因为你为这些过爆的声音留下了足够的空间。

- **评估人声录制效果。** 说话的声音是不是过于遥远、沉闷？检查一下话筒的摆放位置，看距离够不够近？想象一下在打电话的时候，沉闷含混的声音有多么烦人。听众对这种声音显然是无法忍受的。此时，你应该暂停一下，解决这个问题。出现这种问题的原因往往十分简单，比如你说话的位置正好与拾音的方向相反。任何人 [14] 都有可能 [15] 犯下这种错误。

- **时刻提防奇怪的杂音。** 突然有嗡鸣、唧啾杂音、滴答声或者静态噪声冒出来？这可能是因为干扰。这些干扰的来源既有可能是电脑，也有可能是灯具，甚至电源线，等等。你可以换一个录音地点、调整设备，或者换一个话筒并关掉手机和荧光灯。

> **JustPod 注：**
> 与其他电子设备共用一个插线板，是经常出现的状况。而在录音周围可能产生电磁辐射的任何事物，都可能导致莫名其妙的杂音或者电流声。甚至插头的电压稳不稳，也可能是造成问题的原因。例如，在 2020 年我们为中信出版社录制播客《跳岛 FM》的时候，有一次去成都采访。调试时也发现了杂音，你知道排查出来的原因是什么吗？因为录音地点就在成都电视塔的旁边。最后我们换了一个地点就好了。

14. 我自己就犯过好多次。

15. 事实上，许多人都确实犯过。

不挂电话的电话采访

很多人都做过电话采访，毕竟难免因为一些原因，我们不能与其他人面对面采访。[16] 而电话采访的坏处就是，在电话录音中会出现各种杂音。可以想象一下，打私人电话时，有时会出现的沉闷、沙哑又刺耳的声音。[17] 而使用软件如 Skype、Zoom 打网络电话，则需要考虑网络连接的问题。[35]

试着找一间消音的房间，[36] 做"同步录音"(Tape Sync)[37]。你录下自己这边的声音，让嘉宾在他(她)的手机上录下他(她)那边的声音[18]，然后把录音文件发给你，由你整合起来。如果双方都有录音设备，那么你们就可以分别把自己在对话中的发言录成高品质音轨，然后组合到一起。[38]

用智能手机录音时，最理想的位置是把话筒放在脸颊旁，维持类似打电话时的姿势，或放到面前约 10 厘米处。[39]

使用线上通信服务时，首先要确保你的采访对象有所需的软件或账号。[40] 他们最好再戴一副头戴式耳机或耳麦。在开始录音前还应检查一下声音，确认话筒是否足够靠近。[41]

如果某一段录音质量实在太差但时间不算太长，那么你可以修剪、重构那段素材，或者把素材的内容再重复一遍。[42]

JustPod 注：

在美国，有的制作机构甚至会雇人来完成"同步录音"。这种需求的帖子会发在一些音频制作人经常上的论坛或者网站上。比如我们的制作人杨一就曾接到过这种询问。一家美国的播客制作机构想要录制一期节目，但是嘉宾在北京，所以希望在国内找一位制作人来协助完成嘉宾一方的录制，信息中列明了时间、地点、薪酬。国内制作人的工作就是在录音期间协助美国的制作人完成所有对嘉宾的录音工作。在国内的制作人需要自带设备，嘉宾仍然是由美国的制作人负责采访，再由国内的制作人把录好的素材发给美国的制作人，以此完成工作。对于同步录音，JustPod 也曾发起过对远程录音师的招募。

16. 疫情期间，我们 NPR 的所有人都通过电话或网络工作。

17. 其实可能只有几分钟，但听起来就像过了一小时。

18. 这是我们 NPR 电话采访的最经典做法，直到固定电话彻底退出历史舞台为止。

在声音里找到故事

到目前为止，我们主要关心的是技术问题与人声音轨。那么，对于那些让世界"栩栩如生"的声音，我们又该怎么办？我们不能让声音盖过你的叙事，而要让它们为叙事贡献一臂之力。

> **JustPod 注：**
>
> 这是很多叙事类播客的新手制作人会犯的毛病——过分沉醉于各种声音素材，但声音素材仅仅只是声音，不是故事。故事才是你真正要表达的，声音只是让故事变得更精彩的一种手段，不是目的。

动态声音

请把动态声音想象成你故事中的一种声音，它能让听众知道自己身处何方。你可以用动态声音表示出入场景、表示地点改变，以及引入某人的发言或强调发言者的观点。[43]

什么样的声音能增强听众的临场感？让他们能想象出真实的场景。有没有哪一种音效是不可或缺的？以至于只要从录音中拿掉，就会让场景变得苍白乏味。什么声音能体现出你想要表达的主题？是牛排放入煎锅时的吱吱声？是试管在实验室里的碰撞声？是秋千摇曳、孩童嬉戏的声音？是舞者随玛祖卡曲调起舞的声音？还是穿衣服时拉拉链的声音？

对于声音，要像侦探一样敏锐。不，要像猎犬一样敏锐！试试看用不同的方式录制声音，比如在录音时把话筒靠近音源，或者拉开一段距离，或者移动话筒，以采集多种不同的音效；你还可以采集一些独立的音效，如划火柴的声音。如果你希望在场景中有烘托氛围的音乐，那么就边播放音乐边录音，直到访谈开始时再请人把音乐关掉。

不要刻意制造不存在于现场的声音。但如果不确定自己是否捕捉到了想要的音效，或者突然想要在没有人声音轨的情况下单独播放一段清晰的声音样本，那么你可以请人把声音重演一遍。尼克·方坦说："如果在录制某种声音的时候正好与人声重合了，那么你可以直接请别人把那个声音重演一次，如'你好，我想要录下刚才的那种声音。你能帮我再弄一次吗？只要发出那一种声音就好'。如果临时遇到这样的情况，我就会直接请别人帮忙重演一次，没有任何道德压力。"[44]

> **JustPod 注:**
>
> 针对"是否需要保持被访者所谓'本真'的状态"的问题，正如 *This American Life* 的编辑 Emanuele Berry 所说："这是工作，你和你的被访者都知道这是工作。"没必要过分要求那些所谓的"真"。的确，保证节目效果，降低工作过程中的不确定性是一个基本要求。记住，这就是工作。

你应在达到预期需求的基础上录制更多、更丰富的音效。因为在后期整理叙事或修补问题时，它们可能会派上用场。

请记住以下这些要点：[45]

- 在出外景时，记得拆解现场音效，分别录制不同的声音元素。

- 使用场景音效时不要流俗。

- 寻找运动的场景并录下其声音。

- 寻找表示变化的声音。

- 尽一切可能避免背景中出现音乐。

- 靠近音源并保持近距离录制。

- 耐心最重要！

环境声

你知道晚上入睡时卧室里有什么样的声音吗？也许你一时描述不出来，但那时的卧室确实萦绕着一种声音。

环境声代表了一个特定场景的独有氛围。[46] 你应该把环境声录成单独的一个音轨，把它放在人声音轨之下，这能让听众更好地代入情境（"哦，这是那位科学家在她的实验室里""这是那位患者在医院里"），也能尽可能掩饰编辑的痕迹。[47]

环境声的用量是韩信点兵——多多益善。每次录制户外访谈时，你都应花至少一分钟时间确认音轨质量是否良好，有没有触摸噪声。[48] 把话筒放在录制采访时的位置，并且保持其他布置不变。

为了给后期编辑预留尽可能大的调整空间，你可以从不同的位置采集环境声，如从远距离、中距离或特写式的近距离上录制周遭空间里的各种声音。[49]

npr

行家心得：多录环境声，过渡有创意

尼克·方坦，《金钱星球》制作人

切记多录环境声，最好在近距离上录。还有，别忘了过渡音效。如果你不想在脚本里写下"我们沿着这条路走啊走"，那么最简单的一种转场办法就是加入过渡用的环境声效。所以，你可以这么做：关上车门，然后车轮碾过路面的砂石。或者电话铃声响起，电话中传来——"喂，在吗"。这些都是应急时可用的方法。但转场过渡还有更新奇的思路。我曾经做过一个关于邮政的节目（*Planet Money*-"The Postal Illuminati"），在录制时我询问了一位采访者："你好，我们需要检查录音时有没有爆破音。你能用平时 10 倍的速度说说'邮政'（postal policy）这个词吗？"于是他说："邮政、邮政、邮政、邮政、邮政。"这样的过渡既搞笑，又与众不同。⑤

解说

你可以直接说出自己看到了什么、闻到了什么、听到了什么、尝到了什么、触碰到了什么。你也可以把自己的现场解说录下来，以告诉听众到底发生了什么，例如：

"窗边的棚子里，一个小姑娘坐在高脚凳上正在吃一块两只手才能捧得住的大号红丝绒蛋糕。她把蛋糕渣弄得满脸、满地都是。她的妈妈一边笑着，一边拍照片，然后把她的脸擦干净。看来，蛋糕才是这场对决的赢家。"

"哇——（此时，接受采访的动物饲养员正让你用手抚摸狮子幼崽）狮子的皮毛看起来很松软，但手感其实很硬，好像防水材料。我能摸到皮肤下面的骨骼，感觉非常结实。你确实能感觉到，这是一头野生猛兽。"

JustPod 注：

此处的"解说"是指在外出采访的过程中，在现场可以直接解说的东西。在英文中叫"On-scene narration"，有时也被业内直接叫作"standup"。和撰稿时写出的"解说"，以及在棚里录下来的"解说"是两回事。"standup"在视音频报道中广泛出现。不过在国内，视频的形式更广为人知，就是所谓的"出镜报道"，有时也被称为"串场"。正因如此，国内的视频出镜所形成的范式，给人们留下了一种根深蒂固的印象。事实上，在音频创作中，现场解说从形式到作用都与其在视频中的使用截然不同。作者在这一部分中做了简要的介绍。

基于我们的经验，想告诉你的是，请一定珍惜在现场的机会，尽可能多地录下自己的所见所闻、所思所想，不要考虑自己是不是像个自言自语的"疯子"。因为这些珍贵的语料，会成为接下来制作中的一笔宝藏。

解说可以帮你在录制活动时串联起整个故事，也可以向听众解释他们刚才听到了什么，如"船员们把捕龙虾的网拽上了甲板"，同时伴随着重物坠落、水产滚落一地的声音。[51] 与动态声音结合，解说可以大大增强音频的戏剧性，如"<u>选手们进入最后冲刺阶段，依旧难解难分。胜负在此一举，所有人都摩拳擦掌——每一个人都有可能取胜</u>"。

JustPod 注：

这里是一个演示，就是说当制作人在现场看到这个场面的同时，就直接做一些生动的描述。这些语料如果在节目中被恰当使用，那么效果会远比听众单纯听到一些环境声，通过旁白指出这是什么声音，要更加有趣。

<u>你也可以让受访者解释自己在做什么</u>、搅拌什么、切什么、收集什么、抬起什么、缝制什么，给什么乐器调音，或者剪掉了什么东西。[52] 你也可以让他们说说自己要去哪里，以及去的方式。

JustPod 注：

如制作人会问"你在干吗"，或者"我们现在在哪儿"，等等。

你甚至可以用手机录一些对于情景的随想或印象。这可以当作一种音频素描，以便之后修改脚本或编辑录音文件时增加细节。[53]

收工之前，收工之后

好耶！你做到了！但别高兴得太早。在收工之前再把录音听一遍：

你想要的都录下了吗？是不是录了足够多的环境声？[54]

记得用手机拍一些照片和视频，以便后面编辑音频的时候用。[55] 你应该留下自己录制时的印象，如某些高光时刻；或者你希望记住的一些感官细节，如"福利院食堂弥漫着消毒水和煮青豆的味道""礼拜结束后，蜡烛燃烧的气味在教堂的长椅间飘荡""小宝宝一边笑着，一边用手指轻拽爷爷的胡须"，等等。

> JustPod注：
>
> 这里听起来是不是非常像非虚构写作了？是的，叙事类播客本质是一个故事，音频是呈现手段，就像非虚构文学的呈现手段是文字一样。但一个好故事就是要包含一切感觉，对吗？除了你听到的人物和情节以外，还有你看到的、闻到的、尝到的、感受到的，所以让你的听众能够跟你一起分享的感觉都应记录下来。

最后，记得感谢你的嘉宾或采访对象，然后告诉他们自己会在节目上线后第一时间告知他们。

下面，我们给你总结了一份"录音十诫"。

录音十诫

以下是 NPR 的录音十诫，可以让录音环节更加顺畅。

1　汝无论如何都要录至少一分钟环境声。

2　汝在录制空间音时一定要保持原本的话筒摆放位置。

3　汝不可在对方发言告一段落时插嘴。也就是说，要闭嘴。让对方说下去，而不要在暂停时插入什么"啊哈""对对对""有意思"。在汇总内容的时候，这些短暂的沉默是有用的。

4　汝一定要戴上耳机，珍视耳机。

5　汝一定要消灭那些可恶的杂音：荧光灯声、电脑声、电冰箱声，等等。

6　汝不可在周围有音乐声时做采访。

7　汝一定要让对方说出自己的名字，以确保发音准确。

8　汝应在离开现场前确认一遍自己的录音。

9　汝应把话筒放在近处。

10　汝应再录一分钟环境声……以防万一。

第 10 章

玩转访谈

你是否偷听过别人谈话？是否听过别人在电话里单方面地喋喋不休？他人的谈话在我们听来就像瞎嚷嚷一通，而我们自己的絮絮叨叨在别人听来也是如此。本章的重点就在这里：访谈不能只是让两个人围绕他们自己觉得有趣的事叽叽喳喳说个不停。[①]对播客而言最理想的对话应该围绕你在本书第 2 章里扪心自问的那些话题展开：你的播客面向什么样的受众，他们为什么要关心这个话题？如果你在访谈时能以回答这些问题为驱动，那么就有可能得到一场有启发性的谈话，让你的听众愿意更深入地了解下去。

质量和真诚也很重要。你需要在自发性和事前准备之间找到最佳的平衡，让你和你的嘉宾既能发挥出自己最好的水准，又不失真实。

优秀的访谈者可以做到这一点。为了探明如何做到，我们将向 NPR 的行家里手请教一些访谈时需要注意的关键策略，还会请《杰西·索恩之正中靶心》的主播兼制作人、资深对话专家与访谈艺术研究者杰西·索恩与我们分享自己的心得与感悟。

基本原则

访谈是播客的重要组成部分，可以为单人播客或评论类播客增添丰富性与复杂性。访谈能为你的节目引入对新话题有深入了解的不同声音，让你能更好地接触受众群体。[②]对于叙事驱动型播客，访谈更是必不可少。

特里·格罗斯（Terry Gross，访谈类播客主持人）是一个非常聪明的人，她乐于称赞节目嘉宾，介绍他们为什么如此优秀或有趣。她会在访谈中让对方举例子，在内容有可能浮于表面时在对话中引入细节与具体的故事。杰瑞·斯普林格（Jerry Springer，美国电视谈话节目主持人）对每一位访谈对象都有发自真心的尊重，他关心每一个人和他们经历的故事，即便那些人的经历很有可能被他人当成笑料，抑或怜悯乃至鄙视的对象，但他总能有效地展开对话，给对方发声的机会。

——杰西·索恩，《杰西·索恩之正中靶心》主播兼制作人[③]

访谈成功的秘诀是什么？那就是我们从小就学到的为人处世的"黄金律"：推己及人地对待嘉宾。这是帮助嘉宾放松下来、展开坦诚对话的最好办法，也是你最应该做的。[④]

在制作面向公众的内容时，你同样不能忘记一切追寻真相之人都应遵守的新闻伦理与准确性要求。如果你还没有细看本书第 8 章 "播客的法务问题"，那么最好翻回去仔细看看，那一章对与他人交谈（或以他人为主题展开的交谈）可能产生的法律问题（如从受访者的内容公开许可到个人隐私权问题）有很重要的叙述。在本书第 12 章，我们还就报道准确性问题提炼了一些须知要点。你也可以在《NPR 伦理手册》（搜索 "npr.org/ethics"）中了解 NPR 对新闻报道的伦理要求，但眼下我们需要注意的是这么一段话（出自《NPR 伦理手册》 "尊重" 一节[⑤]）：

"要以符合道德标准且怀有同情心的方式对待被我们的报道所影响的人。我们的言行必须谦和，避免傲慢与自大。我们要倾听别人。在提出比较刺激性的问题时，我们的目的不是制造对立，而是寻找答案。我们要注意立场与文化背景的差异。我们要将给对方造成的伤害降到最低，并特别关照处于弱势或正在受苦的人。无论报道何种话题，我们都要留心对方的隐私，以充分满足新闻报道的职业要求。"

预采

作为采访者，你当然不希望等到嘉宾坐到话筒前时才发现对方根本没有你想要的信息，或者被比拔牙还痛苦的谈话经历打一个措手不及。像这样的访谈简直就是在浪费所有人（包括你的嘉宾）的时间。[6]注意：预采，也就是与潜在访谈对象的前期接触是必不可少的，除非他们特别有名，在网上有许多素材片段，让你不用询问就知道他们能为你提供什么，又或者特别繁忙，根本没有时间与你提前接触，而你必须抓住仅有的一次机会。[7]《嵌入其中》的主播凯丽·迈凯维斯说："<u>我们在访谈之前要进行大量的预采，一切都只是为了弄明白一个问题——谁才是效果最好的那个人？</u>"[8]

> **JustPod 注：**
> 以话题为中心来寻找最合适的嘉宾，也就是先找话题再找人。节目应当是以话题为中心的，即使是人物专访也需要有话题作为基石，甚至更需要话题的主导，因为人的经历和感悟如此丰富，没有核心话题的人物专访就是一盘散沙。

一开始，你可以通过电话或电子邮件联系对方，询问他们是否有意愿成为你播客节目的受访人。第一次约访时要明确自己的来意。无论是口头邀请还是书面邀请，你大体可以遵循这样的格式：

> 我名叫 A，是某某播客主播（或制作人）。我正在围绕某某主题做一期节目，在做研究的时候看到了您的名字（或者说有人推荐了您）。不知能否与您简单聊一聊，以便更多地了解您的经历与学识。如果您愿意与我聊聊，依据谈话的效果，我希望与您约个时间录一次访谈，共同完成一期节目。

切记：在开始录制之前，一定要让对方知道你会把访谈内容录下来，并说明录音的用途。[9]如果对方表示拒绝，你应有礼貌地表示感谢，并询问他们是否还有其他相关人选推荐——你永远不知道上帝关上门之后会给你打开哪扇窗。[10]且听我们一言：除非你的节目只围绕一个人进行，否则你应同时联系不止一位潜在的访谈对象（你应按照第 7 章的建议，在为节目做前期调研的同时列出几个潜在的采访对象）。这样一来，你在约访时就更有底气了，如果发现与某位嘉宾的谈话效果不好，或日程对不上，或对方在录音时怯场，或对方在最后时刻爽约，那么你可以很快找到其他人替代。

如果他们给了肯定答复，那么下面就可以开始和他们约定预采的时间了。在 NPR，我们与访谈对象做预采的时间一般会安排在实际录制前不久，比如录制前一天（如果录制在下午进行，那么有时我们也会在上午与对方进行预采）。预采一般不会录音，但在需要录音时，应事先告知对方。我们也会明确表示这只是一次预采，目的只是了解情况，不能保证对方最终一定会成为嘉宾参与节目（除非如下文所说，我们在预采后确定请对方加入访谈）。

在预采时你应该就以下问题进行评估：[11]

- 对方能否让听众了解更多他们需要知道的知识？

- 对方的个人经历或专业经验能否让你的话题更加丰满？

- 对方能否为你的节目引入重要而有新意的元素？

- 对方能否把故事带上出人意料但意义重大的方向？

对了，还有：

- 对方能否很好地表达上述内容？[1]

预采最好有一定的深度，以便让你了解对方有什么内容可说（也让对方了解你这期节目的主旨，以决定是否参与），但也最好不要说得太多，以防在正式访谈时变得毫无趣味。你应该与对方聊得恰到好处，确认对方是否足够有料，在正式访谈时是否足够有趣即可。他们的观点是怎样的？这又将如何塑造你想说的故事？[12] 凯丽·迈凯维斯的团队这样评估预采得来的信息："我们的态度是比较合作式的，比较有好奇心的。我们想：自己到底想从这里知道些什么？我们还遗漏了什么？我们有什么不明白的地方？哦，这一点我觉得不意外。但那一点又确实有点出乎意料。那如果这样……又会如何？然后我们会想：这些内容也许只够一段小插曲？也许能凑足半期，还是能撑满一整期？"[13]

你应该预先让嘉宾对录制过程有心理准备，但不要对他们夸下海口。你可以让他们大概了解一下自己的兴趣点和打算提出的问题（但不要明

1. 如果要为《总而言之》做一次 3 分钟的访谈，那么你应该看重那些能在短时间内用寥寥几句话阐明观点，然后点到为止的人。但如果你的播客不用与严格的时间限制做斗争，那么你大可以找些滔滔不绝的人（这样反而更好），甚至可以找些"话痨"。这要看你自己的判断是更重视简洁性，还是嘉宾的个性？

确承诺自己会问什么），介绍一下录制过程的大概用时，以及你预期的发布时间，并保证在发布后会给他们发送链接，以便转发。

如果你与嘉宾相约谈谈他们的新专辑、新电影、新书或新戏剧，那么这些作品就会成为你们接触时的焦点（即便这不是你约访的真正原因，你也可以说自己愿意"努力"把对方的新作牵扯进来——你可以说自己喜欢他们的作品，但你不用承诺把这些作品当成访谈的核心）。你可以说自己打算询问他们的创作过程、受到的外部影响，让他们谈谈创作的难易点何在、分享整个项目的有趣之处，或者请对方讲讲幕后故事，等等。即便不作出与节目初衷相违背的言行，你也有很多办法可以把一场访谈做得既能吸引听众，又能尊重嘉宾，还能对自己有益。

在预采中，不要害怕（但要有礼貌地）向对方询问发言的出处。此外，你应该明确询问他们是否愿意在节目中公开自己的全名。如 NPR 要求记者在直播时必须透露受访者的全名，这既有法律上的考虑，也是为了方便事实核查，但你可以给自己定规矩。

约访与计划

如果你对预采感到满意并决定与对方做正式访谈，那么你应把邀约采访的意愿告知他们，在得到同意后，再开始为实际访谈做准备。

你应该努力让对方感到放松。首先，不能弄错他们的名字 ⑭，如果不确定如何发音，那么就直接向他们询问，并设法把读音记下来。在向对方邀约采访时可询问需要用到的职业头衔或其他称呼，并询问对方希望用怎样的性别代词。这些既是为了保障报道的准确性，也是为了尊重你的采访对象，以及对方为访谈投入的精力与时间。

如果节目有需要，那么你可以请嘉宾提供一份个人简介，以便在介绍嘉宾时使用，并且确定这些个人信息是准确的。同样地，如果有需要，你可以向对方询问听众可以在哪里找到他们的最新影片、著作或音乐专辑。

有时人们在做有录音的访谈时会感到紧张，让声音显得不太自然，或者在说话时满口艰深术语（他们可能觉得自己"应该"这么说，或者原本就用这种腔调说话）。你的任务是引导他们，让他们的表述更容易被听众理解。[15]《万事皆晓》的编辑杰西卡·迪尔（Jessica Deahl）说过："我经常让嘉宾想象自己正在对一群脑筋灵光的高中生解释自己要说的内容。"[16]

在邀约采访时，要同时规划访谈的地点和方式。要注意技术层面的问题：你们能在同一间录音室里做访谈吗（这是理想状况，但很罕见）？要用录音 App 吗？如果是电话访谈，声音效果好不好？如果是线上语音通话，对方的网络信号怎么样？如果是外景采访，你应该和对方讨论录音空间的问题（详见第 9 章）。[17]如果节目需要，你应为录制动态声音预留时间，然后随便谈谈关于声音的想法，如有什么声音能与对方的世界有关联？如果想到了，就把它们加入你的音效列表。

一些播客会为受访者提供出场费。在 NPR，我们的原则是不为新闻或专题节目中的受访者付报酬，但在《流行文化也快乐》这样的节目里，我们会给嘉宾或客座主播付费，以回报他们在录音室里贡献的专业知识。非常宽泛地说，是否向受访者提供出场费的关键在于如何看待对方：如果受访者是信源（source），就不给钱；如果受访者是参与者或撰稿人（contributor），那么可以给一些钱。

> **JustPod 注：**
>
> 这是在美国媒体中经常出现的一种角色。比如你为《纽约客》撰稿（单篇或者不定期的多篇），但不是这本杂志的雇员；或者你经常上 CNN 的某档节目担任嘉宾；又或者你已经退休了，但在重大新闻，比如大选的直播中，老东家又请你回去在直播过程中发表评论。这些都是 "contributor"。
>
> 在国内当然也有类似的角色，只是我们一般不是根据是否为全职员工作为区分，而是根据工作内容划分。比如文字媒体通常称为 "撰稿人"；视听媒体依工作内容，也有 "撰稿人" 或 "常驻嘉宾" 等。

你应在访谈期间弄到自己想要的所有素材，这样一来，你采集到的动态声音与环境声就能与受访者的声音直接关联，让最终的音频效果浑然一体，这样既能减轻事后编辑的负担，也能让听众的体验更顺畅。如果你需要补录却不能回到外景地重来，那么你应在脚本中进行提示。例如，你应对听众说自己之前采访过的那位渔民此刻正在出海（这里不要加入任何海浪的声音），"我们对此感到好奇……所以趁乔·詹金斯难得有空，前去拜访了他。"

> **JustPod 注：**
> 像之前提到过的，不要提到什么就加什么声音。

多花点时间，想想自己需要什么。《万事皆晓》总编辑萨米·叶尼冈曾作为制作人参与了《与斯特莱奇和鲍比托聊点好东西》的创办，他说："做一期半小时的节目，我们需要录制大概一个半小时到两小时左右的访谈。"[18]

准备好问题

杰西·索恩经常在他的节目里采访流行文化界名人并与他们谈论作品及日常生活。我们问了问他是怎样为访谈做准备的。建议你在规划问题的时候最好比杰西更有条理一些，毕竟你作为采访者的资历恐怕远远不如他。根据杰西·索恩的描述，像奥迪·科尼什（Audie Cornish）这样经验丰富的主播，就是特别慧眼如炬的一个人，她总是很清楚自己想了解什么，只要一开口提问，马上就能得到答案。[19]但其他人就跟奥迪的风格不同，在做访谈前准备这件事情上，做法就比较随意。无论哪种风格，很大程度上取决于你想做的节目的类型。无论如何选择，你都必须深挖选题，多做研究，吃透嘉宾的故事。只有这样，你才能知道什么样的故事情节对你的听众有吸引力。

npr

行家心得：杰西·索恩论为访谈做的准备

如果我找到了一段媒体内容，想要把它放进节目里，或者在访谈中围绕它提问，那么我就会把素材送给制作人，由他（她）把访谈中可能被提到或引用的（音频或视频）片段收集起来。制作人会在开始访谈前给我一份素材选段的列表。

如果访谈的话题是一本书，我通常会在访谈前一周左右把书读完。如果话题是一部电影或一档节目，那么我也会提前看完。我会读尽可能多的资料，通常得有几十份，努力收听或观看至少一场嘉宾之前的访谈，这样就能大概找到与对方谈话时的感觉。

一般而言，我都会试着为访谈找出一个提纲挈领的概要，比如"我们首先会谈一谈嘉宾的新作品，然后回去谈谈对方的童年，再然后回顾一遍他（她）的经历"，诸如此类，我还会保持好奇，设想为什么他们会做出这样或那样的选择，同时寻找自己百思不得其解的地方。[20]

在访谈过程中，杰西·索恩允许自己保持好奇心、自发性，即兴发挥。这是因为他已经为访谈做了许多前期准备，积累了充分的知识，所以才能在和嘉宾交流的同时把话题随机导入最有趣的方向。他之所以能保持比较宽松的节目结构，是因为之前做了充分的准备，这样一来，他才能让访谈沿着更灵活、更像一场"真实"的对话的方向展开，而不需要用脚本上列出的下一个问题来填补谈话间的沉默，并且允许参与者临场表露情绪，或者对情绪激动的嘉宾委婉地"回敬"一下（见下文的"访谈的即兴性"）。盖伊·拉兹说："做好访谈的终极诀窍在于尽可能多地了解你的受访者，你要花大量时间阅读关于他们的资料，尽可能把他们研究透。这不是让访谈失去新鲜感。恰恰相反，只有这样你才能灵光乍现。如果在访谈中有备而来，向对方抛出很多具体的问题，那么你就无异于在表达这样的意思：我敬重你、尊重你，我花了很多时间来了解你。而现在，我想通过访谈来更进一步地认识你。只要向对方表明自己确实花了很多时间准备这场访谈，那么他们就一定会慷慨地与你分享各种故事、回忆与观点。我觉得这是很多播客人容易忽略的地方，他们总觉得访谈就是与对方坐下来，然后直接按下录音键，以为接下来的一切能水到渠成。"[21]

访谈中的问题应如何设计？你应该追求开放式的问题，而非简单的是非题。[22] 可以说，你作为访谈者既要扮演主播，也要扮演一名听众，学会站在听众的立场上向嘉宾提问"为什么""那是怎么运作的""接下来发生了什么"。

按下录音键之前

首先，重新确认一遍你的声音采集计划表（见表 9-1），在访谈的时候也不要离手，这样你就不容易遗漏所需的声音。出外景采访时，要善用你的外景设备确认表（见表 9-2），以免忘带东西。你还要对照本书第 9 章，回顾一遍设备布置与调试的细节，比如如何摆放话筒、保护话筒，如何布置室内环境以获得最佳的音响效果，以及在录音前测试音频效果，确保背景噪声不会严重干扰录制，教嘉宾摆好话筒位置，并检测录音时有没有齿音和爆破音。然后，你要设置好电平，正如之前提到的，你可以问嘉宾早上吃了什么，以获得他们正常说话时声音的样本。[23]

记得带上问题列表（或采访提纲）。[24]

开始访谈前，抽空做下热身运动暖暖嗓子（做法与范例可参见第 5章、第 9 章），或者不停地说"红羽毛、黄羽毛"（red leather, yellow leather）——这是一种非常经典的暖声方法，能让你的舌头在软腭与硬腭间快速移动。记得带些可以让声音变清澈的苹果汁，或者至少带点水。你的嘉宾或许也会喜欢。

这些都是技术上的细枝末节。但在设备之外，你面前还坐着一个大活人，而接下来你要用一场访谈去探索他的内心。那么，你该如何在访谈中收获最佳效果呢？

我觉得艾拉·格拉斯（Ira Glass，美国叙事类广播节目《This American Life》创始人与主持人）总是很关心他人的感受。这种关心是绝对真诚的，他也乐于直截了当地询问。雷吉·奥瑟（Reggie Ossé，已故美国播客节目主持人，曾主持播客节目《The Combat Jack Show》）外号"对抗佬"，他在访谈中对和话题有关的一切都了如指掌。真的是"了如指掌"。所以他总能抛出一点小插曲或新见解，为访谈打开新局面。

——杰西·索恩 [25]

对待嘉宾，你应态度友善，并对自己正在做的事情表现得镇定自若而不过于倨傲，以让他们感到舒适。[26] 在设置录制环境的同时，你可以询问自己能否在现场走一走、探一探，找到声音效果最佳的位置，或者友善地询问东道主能否移动家具或摆件，以改善录音质量，或调整谈话人座位。你可以与对方闲聊两句，比如谈谈来录制现场的路上发生了什么，或者在周遭环境里找些有趣的小细节，让闲谈继续下去。杰西·索恩说："和访谈对象见面时，我会努力让他们感到放松，我会向他们问好，然后握手、微笑。我会说，接下来我们需要聊上大概一个小时，只要随便聊聊就行，我们会一起把这期节目做得非常好听。对于大多数对特定话题有所介意的嘉宾，我会告诉他们这不是直播，如果有什么话题过于私密不想谈，他们可以直接跟我说。" [27]

你也应该告诉他们不用担心时间不够，如果一句话说得不顺可以重说，如果想到了一个更好的表述方式也可以重来。你还应该友善地提醒他们，自己会对采访录音进行编辑，所以即便这场访谈持续了半个小时，但实际播出的时长会比这短很多。

有的受访者会询问能否在节目发布前听一听访谈录音。在 NPR，我们会委婉但坚决地表示拒绝，因为这不符合我们的新闻报道规范。如果他们提出请求的原因是因为访谈中有一些具体的内容让他们感到不便披露，你应该与对方一起开诚布公地讨论这个问题，在录制之前商定解决办法。

2. 如果你打算一边入场一边录开场白，那么你应事先告诉嘉宾，自己会像一个技术宅一样手捧设备、头戴耳机，一边录音一边入场（远程访谈时也是这样）。[28]

开录了！

现在，你可以开录了！首先，你要做好场记，给录音文件标记日期、时间、你的姓名、播客名称、你的位置，还要回顾一遍本期节目的主题与访谈的重点，以刷新嘉宾的记忆，让他们知道，你们一起进行的准备与规划就是为了这一刻。㉙

然后，你要请受访者介绍一下自己。他们应介绍自己的全名和居住地，再谈一谈关于自己的其他信息，比如专业头衔、工作内容或与节目主题故事的关联。㉚

如果你的嘉宾手头上正在做一些事情（如烹饪、制作物件、修理物件、演奏乐器、使用工具、与动物互动），那么你应让他们为听众描述一下自己在做什么。㉛ 你也可以主动追问："你是怎样做到一只手把鸡蛋打进煎锅里的？有什么诀窍？""聊聊刚才的二连后空翻吧！老天，你是怎么训练的？"（这也是你采集音效的好机会——比如打碎蛋壳或双脚落地的声音！）

这一切都是在顺应你天生的好奇心。你完全可以（甚至应该）脱离脚本、即兴做出反应、提出问题，然后再回到自己设定的主题与问题上来。杰西·索恩说："我会听他们说话，然后根据他们说过的话做出反应。除非节目需要，我不会主动操纵对话。"[32] 在录制访谈时保持真我，既能让你的声音更具人性，也能更好地反映听众可能抱有的思虑与好奇，方便他们设身处地地看待节目传递的信息。

---

npr

行家心得：做好你自己

尼克·方坦，《金钱星球》制作人

我们希望记者在录音时表现得更鲜活，可以像正常人一样与嘉宾互动、欢笑，在需要共情时会展示出同理心。关于《金钱星球》我们有这样一个笑话：在新人培训的时候我们会说，如果有人在访谈中告诉你一个数字，你应该带着相应的情绪，把这个数字反问一遍。这是因为对不了解背景的人来说，数字本身没有任何意义。所以，如果有人说："我买这栋房子只花了 50 美元"，你应该（用难以置信的声音）反问："50 美元？"但如果有人说"我身上就剩 50 美元了"，你应该（用同情的声音）问："哦，50 美元吗？"给数字以情境并不简单，而在《金钱星球》，这是我们必须做的事。你也可以用自己的声音试一试。[33]

在录音时解放自己、学会自然互动是一回事，引导受访者的话题又是另一回事。[34] 如果对方的发言有听来不甚明了（比如出现了科学术语、业界行话）的地方，那么你就应该提醒说"你能不能稍微解释一下，好让我们的听众能听懂"或者"哇，刚才的信息量真大，你能展开说说吗"。注意，不要被他们牵着鼻子走，比如问："所以，你说的（某某术语）是什么意思？"

《纽约客》的作者苏珊·奥尔良（Susan Orlean）随时随地都能发现故事。她的好奇心特别旺盛，可以一眼发现有趣的事物并能从中找到线索。这是一种即兴能力——用直觉捕捉到的第一印象构建场景。你要发现线索，然后让它生长。

——杰西·索恩[35]

你应该探寻一种状况、一起事件、一个观点或一种成就是如何发生的，而亲历者本人对此又有何感触。[36] 人们通常只会告诉你终点，不会透露旅程本身；他们会告诉你结论（比如创作音乐的成品，或者最终的研究结果），不会自觉与你分享故事（比如灵感的来源、实验的设置，以及工作过程中克服的各种困难与问题）。如果他们刚刚提到了一个内有乾坤的有趣话题却只是一笔带过，那么你可以出于好奇心诚恳地请他们回过头去，展开讲讲。盖伊·拉兹说："像这样打断对方说话是没有任何问题的。比如，'请等一下，让我们稍微倒一下带。你当时是怎么样的？'。"[37]

要多问关于过程的问题，无论是情绪上的、脑力上的还是现实中的。过程就是行动，行动就是故事，只有故事能吸引我们，给我们带来收获。你要多询问动机、思考过程、方法论，以及行动时的情感，如"是什么让你相信结果会如此这般的？""是什么让你这样下决断的？""那件事发生时有没有留下什么故事？""你是怎么知道这个的？""我正在试图设想这一切是怎么发展的？""是不是有什么事情让你有了这样的感觉？""你描述这件事的语气好像很平静。事发当时，你的感受又是如何的？"

切记，你是在主持访谈，不是在控制访谈。你的职责是让对话变得更坦诚，所以，你有时可能得把缰绳松一松。杰西·索恩说："如果录制访谈的时候对方态度很保守，那么我会试着问一些比较亲和或者出乎意料的问题，甚至问些'卖蠢'的问题。如果他们表现得过于圆滑但不表露真心，那么我就会问一些需要真情实感的问题，比如……我随口举个例子，'你害怕死亡吗'。不过我很清楚，大多数时候只要用一种友善的、有人情味的态度和他们聊天，他们通常都会对我投桃报李。"[38]

杰西提到的那种突破嘉宾圆滑防线的策略非常重要。你在访谈中不难发现，对于那些被别人问起过很多遍的问题，许多人都会在心里打好腹稿，然后照本宣科。他们不一定受过应对媒体的训练，也不一定刻意隐瞒什么，这只是大脑的正常反应。毕竟，人的记忆本身就是自己对自己讲的故事，用来描述我们曾经经历过的事件。在访谈中，你的任务就是做足功课，一旦发现受访者开始往不痛不痒的方向转移，就要委婉地把话题拽回来。你可以旁敲侧击地发出反问，或者让他们回到之前的话题上来，再进一步展开。你提出的问题应该强制打破他们的叙事套路，迫使他们重新面对你关注的点，而不是继续在自己建构的神话中打转。

> JustPod 注：
>
> 这可能恰恰是很多播客创作者的误区：还没有太多想法就来做了，反正就是随便聊聊，聊到哪儿算哪儿。这个想法没有对错，但很有可能会让你做无用功，花费更多的时间和精力。因为可能最终还是要回到"有箭靶"的道路上来，那为什么不在一开始就想清楚呢？

如果说得不顺溜，不要紧张——也别让你的嘉宾紧张。如果出了重大纰漏，你可以事后处理，但你的播客也应该给听众以自然、真实但有趣的感觉，既然如此，有一两声"嗯哼"或者一两处磕绊也无可厚非。[39]

在收工之前，记得录几分钟环境声。[40] 然后再检查一遍你的"声音采集计划表"，确认你需要的动态声音都有收集到。

都搞定了？那么，你应该对嘉宾表示感谢，然后再给对方发一封致谢的邮件，并告诉他（她）将在哪天发布节目。如果还不确定发布日期，那么你可以在邮件中说发布时会连带节目链接一并通知他（她）。[41] 要留下嘉宾的联系方式并备注信息，以便日后再与他她联系——有备无患！《今昔线索》制作人兼联合主播隆德·阿布岱尔法塔赫建议："一旦访谈结束，你应在独自工作时记下那些特别有效的点子，或者特别激动人心的瞬间，以免日后忘了。"[42]

npr

行家心得：不要预先下判断

邵友薇，《隐形力量》总编辑兼联合主持人

有些时候，如果在访谈中突然有了什么发现，或者听某人把你试图搞懂的一件事解释清楚，你会感到非常、非常兴奋。我就有过几次类似这样的体验，我当时就觉得："哦，天啊，这场访谈真是神了。"但回过头去听录音又会发现，整场访谈无聊透顶，那种兴奋只是你一时的情绪反应而已。

反过来说，最近我采访过这样一位专家，她在访谈中几乎总是在训我，让我感觉很不好，觉得"这访谈没法用了，这太糟糕了"。但我后来听录音的时候却发现这场访谈效果很棒，因为里面充满了动感和激情。那位专家确实压倒了我，但这听起来反而很有趣，总比那些用平淡语气照本宣科的专家有意思得多。她当时确实想向我传达很多东西，但觉得我没有听懂，所以有些恼火。

JustPod 注：

在实际操作中，很难找到一个标准的访谈状态与结果，或者仅仅根据一两个简单的例子，就觉得以后采访都要往那个方向去。事实上，每个案例的变量都很多，比如你事后虽然懊恼，但还是想到了运用它的方法。要善于总结，特别是忠实于自己的总结，去看在不同的动机、目标、不可控因素的排列组合中，是否有某一方面需要反思的，让它在下一次变成非变量，再试试看会有什么效果，又能否达到目的。

访谈的即兴性

杰西·索恩，《杰西·索恩之正中靶心》主播兼制作人

我采访过乡村爵士乐名宿贝蒂·戴维斯（Betty Davis），她是一个特别深居简出的人。当时她正在匹兹堡，我们与她通了电话，但她不愿让外人知道自己的号码，所以是由唱片公司转接的。她非常客气，但声音有些虚弱。她几十年没做过媒体采访了，甚至都没有从美国作曲家协会领过版税，是一位粉丝一路找到了她的所在地，才把版税支票亲手递了过去。对于我的很多问题，她都只回答一句话。这场访谈真的非常、非常困难，但我记得当时自己偶然想到在杰西卡·阿贝尔和艾拉·格拉斯（《This American Life》主播）的漫画《外勤连线》（Out on the Wire）中看到的一幕：如果你不开口，别人会自动把空白补上。所以每当贝蒂·戴维斯把话说完，我都会默默等待，有时会等待很久——即便只是沉默 5 到 10 秒，也仿佛十分漫长。不过，我的每一次等待，都能换来她在之前发言的基础上补充几句。这场访谈终于被挽救了回来。

我还记得有一次采访演员迈克尔·K. 威廉姆斯的时候，我放了一段 1980 年有他出镜的舞蹈短片，里面有一段乐曲。那是他当时一炮走红的契机。我以为他听到这个片段会感到很开心，甚至会有点得意，但他竟然哭了。当时他远在纽约的一间工作室里，所以我不知道他到底是因为伤心、被冒犯还是因为开心而哭。但我只是让他就这样哭下去。因为此刻我还不需要主动控制局面。我给了他一些时间，结果他与我分享了一些特别精彩的回忆。

还有一回，我去西洛杉矶的一家豪华酒店，采访创作型歌手比尔·威瑟斯。在那次访谈之后，他又和媒体有过几次互动，但我那次见他的时候，他已经快 10 多年没有接受过采访了。他当时有些老了，但非常聪明，还有点闷闷不乐。我一坐下来，他就对我很不客气。毕竟我只是个白人小伙，胆敢劳他的大驾，而他从这场访谈中得不到什么好处。但我记得在访谈中，他正在斥责我，然后我回敬了几句，结果他反而大笑起来，在那之后，我就收获了可能是有生以来最好的一次访谈。我猜他当时是这样想的：哦，这小子也是个人，不是个傻子。他之所以来采访我是因为他在乎我，说不定和他聊聊还挺开心的。[43]

那么，访谈的部分到此为止。总的来说，好的访谈取决于功课做得足不足、准备做得够不够，也取决于你能不能在做好准备的基础上收放自如，在天生好奇心的引导下走上正确的方向。这样一来，你就能得到一场做起来愉悦、听起来也愉悦的访谈。正如杰西·索恩说的那样："保持好奇心。多问开放式问题。要记住，无论你在采访谁，巴兹·奥德林也好、米歇尔·奥巴马也好、小理查德也好，对方都是人，和你一样。接下来，只管做好你自己！"[44]

JustPod注：

巴兹·奥德林（Buzz Aldrin），与尼尔·阿姆斯特朗一道首次登月的美国宇航员。

米歇尔·奥巴马（Michelle Obama），美国前总统巴拉克·奥巴马夫人。

小理查德（Little Richard），20 世纪 50 年代著名摇滚音乐人。

第 11 章

一切尽在混音中

想象一下，你在录音时准备好了正确的设备，也做足了各种调试，话筒的摆放位置恰到好处，现场的录音条件几乎完美。你收集好了各种声音，做好了访谈，录下了现场解说语音，以及嘉宾、主持之间妙趣横生的对话。你与嘉宾的谈话礼貌又符合新闻伦理。

那么，你简直无懈可击。

但接下来，你又该为这持续几个小时的音频文件而烦恼。我猜，这些文件里肯定有不少爆破音、黏唇音、奇怪的背景杂音，以及不慎说错的情况。此时你有的是一份原始音频素材。但你的听众想要的是一段引人入胜、衔接丝滑的好故事。

下面我们就来介绍一下音频制作与编辑的环节。

首先，解释一下术语。你可能会发现"音频制作"（Audio Production）和"音频编辑"（Audio Editing）经常被混用，但对真正的音频技术人员来说，这两个词表达的含义是有明显区别的。"音频制作"指的是打磨声音，让它——怎么说呢——听上去更好。这个工作主要关注的是混音、调节电平、消除爆破音和低频噪声，巧妙化解发言撞车、一时口误或有人擤鼻子的尴尬，用各种音效、环境声或音乐掩盖剪辑痕迹，[1]等等。这是本章我们将重点介绍的内容。

而"音频编辑"指的是打磨叙事。编辑要把不同音轨上的人声、动态声音、背景音、环境声和配乐等要素剪切、汇总到一起，织成一根音频之线，串起一段故事。那是我们在第 12 章要讲的内容。①

无论音频制作还是音频编辑，都有一个共同的目标：让听众沉浸在

1. 播客上线如盛装走红毯，你可不希望别人嘀咕这背后有多少缝缝补补。

你精心建构的音频世界中，保持专注。[2]为方便诠释，我们把音频制作和音频编辑拆分开来，但事实上，处理声音和处理故事是密不可分的。杰西卡·利迪就曾说："人们常常觉得我们的节目没有制作、编辑的痕迹，仿佛是直接把原始录音放了上来，像是走入我们的谈话现场，坐下直接聆听，这般的自然。但——这是错的。实际上，好的节目离不开后期的制作、编辑。比如，特里·格罗斯（Terry Gross）的访谈就需要很多后期编辑，这也是她的节目如此精彩的原因。"[3]

音频制作和音频编辑之间有一定重合。这取决于你的播客的复杂程度、制作的规模，以及时间要求。音频制作和音频编辑的工作可以由多人分工完成，也可以由一人承担。你可以从易到难，一遍遍重听、一步步调试，也可以规划好工序，每播放一次就多做几道工序，在短时间内同时解决制作和编辑问题。[2]

细节上的一点点粗粝可以让你的播客有种匠人手制的质感，但"大巧不工"不能为本可以避免的疏忽、错误开脱。过于明显的失误与低劣的音频质量会干扰听众的投入，让他们逃离你的故事，让那些愿意抽空点开播客听你节目的人有充足的理由按下"跳过"键，甚至给出差评。[4]别让他们这么做！

音频制作的目的就是确保你不至于前功尽弃。但即便如此，不是所有问题都能在后期得到完美解决（有些问题甚至根本无法解决）。[3]音频制作只是一种有限的补救，不是全然的拯救。[4]

有的人对音频制作有所钻研，但有的人对此不甚精通。如果属于后者，你大可以把这些工作外包给有专业资质的人。[5]如果你对摆弄旋钮（或键盘）跃跃欲试，那么就要多加练习，磨炼听觉与技术。接下来，请看NPR的制作人是如何处理音频中的常见问题的。

制作人应该听什么，以及如何听

在音频制作中，有一些公认的目标。我们想要达到——[7]

- 清晰、自然、可辨识的人声（语调、语气、停顿与音量符合正常水平）；

2. 我知道《流行文化也快乐》的制作人杰西卡·利迪做过这个。

3. 比如，噼啪杂音（除了在电话录音里）、咝音、过度压缩（见下文"8步混音法"第4步）和特定种类的干扰杂音、脱麦人声、低比特率杂音（也就是线上会议中常见的那种过分嘶哑尖细的声音）都是或多或少无法修复的。这些是需要特殊工具或高级技术人员才能修复的音频难题。[6]

4. 所以我们在第9章才会如此强调采集声音时要保持好习惯。

- 背景声的声音效果自然（贴切而恰当，不至于淹没人声）；

- 没有杂音干扰（没有嗡鸣、爆破音，以及过于嘶哑或沉闷的人声，狗对着松鼠狂呼乱叫的声音，等等）。

在练习制作时，请注意以下要点：

- **不要看屏幕，也不要看脚本，一切注意力集中在耳朵上。** 在听音频时，我们会忍不住用眼睛看脚本或大纲，或者只顾着紧盯参数。但真正的专业人士必须用耳朵编辑音频。他们知道，如果自己的大脑执迷于文本，那么就会忽视音频的问题。听众的面前可不会有脚本，所以你也要设"耳"处地。参数应该是用来佐证与衡量你的听觉的，而不是干扰你的耳朵的。[8]

- **既要戴耳机听，也要开音箱听。**[9]耳机可以让你发现一些不太明显的音频杂质（如爆破音等），帮你检查剪辑切口处的声音是否能流畅过渡。音箱可以让你检查音频总体效果是否平衡。比如，人声有没有被音乐盖过。

- **如果条件允许，那么应用尽可能多的方式听，毕竟听众的收听方式也是多样的。**[10]比如，你要用耳机听，也要用笔记本电脑听；用糟糕的耳机听，也要用高档的耳机听。你要在开车时听，在走路时听，在做饭时听。尤其要注意的是——音频的电平状况，是不是所有必要的音效都能被清晰地听到？

- **把主要的疑难点列出来，然后各个击破。**[11]记得把这些问题发生的时间点记下来。一些专业人士在录音时就能记下音频问题，但你可以在回放时这么做。你尤其应记下那些较长的停顿和冗长、无意义的废话（后者一般发生在你进入正题之前），除非这些在叙事中有特别的意义，否则是要被处理掉的。比如，也许你希望听众能切身体会到某人的沉思或犹豫。如果是这样，那么你可以出于叙事上的考虑，把较长的沉默保留下来。

- **制作模板，节约时间。**[12]你的播客里是不是有些可以反复利用的部分（比如开场白、结束语或者访谈音轨）？你可以编一个模板，将一些固定的音频设置自动放入新的录音文件中，省时省力。但这不意味着万事大吉，你还是得多聆听、多调试，编辑工作不能放松。

在修补完一处问题之后，难免你又会发现另一个自己之前没注意到的新问题。但最好不要过于求全。一方面，这样的工作没完没了，简直是时间的无底洞；另一方面，编辑过度也会让你的音频显得不太自然。[13]

在最后阶段的调试中，你应注意音频的过渡转折，比如人声停止、音乐或音效切入，以及场景变化的地方，如果这些地方的效果过于唐突，那么就会让听众分神。你可以像下面这样巧妙地检查自己的混音效果是否平衡：记住你正在听的音频的电平，然后在现有基础上进行调低，直到你必须非常专注才能听清每一个词的程度。此时你还能听清全部内容吗？有没有哪些部分的音量过大，或者彻底消失了？如果有，那么你就应该对这些地方再做些调整。

人在独自工作时很容易疲劳。[14]你在处理音频时可能会犯错，或者失去对音频的感知力。此时，你需要的是试着放下工作，切换状态，养精蓄锐之后再继续干。[15]

谈谈技术：你需要什么？

☐ **音频编辑软件**。[16]*比如音频编辑器（Audio Editor）或数码音频工作站（DAW），这些都有免费版与付费版。Audacity 就是一款很著名的免费编辑软件。*

☐ **插件**。*这些程序具有特定的功能，你可以把它们"插"到想要编辑的音轨里。这样一来，它们就能影响你放到音轨上的任何一段音频。你在用的音频编辑软件可能会自带一些插件，但还有一些插件可以从第三方取得。在这些插件当中，均衡器、压缩器和降噪插件都很好用，但某些时候你只需要调节电平，就能解决问题。*

☐ **诚实可靠的好伙伴——耳机**。*耳机是首选。如前所述，音箱有时也能派上用场，但音箱的音响效果往往取决于你所在环境的声学条件，所以只能作为辅助。*

☐ **峰值电平表**。*峰值电平表可以衡量音频的电流水平，你可以借此调整电平，使其不至于失真。*

□ **响度电平表**。响度电平表可以从人耳的感受出发计量声音的响度。这种软件的计量单位写作 LUFS，全称是"满刻度响度单位"。"满刻度"指的是一个系统所能处理的最高值，所以 LUFS 度数都是以负数表示的，如 −8LUFS、−24LUFS。负数的绝对值越大，音轨的响度就离计量系统的最大值越远，表明声音越轻。

如果你需要进一步了解上述问题，那么可以回顾本书第 6 章。

给智者的一点技术建议：你在和团队一起工作吗？如果是，那么你最好事先和伙伴们统一编辑时要用的软件和插件，否则项目文件就可能要在不同软件间转换，造成很多麻烦。如果你在用某些第三方插件，那么其他人的插件版本也应该与你使用的插件版本一致。否则当你把文件发给别人时，而对方没有对应插件的话，那么他们可能根本听不到你做的调整。

8 步混音法

下面我们简单介绍一下混音的步骤方法——统称"8 步混音法"。这是从 NPR 培训部的罗伯·拜尔斯开发的一套流程的基础上逐步完善得来的。希望你能按照这个流程试一试，再根据自己的需要进行调整，创造出一套符合自己需求的工作模式来。[17]

第 1 步：整理

首先，你要整理好参与混音的各种素材，设立一个有清晰标识的项目，把彼此相近的音频统一归类到单独的音轨上。

安排音轨

下面为你列出了叙事音频音轨的常见分类：

- 主播音轨。

- 实况录音与嘉宾音轨。

- 空间音与环境声音轨。

- 音乐音轨。

如果为每一个项目安排同样的布局，你就能轻松找到自己所需的素材，并将不同素材更好地联系起来。这样一来，你也能更轻松地设置音频电平、调整均衡或进行压缩了。

整理音频片段

你应保证单独一条音轨上的所有片段是同一来源。比如，同一条"实况录音"音轨上的所有片段都应来自同一个说话者、同一场访谈；同一条"背景音"音轨上的所有片段都应来自同一个场景。不同的说话者抑或不同的场景则应有不同的音轨。

为了囊括所有录音素材，你或许需要至少 5 条原声音轨。要给这些音轨标出具体的名字，不要用"音轨 1""音频 1"这种没有实质意义的标题，而要用像"拉里""环境声：市场"这样具体的名称。[5]

排列音轨

给音轨命名并把同类型的素材整合进去之后，就可以把音轨以视觉形式从上到下、从左到右排列成表了。比如，实况录音音轨中的"萨拉电话采访"在故事中出现于"特雷西电话采访"之前，那么你应把"萨拉电话采访"的音轨放到"特雷西电话采访"上方。把音轨排列成表，可以极大方便你在混音时寻找素材。

第 2 步：粗调电平

在查看哪些声音需要用均衡器或压缩器修复之前，你应该花一点时间，调整音轨的电平，保证每一条人声音轨的电平都大致相当。现在，你还不用做到尽善尽美，如果过渡和淡入淡出的地方有瑕疵也没有关系。

什么是电平

在第 9 章里，我们提到了如何在录音时设置电平。现在，你可以检查、调整各条音轨上的电平。这样一来，你的听众就不必在收听节目时自行调整音量了。

电平既可反映整个混音文件的状态，也可反映文件中的各音轨之间是否均衡，这两点都很关键。为检测电平，你应尝试用不同的音量听录

5. 给文件命名时最好清楚、明快、有规律可循。如果调用文件的只有你一个人，那么你大可以解放个性、率性而为，但如果还有别人参与混音，那么你就应该循规蹈矩一些。这样既能省去时间，也不会被人用邮件"友好"问候。

音文件，查看是不是所有声音都清晰可辨，有没有音量突然过大或过小的情况。[18] 如杰西卡·利迪所言："如果用自己的手机听录音，那么你可能需要提高音量才能听到。有些时候，你需要把电平调高一些，让一些录音时有瑕疵的段落听上去更自然。"[19]

调节电平时，你可以参考响度电平表，但最根本的标准还是你自己的耳朵。关掉屏幕，闭上眼睛，只管听。

第 3 步：确认是否需要用均衡器

在这一步里，你需要单独处理自己的每一条音轨。为此，你可以使用"独奏"（solo）功能。[6] 单独、反复播放第一条音轨并聆听。有没有听到任何不自然的声音，如低音轰鸣、高音尖锐、回声过大，或者有啸音出现？有没有哪个频段听起来过于突兀？

如果发现了问题，那么你可以在音轨上插入均衡器插件，以抹平有问题的频段。你也可以事先打开高通滤波器，清除轰鸣低音。

均衡器指南

均衡器插件可以帮你平衡不同的频段，以确保音调不至于过分突兀，如过于明亮、尖锐的声音意味着高频过多，过于浑浊、发闷的声音则意味着低频过多。声音过于明亮或过于闷的问题可能出现在电话采访或网络会议的录音中，也可能因设备问题而起，比如电量不足，或端口插入不牢。

音频的编辑一般都需要用到均衡器，以此制作音频故事。参数化均衡器插件功能丰富，十分好用。在理想状况下，还应有高通滤波功能与低通滤波功能（还记得之前提到的话筒高通滤波器吗？），可以让你在必要时消除一整个声音频段。比如，低通滤波功能可以滤掉高频信号，只让低频信号"通过"，而高通滤波功能的作用则正好相反。[20]

高通滤波器可以减少低音轰鸣、风声、一些话筒触摸杂音、爆破音，以及车辆驶过、排风扇转动、机械轰鸣等现场杂音。低通滤波器可以消除高频嘶鸣。[21]

均衡器牵一发而动全身，如果调低了一个频段，那么会让其他频段

6. 简单补充一下"独奏"（solo）和"哑音"（mute）功能：它们可以达成类似的效果，但本身的目的截然不同。"独奏"的功能是暂时将选中的音轨单独提出来播放，同时将其他音轨静音。"哑音"的功能则是将选中的音轨静音。你应严格按照"独奏"功能的本义使用它。否则，它可能会搅乱调音设备的路由配置，影响音频编辑软件的运作。

显得更响亮，反之亦然。所以，在调节均衡时下手要慢，一点一点地、循序渐进地调整。

对其他音轨做相应的均衡器设置

如果你录下的一段环境声正好与在同一场景录制的人声相对应，那么你需要保证两者的音色匹配。换而言之，如果你用均衡器调节了一条人声音轨，那么相应的你也应对与其对应的环境声音轨施加相同的变动。如果人声音轨因为周边环境干扰（如轰鸣声）混入了杂音，那么与其对应的环境录音也很有可能会录下同样的干扰。你可以用同样的均衡器设置解决该问题。

切记：插件可以处理一条音轨上的所有素材片段。所以，首先应把同类型的音频整合到同一条音轨上。

如果你对结果感到满意，那么就继续把音轨放在"独奏"状态，进入下一步骤。

第 4 步：确认是否需要压缩

检验人声

你要检查以下问题：

- 说话人发出的声音是否均衡而连贯？

- 说话人的声音是否足够有力，有临场感？

- 如果在收听中途调低电平，那么自己还能不能听到并听清每一个字？

如果你对这 3 个问题的回答都是"是"，则不需要压缩音轨。但如果说话人在重读某些音节或关键字时让声音表现得突兀，或者让电平出现"凸起"，则需要做压缩处理。如果人声听起来不够有力，或者被音乐冲淡，则也可以使用压缩器。

如果需要使用压缩器，则可以把压缩器插件插入音轨后，再进行调整。对其他音轨依此类推。与均衡器不同，你不必对环境声使用压缩器。但因为压缩器可能影响人声音轨的电平，所以需要调整与之对应的环境声的电平。

何为压缩

"哦，天呐！你怎么做了这种事！！"说话人的情绪是狂怒还是惊喜？你要等下一句话才能知道。但无论如何，这句话都表达了一种激烈的情绪。在话语里，激烈的情绪表达是自然的，也是必要的。如在第 5 章中，我们曾强调在脚本中标明重点词句，以便让话语更令人印象深刻。但做任何事情都要有度，如果过度，那么激烈的情绪会让声音显得太响或太轻，这时又需用技术手段进行抚平。

压缩的本质就是给声音的响度加一道天花板，让你不必在后期对自己着重念出的字词逐个修改。任何超过了上限的声音都会被调低。如果说话人离话筒太近，压缩器也可以缓解由此造成的音响问题。压缩器通常包含可调节的阈值（指决定压缩器何时开始起作用）、压缩比（压缩程度，在处理对话录音时可设置在 1.5:1 到 2:1 之间），以及增益补偿（"补偿"在压缩过程中损失的音量）等参数。你也可以设置何时"起始"（attack），何时"释放"（release），类似在开车时的踩油门和松开油门。

使用压缩器时要谨慎。处理稍有过度，说话声就会变得不太自然。你可以试着用压缩器过度处理一些不忍卒听的录音，听听效果。最好在完成较大幅度的电平调整后用压缩器进行检测、微调。当与在另一间录音室的嘉宾做远程访谈时，你可以要求他们关闭压缩器和其他处理手段，因为一段音频如果被过度压缩，就不可修复了。

第 5 步：检查剪辑与淡入、淡出效果

现在，你应把录音中的剪辑点快速检查一遍，以确认这些处理是否足够自然。

平滑语音与声音

在这里，你需要做的事情包括尽可能削弱或去掉说话人语音中的瑕疵（如爆破音、仓促口误或呼吸声），淡化一些刺耳的极端声音（如突然大笑、大声呐喊），让声音的整体调性更平均。或者说，给语言做个"拉皮"。你应该像个高明的整形医生一样，将一切问题化于无形。当然，不要把"缝线"露出来——要学会掩盖剪辑痕迹。

你要调节电平，让音量的分布趋于平滑。除非某个字过于突兀，否则不要对一个一个的字紧抓不放，而是应以词语或句子为单位进行调整。

在处理爆破音时，高通滤波器可以对消除其中的低音部分起到一定作用。其他的处理方式则更加复杂，需要使用专门的编辑软件，所以你最好在录制时就把话筒的位置摆好。

咝音很难后期修补。用均衡器和压缩器做调整，可以在一定程度上缓解此类问题，除此之外，你也可以使用一种名为"唇齿音消除器"（de-esser）的工具。

在音频片段的首尾处使用淡入、淡出效果，可以在不同发言者、不同场景的语音、音效与音乐之间实现更平滑的过渡。淡出淡入（cross-fade 效果顾名思义，就是让前一种声音逐渐淡出，让后一种声音逐渐淡入。你可以留心一些优质播客，听一听节目中用了多少淡入、淡出效果。有一些淡入、淡出效果可能会持续很长时间，还有一些淡入、淡出效果可能为短到让人察觉不到。

此外，你也可以剪掉一些过于唐突的静默，以便让整体节奏变得更紧凑。杰西·利迪曾说："有些时候，有的人说着说着就词穷了。通常我会直接把下一个人的话剪辑过来，这听起来好像突然跳出来一个人打断了前一个人的发言，但事实并非如此。这样做是为了让录音听起来更自然，继续推动叙事往前走。"[22]

面对这种情况，你收集的那些环境声效就能派上用场了。你可以把它们放在人声录音之前与之后，以制造平滑的过渡，也可以把它们放到两个音轨的接缝处，掩盖剪辑痕迹。把两段戛然而止或骤然开始的录音片段连到一起，再加一点环境声作为背景，制造出淡入、淡出的效果。

检查每一处剪辑

一期节目中的每一处剪辑都要检查一遍。这些剪辑点听来是否自然？字词与换气处有没有"不当剪辑"（upcut，指一些音频被部分切除，留下一些残留的无用部分）？[23] 在把两个片段剪辑到一起时，有没有出现双重换气？如果你在剪辑时剪掉了太多字词间的换气部分，那么听起来就不像是活人，而是机器人了。建议在前一句结尾换气与后一句开头第一个词之间预留一毫秒间隙，让声音的抑扬显得更自然"。[24]

再看说话人的语调是否前后一致？环境声有没有明显的断裂？如有问题，则需要——调整。

确保每一个片段都有淡入、淡出效果

每一个片段的首尾都应有淡入、淡出效果，即使时间很短，也建议进行设置。因为这是避免片段切入时过分唐突的最好方法。

如果你对音频编辑软件的操作快捷键比较熟悉，那么在整个处理的过程中会轻松不少。建议需要掌握的快捷操作包括定位到音轨上的下一个剪辑点，以及把播放头（playhead）向前倒几秒。学会这两个快捷操作，你就能在剪辑点之间自如切换，并且可快速检验剪辑点的处理效果。

第 6 步：精调电平

对电平的精细调整也称为"平衡"（balancing）调整。每一个音频片段的电平都应与之前的片段相吻合，音量不能太大，也不能太小。环境声与配乐应该清晰可闻，但不能干扰人声。为营造这种平衡的效果，首先你需要一个基准点。在这里，我们把主播音轨设为基准。

你应遵循和第 1 步同样的次序，平衡以下音轨：

1　主播音轨。

2　实况录音与嘉宾音轨。

3　空间音与环境声音轨。

4　音乐音轨。

不需要把所有音轨一次性混合到一起，而是要以主播音轨为基准，一个个地调试其他音轨。换句话说，你应按照上面的次序，对每一条音轨做调整。

首先，确保主播音轨上的各个片段彼此均衡，以接近混音的理想指标[7]，其他音轨应保持静音。听完第一个片段后，检查响度电平表上的参数是否达标，以及声音效果在你听来是否连贯如一。如果之前你已经大致调整过电平，那么目前的电平应该与你的指标相近。但即便如此，

7. NPR 的绝大多数节目都遵循大致相近的标准，即适合广播的 –24LUFS，但这比我们做播客时的响度低很多。NPR 在编码时会自动将响度增加 8LUFS，以保证播客节目的音量能适应不同听众的使用习惯（比如在车上听、用耳机听，等等）。

你可能还是需要做些微调。如果某句话脱离了均衡水平，那么你可以对其使用音频编辑软件中的电平自动化处理工具进行处理。你还应以句子为单位进行调整。在确保主播音轨总体达标、每个片段的听觉效果平衡之后，就可以调整下一条音轨了。

接下来，你要在下一条音轨和上一条音轨的片段间实现平衡。关掉静音键，并同时播放主播音轨和第一条实况录音（嘉宾音轨）音轨，注意主播音轨的最后几秒与第一条实况录音音轨的最初几秒间的衔接。两者听起来是否平衡？如有需要，应对实况录音音轨略做调整，使其与主播音轨相衔接。

最后，听完整个录音片段，判断是否有必要做改动。检查该片段末尾与主播音轨间的过渡效果，确保两段录音彼此平衡。

你可将上述操作重复使用于所有嘉宾音轨，将它们依次解除静音并进行调整。

让每一个片段都与主播音轨相平衡之后，再过一遍录音，检查所有过渡段落，确认音频是否平衡。有没有什么过渡点、剪辑点需要用环境声掩盖的？如果某处过分突兀的过渡不能用环境声掩盖，那么可以试试加一小段沉默，如模拟换气或切入音乐。[25]

第 7 步：平衡环境声与音乐

要注意，虽然环境声与音乐不应对人声音轨造成干扰，但也应清晰可闻。前文提到在检验音响效果时可以把音轨的电平故意调低，此处也可以试试。和你的听众一样，在不同的条件下试听录音，既要在耳机上听，也要试试看用音箱听，因为不同的播放方式会带来不同的效果。你应在不同设备条件中找到平衡之道。此外，记得检查环境声与音乐的淡入、淡出效果是否正常。

第 8 步：聆听混音效果

最后，你要戴上耳机，把整个混音效果听一遍，确认每一处的效果是否自然。尤其应注意声音的过渡位置，以及人声和环境声、音乐是否彼此平衡。

　　至此，你已有序、高效地完成了一次出色的混音。刚开始上手时，你可能会多花些工夫，但熟能生巧，会越做越轻松的！

npr

行家心得："耳朵经济"

邵友薇，《隐形力量》联合主播兼总编辑

　　要学会"交易耳朵"。如果你单打独斗、没有团队支持，那么可以选择多帮别人听听他们的节目草样，然后再请他们帮你听听自己的节目草样。像这样互相交换，就是一种"耳朵经济"。㉖

　　无论是在音频圈还是在播客圈，人们出于对音频事业的热爱、对学习知识的渴望而热衷于分享和交流。随着技术的不断更新，网络资源的愈加丰富，我们有更多的方式去了解这些知识，如观看视频教程、阅读相关的技术文章，甚至是直接向同行请教。问问题是在圈子里积累人脉的绝佳方法。无论在线上还是线下，你都可以在群组或会面中询问他人是如何剪辑作品的，在工作时有什么解决问题的窍门。当你取得了成果，那么无论是搞懂了如何设置电平，还是处理了一个巨大的爆破音，你的同行们都会为你献上最热烈的欢呼。

第 12 章

塑造故事

关于《流行文化也快乐》，我们有一个"杰西滤镜"的说法。这说的是我们的制作人杰西卡·利迪每次都能用特别神奇的才能让我们的原始录音脱胎换骨，让每一个人的声音听起来都比现实干练、自信——因为我们话语中的所有迟疑、犹豫和磕绊都消失了。

你有没有那种说过话之后感到后悔，想要把之前的句子更流畅、更清爽地重说一遍的想法？如果有，那你大概就能理解音频编辑的工作目标了。

对处理故事的音频编辑来说，其任务多种多样，从一开始的宏观构思（参考第 7 章），到对具体时间的定位和对音效的调节，等等。《万事皆晓》总编辑萨米·叶尼冈说："编辑的主要任务是改进脚本内容，确保其中没有错误，文字足够清晰、易懂、有即时性，等等。"[①]

这可是任重而道远。

和音频制作一样，音频编辑要从"做"中学。正如我们之前所说，这两种角色时常彼此重合。萨米·叶尼冈说："好的音频制作人要会做一点音频编辑，好的音频编辑也要会一点音频制作。"

接下来，我们将会带你了解音频编辑在创造优质故事时要经历哪些基本工序，执行哪些操作。

练习：你对你的故事了解多少？

从第 7 章的学习中，我们知道了要根据前期调研、头脑风暴，以及访谈对象、音效的计划表草拟出节目脚本或大纲。当所有准备都已完成，下面就可以看看与最初的构想相比，最终的故事是如何呈现的。②隆德·阿布岱尔法塔赫曾说过："故事可能会发生重大变化，所以要保持开放的心态！③

请思考以下问题并在笔记本上记下你想到的任何想法（在本章后面，你将有机会丰富这些想法）：

> **JustPod 注：**
> 这句话实际上很重要。因为面对一连串需要思考的问题，需要告诉思考者，这里需要深入思考，还是简单思考；是一次性的，这里想完就尘埃落定，还是后面还有调整的机会。这些都会影响我们在一串问题上所花费的时间，以及如何评估我们的思考结果。比如，我想了半天也没想到什么确切的答案，是我能力不行吗？不，也可能这里本来就不需要确切答案。

- 从现有的录音来看，你构想的这段故事有没有发生变化？④

- 有没有出现新的话题、新的灵感？

- 你有没有从不同角度看这段故事？现有的想法是否存在偏颇或片面的问题？⑤

- 还有什么信息或视角是缺失的？

- 这个故事如你期待的那样有趣吗？

- 相对于你设定的节目时长，故事素材是否足够丰富？⑥

- 如果故事的素材不足，又该如何弥补？或者是否应该放弃这个故事？

- 这个故事的发展方向是否与你的预期全然不同？如果是，那么你该如何做才能继续叙述下去？

- 如果预算有限、时间紧张，那么你能否在故事中找到一个比较自然的中断点？

- 这个故事有没有可能出续集，甚至做成一个系列？

🔊 当故事需要彻底重写时，我急得团团转。但我知道，如果推倒重来，最终的节目效果会比现在的节目效果强很多。我们这档节目的制作过程并不适用于所有人，或者所有类型的播客。我们试图呈现有丰富层次的故事，在叙事的基础上探讨一个更深远的观点，所以我们经常需要与专家和科研人员对话。整个过程千头万绪。

——《隐形力量》制作总监丽安娜·西姆斯特罗姆[7]

编辑的基本原则

对处理故事的音频编辑来说，有一些普遍适用的原则，如真实、公正、活泼、自然、明了。

首先，你应审视故事中的各个元素，反思自己有没有围绕故事的主题呈现出真实、公正。[8]当然你也可以从某一个人的体验或视角出发讲一段故事，但这是不是那个人独有的看法？除此之外，其他人还有没有其他看法？[1]也许你可以在节目中邀请听众发表自己的观点。例如，"我们也想听听你在这件事上有什么经历。请点击我们的官网，或在我们的社交媒体（账号名）下回复。让我们继续讨论！"。切记：公正意味着音频不能只沿着某一个特定方向进行。

🔊 有时候格伦不喜欢我们某一期节目里讨论的那部电影，但斯蒂芬的态度比较中立。那么此时，从斯蒂芬（而非格伦）的立场开始讨论会比较好，否则所有人都会被逼到为电影辩护的立场上去。在我们的节目里，如果从一种比较积极的声音开始，讨论往往就进展得更好。

——杰西卡·利迪，《流行文化也快乐》制作人[9]

> **JustPod注：**
> 一场谈话的失败仅仅因为第一个发言的人安排得有问题，这种情况可能吗？答案是"可能的"，因为生活本来就是这样。静下心来想一想，在每一次的讨论中，你说的话都完完全全反映你对事物的感受吗？还是你自己都不知道为什么只能说出带有某种立场的话，另一个立场的话，明明就在心中，但你却说不出口。这仅仅是因为人的局限性造成的。所以也许完成合理地安排出场顺序这种小事，就能改善一点。

1. 当然，也要避免在不同观点间强求一碗水端平。

使用音效时要注意有没有现实感。[10]比如，在公园长椅上采访一位老人，听他说 50 年来种种变迁的时候，不要刻意加入山雀的啼叫。[2]你可以在一个场景内加入或选取一些声音素材，但不要把这些素材挪用到不属于它们的场景或场合中。[12]

> 对话不一定遵循线性结构，你在回顾时可以设法重新组织、编排访谈中的一些问题，以便听众理解。在编辑录音时，必须十分小心，不能违背对话的原意。你的剪辑最好不要让访谈对象抱怨说："不，这没有忠实反映我们当时谈话的内容。"我不是说你应该让你的信源决定内容的安排，那绝不是我的本意。我们必须对内容拥有强大的编辑权。但如果你想在访谈中挪动一些内容，你就必须确保这些改动不会扭曲或改变对话的原貌。
>
> ——萨米·叶尼冈，《万事皆晓》总编[11]

还记得我们在第 7 章里提到的故事的核心问题和利害关系吗？我们强烈建议你在编辑录音时牢记这两个关键。因为叙事弧是从这些核心问题和利害关系中发展出来的，是它们提供的能量把听众吸引到故事中并听到最后。你要时刻记住这些核心问题和利害关系，这样就能在编辑时为它们赋予血肉。在写作单期节目简介时你也要用到这些要素（见第 14 章）。

有没有哪些段落听起来有些拖沓，没有进一步推动故事发展？[3]有没有哪些桥段虽然有趣，但和主题无关？[4]你应该注意这些地方，它们可能让你的故事丧失锐气。

如果你在大纲上标记了段落时间，或者在录音时做了计时（见第 7 章），则要看一下录音有没有服从于原定的时间表？[14]如果没有，则说明在编辑时要在不同的段落间做取舍，比如让有趣的部分长一点，让其他部分短一点，以保持节目的时长恒定。

那么，对于人声音轨做多少打磨和剪辑比较合适呢？这需要主观判断，一切取决于节目的特性。如前所述，一些播客需要非常严密的脚本

2. CBS 就因为这事出糗了。他们把一段伪造的鸟叫声放到了高尔夫相关的电台节目里。[11]

3. 在访谈类节目中，你可以稍微跑题，但要满足两个条件：首先，离题的内容可以展现出访谈嘉宾本人特别有趣且你确信听众一定会喜欢的一面；其次，你一定要把话题"扳"回来，不能一头钻进牛角尖，除非你的听众也是这个牛角尖话题的骨灰级爱好者。

4. 好吧，这一句话里的信息量可太大了。鄙人对"笑点"算是颇有心得，我可以打包票说，50% 的插科打诨根本进不了录音棚（过不了我的"格伦滤镜"），还有30%根本进不了之前提到的"杰西滤镜"，最终可能只有大概 10% 出现在节目里。（这不还剩10% 吗？一些小小心算家可能要问了。那 10% 的包袱我在动笔卸下来之前就忘光了。）

准备和后期编辑，但有些类型的播客只需要一份粗略的大纲，后期编辑时也只需要处理一些发言时的磕绊。此外，也取决于播客制作者对于粗粝感的容忍度。无论如何，你的选择都应符合你节目的需求。当然，你要处理或剪掉一些过于严重的瑕疵、错误、较长的停顿和冗长、无意义的废话，以及不同说话人之间的发言撞车，或过度泛滥的语气词如"啊""就比如""对吧"，等等。[15]

有时在《流行文化也快乐》的节目中，不同发言人的声音会互相打架，如果我在录音时就注意到这种情况，那么会马上叫停他们并说："格伦，你先把你的话说完，然后琳达，你接着说下一个问题。"这是因为我知道在后期剪辑时，要找到一个清晰的剪辑点，像这样让他们的声音彼此交叠是不行的。但有些时候，像这样众声喧哗的样子听起来又很有趣，反而形成了一种节目效果，可以增添趣味，吸引听众。每当这样的时刻来临，如果我知道自己想要保留这种效果，那么我就不会打断他们。

——杰西卡·利迪[16]

最后要注意的是，你一定要为听众着想，如关心他们是否能跟上节目的内容？是否明白节目的走向？对于那些初次接触某一话题的新人，你是否应给予一些友善的指导？当然，这一问题在一些资深播客人间存在争议（参照下方萨米·叶尼冈的话），而你作为播客的创作者应有自己的判断。

《语码转换》有一期非常棒的节目叫"解释性逗号",探讨了这样一个话题：播客主播是在对什么样的人说话，又有什么需要向听众解释的？[5] 这个话题是从主播和说唱艺人图帕克·沙库尔（Tupac Shakur）的谈话中衍生出来的。结果，有听众发来消息问："你们能不能解释一下图帕克是谁？"你看，这里就存在一种矛盾：是停下来解释"图帕克是谁"，还是不解释。特意解释，会让那些认识图帕克的听众感到厌倦；如果不解释，那么不认识图帕克的听众则会感到疑惑。"解释性逗号"探讨的就是这个矛盾。我觉得，我们总是不断地在这两种听众中寻找平衡，想要尽可能做到兼顾。

——萨米·叶尼冈 [17]

5. 在《公园与游憩》（一部美剧）中，莱斯利在当地的 NPR 分站录节目时偶然提到了"蝙蝠信号"，当时主播接着就说："可能有些听众不太知道，'蝙蝠信号'来自儿童漫画人物'蝙蝠侠'，他是一位在夜间与犯罪分子搏斗的强悍绅士。"就还……挺尴尬的。

练习：编织属于你自己的声音线索

现在，你已经凑齐了所有素材，是时候按照我们之前的介绍，把它们编织成一条引人入胜的声音线索了。

- 回顾本书第 7 章的"规划你的故事"。对于那场练习中的问题，现在的你会如何作答？

- 你在节目开头应提出了哪些要点，以吸引听众倾听？

- 你的录音中最能让人眼前一亮的那个声音是什么？

- 回顾一下第 7 章介绍的几种故事结构（时间顺序结构、三幕式结构、新闻特写式结构、侦探小说式结构）。哪一种结构适合你的故事？你故事的主角是谁？你应该在哪些"节拍点"上引入新信息、新转折，或揭晓意外展开？你可以编一个时间线，把节拍点一个一个列出来。

- 你希望听众记住什么？在此基础上，你希望给他们留下怎样的遐想？

- 回答完上述问题后，看是否需要完善或修改这期节目的标题？

脚本小提示

为了对音频脚本的格式有一个大致的了解，你可以参考与你同类型的播客，查看它们的<u>转写文稿</u>（transcript）。尽管不能还原每一处声音的细节，但能让你对脚本的格式有一个大致了解。

> **JustPod 注：**
>
> 转写文稿，在美国是互联网内容无障碍化的一个重要组成部分，其背后有联邦法律的支持，基本目的就是要保证网络信息能够被每一位公民包括听障与视障人士等浏览。因此美国的公共广播体系中的节目在这一方面都做得不错。自 2009 年以来，NPR 就开始了音频节目的文稿转录，当然也包括旗下的很多播客节目。在 NPR 内部还有一套自己研发的文稿转录与数字档案检索系统 Artemis。该系统转录与收录了 NPR 自 1971 年开播以来，从开盘式磁带录音机到如今播客所使用的、几乎所有的、NPR 的节目音频文稿。另一方面，不少商业播客公司因为转写文稿工作不力而面临诉讼。美国聋人和残疾人权利倡导者协会的 5 名成员代表曾在 2021 年年底起诉了广播公司 Sirius XM，声称该公司提供的听觉选择不够充分。同样地，在 2020 年 7 月，Spotify 旗下播客制作公司 Gimlet Media 由于未在播客中提供隐藏字幕 (Closed captioning) 以便听障人士使用而面临集体诉讼，原告 Kahlimah Jones 认为 Gimlet 公司违反了《美国残疾人法案》。

圆桌会谈、访谈或评论类节目的大纲在形式上可以比脚本更简单，但你也应该列出开场、结束、音乐、片段的大致安排，标出话题与问题的次序并记下其他一些要点，以便帮助你更好地整合素材。如果节目中有联合主播、圆桌嘉宾或采访对象，你还应该标出是谁说了哪些话。[⑱]记得为实况录音和音效标注时间、留下备注，以确保你的播客时长可控，在混音时有明确的目标。[⑲]

脚本示例如下：

【僧侣的吟唱声：单独播放约 5 秒，然后淡出】

或者：

僧侣吟唱（00:05）

【淡出……】

主播："这是中世纪的《又圣母经》，是天主教修道院在结束一天日程时咏唱的经文歌。"

当你听其他播客时，你要竖起耳朵，观察他们是如何用淡入、淡出效果和蒙太奇手法讲故事的。

切记：听众能依靠的只有声音。如果听众一下子就能听出声音代表的含义，那么你就不用做额外的解释。[20] 但如果人们不能在第一时间领会声音的含义，那么你就需要进行解说。如下：

【呼噜声，抽鼻子的声音】

主播："听，一个幸福的小宝宝正在吃饭。更确切地说，是一只狮子宝宝。我们拜访了爱叫唤（Roar-y）的罗利（Rory），这是绿树动物园有史以来诞生的第一只狮子宝宝，此刻它正在和妈妈麦琪一道用餐。"

为了让听众保持专注，你可以每过 60 秒就切换一下风格，比如改变话题、切换说话人的声音、转移场景，或改变音效。[21] 你可以引入一句妙语，或者一个吸引人的点子，也可以给听众带来一场惊喜，提出新的问题，或揭晓新的转折。

让实况录音替你表达。[22] 这在业内叫作"录音本位写作"（writing to tape），你要尽可能用访谈、声音效果和配乐编织故事。这一切的核心不是你自己，而是你的现场录音。除非有需要额外解释的地方，你应该让受访者直抒己见。你可以为节目设置话题（用我们的行话说，叫 "setting the table"。做一期节目，如同布一桌宴席。在一开始设置话题，就如同在开席前摆放餐具（setting the table）。主菜并没有真的上桌，但餐具摆放整齐预示宴席即将开始，客人可以准备好享受大餐；同时客人们在真正看到上菜前，也可以借由餐具的摆放做一个心理准备，了解大概是一顿什么规模、风格的宴席。只是透露出"方向"，并没有把所有的事情都一股脑儿地交代完。），如"如果你觉得鸡蛋只有一种煎法，那你就错了……"。但如果预先把煎蛋大师做单面煎蛋时的神奇做法说得太清楚，那么等他开口解说时，这个话题的趣味就已经泄完了。[6]

音频编辑，追求卓越

现在的你已经完成了脚本，录下了必要的解说词。下面请检查整个录音，确认各个部分是否协调。

6. 这一点很重要。你应该尽可能不对嘉宾的表达造成干扰。没有什么比在听播客时发现接下来的内容正中下怀更糟糕的体验了。在解说时，你应把自己的叙述当作一种支架，要扶持受访者的声音，而不是喧宾夺主。

音频编辑需要对音频文件反复检查、调整，既要从编辑的角度审视，又要从技术层面审视，在调整时还不能操之过急，要一点一点地调整。萨米·叶尼冈如此回忆自己在《语码转换》团队当编辑时的经历："对节目我一般会用不同的状态听至少两到三次。"[23]

这信息量……还真不小。但现在，我们只需要关注第一次剪辑，以及随之而来的修改环节和第二次剪辑。但你也应该根据自己播客的形式、制作日程、预算和叙事要求做调整。[24] 如果你的播客以对话为主，那么应该首先编辑对话部分，然后再加入其他音效、素材片段和音乐。[25] 但在处理对话录音的同时，你也要思考收集到的其他音效、素材和音乐能否在节目中发挥作用，如何推动故事发展，可以向你的听众"传达"怎样的内涵。[26]

编辑策略：长篇叙事

利亚纳·西姆斯特罗姆，播客《隐形力量》制作总监

我们通常会进行三轮编辑。第一轮编辑只由编辑本人出马。然后，我们会集合制作团队的其他人，进行第一场小范围的集体编辑。接下来，我们会进行第二次集体编辑，在制作团队之外请一些新听众，最好是在我们正在探讨的主题领域有专业背景的人。

然后，我们会进行事实核查并开始音频制作。配乐和声音设计都会在事实核查的同时完成。接下来，我们会对更广泛的群体试播添加了配乐的版本。因为我们不可能对故事中的方方面面都很了解，我们只能请比我

们更懂的人检验一遍。在这之后，我们通常还会再进行一轮编辑，把音频文件给一个小规模群体，只征求他们对于声音设计的意见。最后，我们会让主播过一遍，再把文件交给技术总监和工程师做最后的处理，直到最终发布。

《隐形力量》的一大特色就在于极具参与性的编辑流程。这是我们节目的一大原则。对一件事反复检验，并且邀请很多、很多人协助打磨，我觉得这种做事的态度很重要。[27]

第 1 次剪辑：从听开始

我们有时候会把这个环节称为"听剪"。[28]你需要像听众一样倾听录音，形成第一印象，用听觉感知怎么做是好的，怎么做是不好的。

你可以把脚本或大纲放在手边，但不要拘泥于文字。在纸面上读来顺畅的内容，用耳朵听来可能反而有拖沓之嫌。此外，采访对象的发言也许在纸面上看来十分精彩，但在录音里却显得过于平淡；又或者在录音时，有人不巧在关键时刻关上了一扇门……如果过分关注脚本，你可能会忽略这些瑕疵。[29]听录音时，你只需大致浏览手中的脚本，在发现问题的地方做记号即可。

杰西卡·利迪说："我一般会粗剪一遍，去掉那些肯定要去掉的部分，比如无聊的段落，嗯嗯哼哼声，还有停顿。对于这个阶段，我的经验是，如果在剪辑到某个段落时开始感到无聊，想要打开邮箱或者"刷"社交媒体，那么这段内容就不应该留下来。"[30]萨米·叶尼冈则更关注以下这些问题，如"这段对话的意思是否清楚？我作为听众能不能跟得上？你在编辑时应该追求内容明晰，确保听众不会对内容的前因后果感到一头雾水。"[31]

要相信自己的耳朵。如果有什么地方在你听来不够清楚（更何况与听众比，你对故事内容的熟悉度要强上一千倍），那么你肯定就得做出处理。在第一遍粗剪时，你应留心以下这些问题：

- 开场词能否既不剧透全部故事内容，又能抓住听众的注意力？[32]

- 节目能否在开始的几分钟内揭露故事的主要意义、谜团或利害关系所在？

- 如果你在听录音时感到无聊或困惑，那么你需要想一想，这是因为脚本有问题，如句子不够精练、形容词堆砌太多、动词使用不足，或者一味罗列事实与数字，还是因为结构有问题，如开头、中间或结尾不明确，无明显增强的内容张力，无关紧要的细节与场景太多，或者场景切换得不够明显？[33]你可以进一步强调要点与转折，以增强故事的张力。[34]剪辑也能让节目的步调更紧凑。

你要判断哪些事实与数据需要放到前面，让听众从一开始就有所了解，又有哪些可以放到后面，还有哪些可以剪掉。[35]

- 请其他人听一听你的录音，询问他们是否感到无聊或困惑。如果有这样的感受，又是为什么、在哪些地方产生的？[36]

- 有没有什么声音听起来意味不明，你可能需要做些解释的？

- 你的故事是否遵循了"真实、公正、活泼、自然、明了"的基本原则？

- 有没有哪些部分做得特别好？又是因为什么达到了这样的效果？

- 节目会不会过于冗长？如果是，那么可以给场景或段落设定时间限制。此外，检查故事编辑的整体格局是否均衡，故事主线的酝酿和呈现是否比支线更丰满？

> 我们会非常积极地"划重点"，即在故事中从一个"节拍点"向下一个"节拍点"迈进时简单重申之前提到的一些重要细节、核心矛盾与主要角色。这么做能让我们有机会提前道出观众的疑问或顾虑，并借机把我们自己的观点插入故事当中，比如"听众朋友，我都能听到你们翻白眼的声音了。听到某某做的这件事，你们肯定会惊得连眼珠子都掉出来，因为……（琐碎的细节）"。
>
> ——基恩·丹比，《语码转换》联合主播兼记者[37]

在听录音时，要寻找"意外"，寻找那些你之前都没有意识到的东西，比如某位受访者言语中的情绪波动或透露出的微妙疲态，一阵恶作剧式的笑声，厨师在试尝菜品时心满意足的咂嘴声——这样的咂嘴声最好别剪掉，或者科学家在描述自己研究之路的转折点时满怀希望的口吻。这些声音效果比单纯的文字叙述能更好地呈现出本真的情绪状态，让音频听起来更真实、更有魔力。

最后，把用耳朵发现的这些问题列成清单，然后重温这些问题。接下来再开始第二次剪辑。

编辑策略：访谈节目

萨米·叶尼冈回顾自己作为《与斯特莱奇和鲍比托聊点好东西》编辑时的经历

首先，我们会提出总体印象，如"这段访谈的时长应该在 15 分钟左右，但在前 10 分钟里，关于中午吃了什么的闲聊实在太多了。"或者"我们连这个人的老作品都没搞懂就开始谈新专辑了，这样能谈吗？谈不了。这里需要调整一下。"我还会在录音中找到那些让我脑筋转不过弯来的地方，再倒回去修改，试着把这些对话剪得更易懂。接下来，编辑会把那些对话再听一遍，在这之后，我会根据编辑的意见再做处理。然后，就可以发表了。[38]

第 2 次剪辑：竖起耳朵、瞪大眼睛……快刀斩乱麻

这一次，你要更专注于脚本，一行一行地编辑。竖起耳朵，检验自己之前发现的一切疑点。[39] 你应该考虑以下问题：

- 脚本的文字是否流于俗套，或者是否有语法错误？[40] 你的脚本应该模仿自己说话时的腔调，但不应加入蹩脚的比喻，也不应有语法错误，否则会降低内容的可信度。

- 录音中有没有问题太大、需要重录的段落？你应在录制时预先记下这些段落，以便后期重听时对照比较。[41] 这样一来，你和你的搭档就能确认重录的痕迹是否过于明显了。但这一次，你必须确保说对。

- 听众能否理解你所说事情的含义？[42] 比如，如果是一档有关音乐剧的播客，其中有一些专业词汇，如领舞、摇摆舞等；或者如果是一档美食播客，其中可能涉及给锅底去渣、切胡萝卜丝、给浓汤调面糊等，那么出现这些内容时是否要补充解说？

- 故事里有没有转折、起伏或意外展开？[43] 你应该时刻思考如何抓住听众的注意力。即便只是一次语气变化、一段有趣的插科打诨，

或者一位嘉宾突如其来的笑声，都可以在信息量满满但略显无聊的访谈中插入一些有韵律感的声音，为节目提供推动力，或是为听众搭建一座桥梁，让他们了解为什么这些信息这么重要。[44]

- 如果节目中有配乐，那么要看其是否会显得过于突兀，能否以更委婉的方式放慢或加快故事的节奏，强调细微的情感？[45]

- 每一个场景、每一种声音是不是都能揭示新的信息？[46]

接下来，你要在剪辑方面更加大胆。正如萨姆·桑德斯所言："只有亲妈才会对你的每一个字都那么在意。"[47]但过分剪辑，又会让故事没了生气。

保持冷峻、客观并非易事，但现在，你必须忍痛割爱。在 NPR，我们可以借助手机应用"NPR One"，查看到听众在收听播客节目时会从哪些时刻开始掉队。这个应用十分残酷，但也无比精准。杰西卡·利迪说："有时候我在一期节目里保留了一些不确定是否应该保留的内容，但我回过头来看一眼 NPR One，发现果然听众退出人数在那里突然增长了。这时我就会想，当初要是多剪两分半钟就好了。"当然，你也可以有这样的幡然醒悟。

也许，你会逐渐喜欢上剪辑，甚至成为技艺娴熟的"剪刀手"，但这套功夫并非一朝一夕可得。剪辑的世界中有不少奇妙招数。杰西卡说："有时你可以故意在录音里添加一处换气或'嗯'声，为开启下一个要点制造过渡。"她还有一个技巧："有时，如果我知道自己要在人们的观点之间设置很多过渡，那么我就会在节目主题内容录完以后请嘉宾再用中立的语调录一句'没错'。这样一来，如果现场在整整闲聊了半分钟后才切入正题，那么我就可以把这段杂谈剪短并把那句'没错'塞进去，让这一切变得更自然。"

npr

行家心得：用脑、用心做剪辑

凯丽·迈凯维斯，《嵌入其中》主播

　　《嵌入其中》刚起步的时候，我们每期节目大概有50分钟，但这实在是太长了。随意的节目时长，是做播客时尤其要注意的一个危险信号。在剪辑时狠不下心，得上患得患失的毛病。我觉得最重要的一点教训是——无论你觉得一段录音效果多好，都应该再剪掉20%甚至40%。你对自己的录音也许是"情人眼里出西施"，但这样的好感在更严苛的标准下往往是站不住脚的。这或许让人痛苦，但的确是忠言逆耳。[48]

杰西卡·利迪，《流行文化也快乐》制作人

　　我在《万事皆晓》实习的时候，会用一些双向对话[7]素材练习剪辑。实际负责剪辑对话的制作人很好心地帮我检查剪辑效果，还会给我反馈。蒂奥·巴尔康布（Theo Balcomb）对我的帮助非常大。还记得某次剪一场关于烹饪主题的对话时，我把其中关于操作步骤的内容全都保留了下来。但她却说："不，你这么做是不对的。你把乏味的部分全都保留了，但剪掉了真正能挑起兴趣的内容，比如'哦，厨房里的味道真香'——这才是真正有趣的地方。"这番话点醒了我。[49]

7. 发生在两人之间的对话，其中一人通常是主播，另一人是受访者。

JustPod 注：

蒂奥·巴尔康布于 2016 年加入纽约时报，成为该报旗舰播客 *The Daily* 的创始制作人之一。2021 年 10 月离开《纽约时报》，目前为独立音频制作人。

淡入、淡出，瀑布式剪辑，蒙太奇，等等

想给人声音轨营造情绪感？可以试试加上背景音。如果想在不同要点间切换，但又不想安排一场过于刻意的转折，那么可以试试加一个"扣子"（button，一段用于过渡和衔接的短小音乐）。如果想要营造出强烈的反差感，那么可以做一个"硬切"（butt cut）。如果想快速展现受访者的三四个精彩瞬间，以从不同角度呈现同一个话题，那么可以试试加上瀑布式剪辑（cascade/waterfall，一种蒙太奇手法，将多段素材做连续地淡入、淡出）。

在磨炼剪辑手法时，这些技巧可以通过反复打磨录音逐渐掌握。

为了帮助你理解，本书在结尾附有 NPR 培训部门的艾利森·麦克亚当撰写的"音频制作术语小词典"。其中一些词（比如淡入、淡出、单独播放等）你已经在其他章节中有所了解了，还有一些术语则是陌生的。希望你享受这种学习的过程并把这些术语用在你自己的播客上！

事实核查

事实核查是最容易被忽视的一步，其可以在播客制作流程中的许多环节完成，你也可以自由选择时机，但绝不能忽略它。这一步对于规避法律风险（见第 8 章）十分重要，同时确保了节目在听众听来真实、可靠。

如果你没有听懂受访者的某句发言，那么不要添加自己的猜想，而是要进行追问，寻求解答。⑨ 在使用"唯一""第一个""最大"等说法前一定要三思 8，使用这类极限用语往往会增加你犯错的风险。要敢于委婉询问受访者的信息来源，这不是因为你预设他们的说法不可靠，而是因为信息如果口耳相传，那么本来就很容易出现偏差。尤其不要把互联网上的说法无条件地当成现实，要不厌其烦地反复核查。你需要确认某人的姓名与头衔拼写是否正确，企业或学校的名字是否无误。⑩ 你还要确认某个词语的发音是否正确 9，核查日期是否属实，以及检验网址和电话号码是否准确。另外就是，不要问别人的年龄，但可以问他们的生日。如前文所述，《NPR 的伦理手册》里提供了很多参考，尤其可以参考其中的"准确性"一节。⑫

8. 极限用语非常吸引人，也能很快营造出喜剧感，但这么做往往有些投机取巧。而且，它们很可能会唤起网友的吐槽欲望："呃，其实不是这样……"如果有条件，你应用极限用语以外的方法强调某件事物的重要意义。

9. 行家建议：你在搜索名人姓名时可以加一个单词"junket"，然后你就能看到他们在媒体见面会上教记者念自己名字的视频。（本注释中的建议适用于国外名人的英文搜索。）

编辑的工作讲究熟能生巧。杰西卡·利迪说："久而久之，所有人都会对自己的节目越来越有把握、越来越娴熟，我们需要做的修正也会越来越少。"㉝

"如果遇到挫折，也不要灰心。"《隐形力量》的邵友薇说："太多音频人把这句话挂在嘴边，所以有点老生常谈了，但这句话确实很有道理，每一个故事都是一桩新谜团。如果你对某一期节目感到棘手，不必太沮丧，因为我们所有做播客的人都有这样的体验。每个故事都有自己的漏洞和问题，迎接挑战才是最重要的。播客也好，所有创意事业也好，归根结底都在于解决问题。"㉞

也许你应该牢记，你的播客并不只属于你自己。播客的意义在于尽己所能为听众带来有价值的收听体验，如凯丽·迈凯维斯所说："我不会说'朝我这边看过来'，而会说'请试着站在我的立场上，看看这个'。"㉟

第 4 部分

分 享

你的播客终于面世了

你做到了！你已经构想、规划、制作了一档播客。现在，你该如何把播客分享给其他人呢？在本书的最后一部分，我们会具体讨论播客推广的问题，例如，如何安排试听活动、如何构建平台，以及如何吸引新听众（或许还是付费听众？！）收听你的节目。

我们会深度挖掘播客发布的全流程，从写作节目简述（这非常重要，能对宣传推广带来很大帮助）到准备节目文件，从设计播客封面到发起社交媒体宣传。我们也会提示你在寻找托管服务时应注意的问题、应关注的地方。我们还会探讨播客与平台是如何成长的，以及如何以付费形式犒劳你的辛劳工作。

我们会与你分享最基本的操作和对一些必要问题的思考，并为你进一步的学习指明方向。我们还可以保证，你在接下来的学习过程中不会听到任何关于"音频空间分析"[1]（这样的技术知识更新很快）的说教。

1 没错，我们说过不会用这样的行话，但我们还是用了。反正也就两次。这可是本关于怎样做播客的书！我们还把它放到了章节序言部分！你应该不会认真看这种章节序言的吧？那这次也许可以不算数！

第 13 章

我和我的平台，我的平台
和我

在你的脑海深处，可能有两个念头会出现，一个是"营销恐惧"（FOM, Fear of Marketing），另一个是"营销厌恶"（DOM, Dislike of Marketing）。如其字面意思，你要做的是克服对营销的恐惧，摆脱对营销的厌恶感。

营销的本质是把你认为有价值、吸引人的东西分享出去。你很用心地制作播客，并且交付了优质的成果。难道你不想让更多人看到吗？

在这里，我们所谓的营销正是以这种真挚的态度为基础的。营销是有策略和技巧的，我们会在后续章节里进行解说。[1]但归根结底，营销的本质是根据他人的兴趣或需求分享信息，并问上一句："要不要试试这个？"

平台：首先，这是什么？

"平台"这个词几乎无处不在，它只是一种万金油术语，可以用来描述一个人的公众影响、形象或知名度。你也可以把它想象成现实生活中类似脚手架上的那种真正的平台，即由一堆木板拼成的、供人在脚手架上走路的"空中小道"。从前，这些"木板"可能仅限于电视、电台、纸质媒体（新闻、杂志、期刊等）和电影，但随着互联网不断发展，构成平台的要素也在增多。现在，我们已经有了很多专属于互联网世界的平台，比如社交媒体（Facebook、Twitter、Instagram、Pinterest、TikTok，等等）、网站、博客和像 YouTube 这样的视频网站。

1. 无论你如何礼貌而不失坚决地想要赶走它们，肯定还有一些 DOM 和 FOM 情绪赖在你的大脑里不愿离开。你会说：市场营销没有看起来那么可怕，你们只管卷好铺盖，离开。你要坚持不懈地阅读、学习关于营销的知识，和人讨论营销问题，尤其是播客和企业营销。你要询问其他人是如何宣传自己的成果（无论那成果是不是播客）的。你也可以根据自己的需求对他人的经验做些调整。营销本身也是另一种创造。

你的平台该如何构成？任何元素都可供选择，即便全面覆盖也没有问题。只有"不要平台"才是唯一的错误答案。

我的市场营销与宣传手法非常倚重社交媒体。有以下几个原因：

1. 社交媒体是免费的，这很符合我的预算需求。

2. 在社交媒体中设置了官方账号以后，我的联合主播约西亚·布拉纳曼（Josiah Branaman）就不必把推广消息填满我们的私人账号，打扰亲友与家人了。

3. 我可以把社交媒体当作信息枢纽，给想要深入了解我们内容的人以指引。

——J. C. 霍华德，《TED 电台时间》与《我的经商路》制作人[①]

你的平台：有个性，非个人

你也许觉得自己不是一个擅长营销的人，但现实中的你无时无刻不在营销。与陌生人初次见面时，你总要自报家门，让他们了解你，同时你也会表现出对他们的关心[2]，礼貌地询问对方的情况。此时的你试图给他人留下好印象，而这就是优质营销的一种简单体现。营销的关键在于建立信任。[3]

如果一切顺利，那么这种信任会随着接触的加深而增长。直到某个时刻（对于具体何时到来，我们无从得知），这段信任关系达到了一个临界点，使得对方愿意为你做些什么，比如给你带杯咖啡，或者分享一个求职机会。这种好感能让他人愿意为你花费时间、精力，乃至金钱。

专业的深度运营（Professional Engagement）是私人交往的扩大版，而在互联网时代，这种交流又被近乎无限地放大了。你不再与他人喝咖啡，或者到别人的野炊聚会上做客，而是通过电子邮箱、社交媒体交流，这些人的评价决定了你的播客是否值得一听。怎样才算成功？例如，他们说："我喜欢这个人发的电子邮件（或者博客、播客），还想多了解了解（或者看一看、听一听）。"[4]

> **JustPod注：**
> 对专业的深度运营（Professional Engagement），本书作者 Glen Weldon 特别解释道：这是一种对听众和创作者都十分有用的方式，以建立彼此的联系，但所谓"专业"指的是这种联系需要保持创作者和听众之间的边界。这种边界感是双向的，创作者可以表现得很友好，但同时你需要主动设定条件，不侵犯听众的私人生活；听众对创作者亦是如此。在建立这种联系的过程中，可以使用那些在个人交往中才会用到的"工具"——友好、好奇心、愿意倾听。但与此同时要保持"纯粹"。没错，播客是个人的，甚至是亲密的，但它的本质仍然是一门生意，并不全然是人与人之间的交流。我们也十分认同这样的看法。播客的亲密感非常容易让创作者和听众都产生错位，误以为这就是两个人之间的惺惺相惜，然而双方之间建立一定的边界感，确实是十分必要的。

在社会生活中，我们不能指望一开始就能得到别人的信任。[5] 所以，在试图用播客、博客、社交媒体或其他产品（服务）吸引别人时，不要指望他们立刻对你死心塌地。也许他们只是给你在社交媒体上发的一个帖子点了赞，也许他们同意你给他们发送邮件，也许（哇哦！）他们还会下载你的播客，甚至（哇哦！哇哦！）愿意关注你的节目。这些都是好事，说明你在进步。

如果想要在推广中获益，那么你就需要注意自己的姿态。你要表现得开放、友善，多说"请"，多说"谢谢"。不要喋喋不休地消磨对方的注意力和耐心，不要过度发散。传递的信息要聚焦，态度要真诚，不

2. 或者，你也可以假装对他们的关切表示兴趣。怎样都好！

3. 没错，没错，我们的语气突然变得有点像诺曼·文森特·皮尔（Norman Vincent Peale）的说教。但请继续读下去，我们这么说不是没有意义的。

4. 很久很久以前，你登门拜访时需要把名片递给管家，再由他把名片放在银盘子上送给主人。现在你只要"嗖"的一声就能把邮件发进别人的邮箱。这样做效率高多了，只是苦了餐具行业。

5. 这里说的当然只是正常情况，但当然也有例外。比如20世纪90年代有个男生只和我约过两次会，就大大咧咧地跑到我家来过感恩节，好像我是史努比漫画里的查理·布朗，他是薄荷派蒂。

要故作谦卑。你要多询问他们，不要总谈论自己。

你的公共形象应该脱胎于你的个性，但要体面一点（请整理好你的衬衫）。

营销自己的关键是忘了你自己

把营销理解为一种帮助别人的过程，能让你的宣传能力提升一个层次。你不是在推销自己或产品，而是帮助别人意识到你所提供的东西对他们是有利和有益的（没错，这就是在第 2 章里讲到的痛点和爽点）。这种思路的转换会引起连锁反应，彻底改变你的思维、做法、表述内容及表述方式。下面是一些可供参考的基本原则：

- 像对方一样说话。②无论在官网、群发邮件还是在单期节目的简介中，你的说话方式应与你的目标听众一样。这当然不是让你强行伪装成另一种人，而是希望你研究目标听众的喜好，了解他们在社交媒体上是如何谈论与节目有关的话题的。如果你的表达方式与他们相近，那么他们就会感到更舒适。

- 重点不在于你做了什么，而在于听众需要什么。③你的播客能为听众提供什么帮助？如果你做播客的目的是吸引别人关注你的产品或服务，那么你提供的产品或服务能为他们带来怎样的好处？

- 要多给予帮助。沙拉·霍洛维茨在《自由职业者圣经》中说过："要多予，而非取。"④要多为社群做贡献。在与你工作主题相关的平台上多花些时间，然后尝试着成为一名贡献者。你要积极参与⑥跟帖讨论，给别人的帖子点赞，转发别人的优秀成果，自己在发帖时也要 @ 出他们，让他们也能参与互动。这样一来，你就能得到圈内人的关注，通过贡献知识增强自己的信誉度，并培养出影响力。久而久之，其他人会更愿意替你宣传你的播客，比如向他人推荐，或邀请你上他们的播客当嘉宾。

- 提供免费福利。⑤你也可以给新订阅节目的听众，提供最近几期节目的免费试听服务，而将更早以前的历史节目设置成仅对付费订阅者开放（关于付费与免费的讨论，见第 16 章）。你也可以

6. 参与，不是"霸屏"。这两者是有区别的，但很多人都意识不到。

放出一点"先睹为快"的内容。比如，你可以把和某位奶酪意面达人关于烹饪诀窍的访谈片段放到宣传推送里，然后附上链接，以便听众下载整期内容。

－　一次只做一件事。⑥不知你有没有过这样的经历：在邮件里向对方提出了 3 个问题，但对方只回答了其中的 1 个？现代人是很忙的，不要指望他们能时刻捕捉到你言语间的每一处含义。毕竟，社交媒体也是"社交"，很多表述都是漫不经心的。无论在群发邮件还是在其他渠道的沟通中，你都要保持言简意赅、清晰明快，一次只提出一个想法、一个请求。

－　多对话，少推销。不要做那种只在有需求时才和别人联系的人，比如只在社交媒体上推广自己的节目、只在请求别人订阅时才发邮件，等等。你要就播客的主题积极地向他人请教、发起对话，营造一个便于信息与兴趣交流的场域。⑦你要让你的平台变成一个有魅力的社交场所，这样你就能增强用户的黏性（吸引人们持续来访并留下来），增加人们对你的信任，培养关注者的忠诚度，巩固你的受众基础。

－　建立邮件联系人列表。如果对播客的主题还有什么有趣的信息想要分享（不只是邀请他来看一看！），那么你可以建立一个邮件联系人列表，询问其他人是否愿意就播客的话题接收由你发出的新信息。⑧首先，一定要征求他们的同意；其次，一定要保留"取消订阅"的选项。你可以在邮件电子签名、网站和节目简介中加入订阅链接，也可以在播客的结束语中提示听众访问官网并选择订阅。和其他听众不同，那些愿意加入邮件联系人列表的听众与你的关系会更加紧密，但不要用过分频繁的信息打扰到他们。总之，这是一种与核心听众建立紧密联系的巧妙方式。⑨

　　如果你在为是选择写博客（Blog）通知节目开播还是发送电子邮件通知节目开播而烦恼，⑩那么你应该选择后者 7。你可以通过邮件把新节

7. 何况现在又不是 2011 年了（言外之意，博客已经过气了）。

JustPod 注：

鉴于不少国内的朋友会把电邮通知或时事快报 (Newsletter) 与微信公众号相提并论。或许你可以理解为用微信公众号是一个更好的办法。不过作者在这里其实更想表达的是，如果可以做到更精准、更精细化、更有私人性质的推广，那么不要放弃这样的机会。

目的消息告知联系人，但不能只是喊一句"嘿！新一期节目上线了！"然后发一个链接，而应加入一些吸引人的小片段，引起他们的兴趣。[11] 前者给人的感觉就像敲着大锣高喊"嗟！来食！"，后者给人的感觉则像在野餐桌上轻轻摆下几块新鲜出炉的喷香馅饼，同时端出一壶冰红茶。观感好坏，高下立判。

在给《流行文化也快乐》写群发邮件消息时，我总想传达出节目本身的那种轻松、愉快的亲密氛围，但同时我也知道我们的这档节目归根结底是一台流行文化的推荐机器。这意味着我们必须在邮件里罗列各种链接，而不只是随口聊聊本周有什么趣事。我也会在邮件中附上历史文章的链接、一些自己读过的有趣文章的链接，或者分享一个有意思的媒体账号，甚至加一个还没有落伍的段子。除了无私分享的精神之外，我这么做也是有别的原因的：我在试图与接收者建立一种关系。

关于电子邮件，订阅人数不等于实际阅读电子邮件的人数，"打开率"也不等于真实的阅读率，因为很多邮箱软件会自动把电子邮件设为"已读"。你应该注意的是有多少人实际点开了你在邮件中加入的链接，以及他们点开了哪些链接，还要注意他们在你的网站上逗留了多久。这些数据代表的才是真正有效的沟通，真正有意义的收获。

> 我们的邮件列表大概有 5 万人订阅，每公布一期节目，我们基本上就会群发一次邮件。邮件的内容一般是就当期节目的内容做一些额外的补充并提供一些延伸信息的获取方式，以及发布一些我们为当期节目邀约来的原创美术作品。
>
> ——利亚纳·西姆斯特罗姆，《隐形力量》制作总监[12]

妥善分配精力

在选择社交媒体时，你应优先锁定自己的目标市场。如果你的大部分目标听众不用 Pinterest，那么你也不必在上面花费精力。低调起步，逐渐成长。先看看在自己力所能及的范围内有什么可做的。你的推广工作需要多长时间？受众规模真的因此扩大了吗？与其在野蛮生长之后尴尬收尾，还不如循序渐进，稳扎稳打。[8]

8. 例如，当你兴致勃勃地打开某人的社交媒体页面，想要多了解对方时，却发现对方的最后一次推送已经是半年前的事了。

练习：他们在哪儿？他们关心什么？

还记得第 2 章那个关于你的播客的目标听众最有可能使用什么媒介的习题吗？你现在可以回顾一下。本次练习的要点在于让你形成一种可视化的三维用户肖像，帮助你全方位地了解目标听众的兴趣点与消费习惯。列出如下列表。

- 他们阅读的杂志、报纸和书籍。

- 他们访问的网站、博客。

- 他们最常用的社交媒体。

- 他们正在听的播客。

- 他们最常用的流媒体或下载内容的平台（电子书、音乐、新闻，等等）。

报纸杂志的网络版大多附有评论区，你可以翻看其中的内容，调查一下潜在受众的偏好。观察听众喜爱的图书作者在社交媒体的活动，或许也能为你带来一些有意思的发现（你也可以把他们当成未来节目的潜在嘉宾？）。

了解人们心里正在担心什么、好奇什么，观察他们正在琢磨什么、点击什么、辩论什么、笑什么、给什么话题点赞。你能调整自己的工作方向，以贴近这些痛点或爽点吗？你要为你的内容找到融入其中、与之结合的方法。

了解听众的喜好、关注点和在互联网上的"生活圈"是很重要的。因为你做播客不是想玩一票就走，而是想长期坚持下去。你希望产出值得一听的对话、扎实可靠的内容，以及层出不穷的趣闻。无论你关心哪个领域，都可以留下一些积极的信号。只有这样，你才能培养出一个具有黏性的群体。

为什么办网站？

在那些播客应用里，你只是几百万档播客中的一员。但在<u>你自己的地盘（如个人网站）</u>里，你就是老大。你可以随意装点、布置。你可以把网页做得简洁、明快，简单介绍一下你自己、你的播客，阐述一下节目的卖点，列出音频的下载方式、你个人的联系方式，以及你的社交媒体账号。随着播客事业的发展，你也可以逐渐丰富网页上的信息。你可以引导浏览者找到你的播客，贴出节目介绍与内容文稿（见第 14 章），还可以开设讨论组（建立听众群）。你可以为各种产品、服务或有关商品添加标签，陈列一些你打算为播客制作的周边商品（比如书、T 恤、马克杯）。[13] 你应该提供一些方式让人们直接与你建立联系，比如允许他们订阅你的邮件列表，以便随时接收新消息。当然，你也可以开设接收赞助的渠道，如 PayPal 或其他网上支付系统。

在自建的播客网站上，你可以掌控一切，如对播客的整体介绍、幕后团队成员展示、节目热评展示，等等。节目听众可以从网站了解播客动向和节目信息，同时潜在的赞助商也会从网站了解你的播客。[14] 例如，如果有人是先通过社交媒体认识你的，那么也许会顺藤摸瓜发现网站，从网站上看到播客的介绍，从而听到节目。还有些人可能是先听到播客，再找到网站，从网站上了解到其他期节目的信息。这样一来，网站和播客就能形成互补，互相导流，加深你与听众的联结。J. C. 霍华德曾如此回忆自己的初创播客："我们的播客曾高度依赖我和联合主播的人格与观点。所以如果我要给当年的自己提些建议，那么我会说——'你们得先开个网站'。例如，在上面放些自己的私人照片，发些单篇或连载的博客文章，放出一些在别处看不到的独家内容。不过那个时候的我还挺自负的，所以不一定听得进去这样的建议。"[15]

在网上开设一个信息活跃的窗口[16]，如在新一期节目发布前后更新状态或节目预告[17]，有助于在既有听众中营造社群感，同时方便新听众找到你。我们会在第 14 章深入讨论这个问题。

一些负责播客托管服务的平台也会为你的播客提供一个官方界面，但建立一个个人网站仍有许多好处：你可以全面掌控网页设计，可以随心所欲地增加要素，不必担心在平台方关服歇业之后痛失一片阵地。

那么直接在网站上发布节目可以吗？不是完全不行，但音频文件往往很大。随着你上传的节目越来越多，下载次数也会越来越多（但愿如此！），你的网站主服务器可能会不堪负荷，迫使你升级配置。[18]更常见的做法是，首先把节目发布到托管服务平台上，然后在你的个人网站中嵌入来自平台的播放插件。

练习：了解并培养你的细分社群

对于你的听众群体，我们已经讨论了很多，并且在第 2 章里为你的目标听众做了画像。但不要忘了，还有一些特殊的、潜在听众会对你的播客的传播至关重要，即那些在与你的播客主题有关领域工作的人，以及播客圈的同行。

1 首先，思考一下你的播客覆盖了哪些领域。这些领域与哪些专业人士或从业者有关？[19]谁能帮你了解并接触这些人？这些人可以作为未来的潜在访谈嘉宾或潜在听众吗？

2 接下来的问题是，如何找到他们？他们读哪些书籍、报刊、博客？在什么讨论组活动？他们主要活跃在哪些社交媒体上？他们会出席哪些行业会议？

3 最后把相关领域中你欣赏的播客人列出来。例如，如果你的播客是关于收纳整理的，那么可以考虑与关注室内设计的播客进行联动；如果你的播客是关于自然与野生动物的，那么可以考虑与关注野营、远足的播客进行联动。不要只关注那些"顶流大号"，而要选那些你真正欣赏的播客人，无论他们是初出茅庐的新手还是身经百战的老手。

以上就是你应该关注的播客人。他们的作品质量优秀，听众群体持续增长，其中成功的原因是什么？无论是对于如何改进播客，还是对于如何推广营销，他们能给你带来怎样的启发？

你要时刻关注他们的动向，关注他们的社交媒体账号[20]，积极转发他们的推送，给他们的作品做出积极且有建设性的评论。你甚至可以作为热心听众直接联系他们，表达对他们播客作品的喜爱。如果他们为你提供了帮助或启迪，那么一定要表示感谢并适时报答。[21]

你可能不知道这些关系能为自己带来什么，但你至少可以和对方在社交媒体上混个脸熟，并有机会让更多听众对你的播客感兴趣。如果主动出击，你或许能为自己找到新的嘉宾主持或访谈对象，并有机会与他们互推（见第16章）[22]。你们甚至可以联合制作一些特别节目、主持线上研讨会，或者组织线下活动等。

> **JustPod 注：**
>
> 作者对于营销的理解更多不是放在方法论上，而是希望读者接受一种心态，即在营销上积极主动但又不逾矩、恰如其分的心态。抓住一切可以抓住的机会，但又推己及人，从受者的角度去考虑自己的行为。

当个自豪的播客人

对于做播客，你真的决心全力以赴了吗？如果是，那么你就应该把播客人的身份融入自己的生活。[23] 你要制作带有自己播客徽标的名片 [9]，在邮件的电子签名里加入播客的一句话介绍和链接（你还可以弄复杂一点，写上"上新了！最新一期播客点击这里"，再附上链接，每发布一期节目更新一次链接）。[24] 当与对你在做的播客感兴趣的陌生人接触时，记得让之前想好的一句话介绍派上用场。

不要害怕与别人交流。要大胆地和其他播客人接触，询问有什么社群可以加入，有什么活动可以参加。在播客行业，你应紧跟潮流（这一行的潮流变得太快了，甚至连说一句"怎么冒出这么多新鲜玩意儿？什么时候开始的？"的工夫也不给你留），同时发展你在播客圈的人脉，形成一个音频技术达人之间的蜂巢智能网络。在准备参加某场活动时，要时刻检查活动官方号及主讲人个人账号的动向，在发表与活动相关的推送时记得加上活动本身及主讲人的关键字标签。这样一来，既能传播关于播客行业的信息，表现出对于播客事业的热情，也能在业界增长人脉。活动的相关人员可能会感激于你的支持，转发你的推送。

9. 没错，名片没过时！相信我们。当然，你自己肯定是重度互联网居民，但不是所有你想要与之打交道的人都是这样的。

成为枢纽

吸引别人关注你的播客当然重要，这是你能从社交过程中得到的好处。不过，你也应该调整一下重点，想想看在这个过程中能为你的听众贡献什么（这正是本书自始至终希望为你回答的）。这样一来，你就能找到更有效的推广方法。

如果你打算做一档非虚构播客，那么你就有机会在你所关注的这个细分领域里成为一个汇聚优质内容的枢纽，无论主题是笑话、实践心得还是大格局成功学。你的平台与推广渠道应该为他人提供可靠且有益的信息。你应该对这些话题有一定研究，并乐于分享这一领域的新闻、文章、想法和其他值得分享的知识。在此过程中，你既可以与其他同好建立联系，也能产出优质内容。此外，你也能接触到那些希望获取这些内容的人[10]，让这一切形成一个有利于你和你的播客的闭环。拜互联网所赐，我们可以在全球范围内展开这种互惠交换[11]。你的网站、社交媒体账号等都应成为温馨的沙龙，不断地为良好的对话提供平台。

如果用这种枢纽思维理解自己的平台与宣传推广活动，那么你不但能更好地成就自己的播客，也能为社群做出积极的贡献。

你也许生性谦虚内敛，任何自吹自擂都只能让你联想到那些身穿廉价西装的推销员，或者在展销会上大声叫卖自家服务的人——是的，我们都懂。因此，我们在这一章里为你介绍了搭建自己平台所需的初始步骤，以缓解你对这个过程的恐惧心理。归根结底，推广自己取决于坚持下去的决心。人气的养成需要时间，你可能要持续发布半年的节目，才能等到听众人数显著增长的一天。要有耐心，要坚持努力营销，坚守制作水准。不断磨砺技艺，尽可能做出市面上最好的播客。归根结底，你最需要做的是忠实于自己制作播客的初心，把营销当成向全世界推销自己这块"心头肉"的工具。

10. 你的播客会引来与你志趣相投的人，久而久之，他们也会信任你的推荐。你要牢记这种信任，不要辜负了他们。我最喜欢的一档播客的主播性格有点自大，某一次他在节目里硬生生地念了一份速冻餐饮还是什么公司的广告稿，我简直能从耳机里听到听众们咬牙切齿的声音。

11. 当然，要专业，"互惠"的写法是 quid pro quo，不是 quid amateur quo。

决定一档播客是否伟大的关键不在于对设备的选择，也不在于通过专业训练找准最好的"声音"。没错，这些因素都很重要，但还有一个问题更为根本：你心里到底有没有想要表达的东西？无论是写小说、画画还是从事任何一种艺术活动，你都应该这样扪心自问。归根结底，问题的关键不在于技巧，也不在于艺术家本人的自我意识（ego），而在于热忱与真诚。如果你为表达自己内心的声音不惜赴汤蹈火，只因那种声音意义重大且前所未有，那么人们也许会愿意听你一言。

——尚卡尔·韦丹塔姆（Shankar Vedantam），曾在 NPR 运营《隐藏大脑》[25]

第 14 章

发布前倒计时

接下来就是真正的考验了。当节目已经制作完成（虽然不是什么实物，只是一系列二进制编码组成的数码文件，但它至少是一件前所未有的作品），下面就要考虑发布了。

下面你将学习到如何选定播客封面、撰写播客介绍，如何更新单期节目描述、增加拓展信息、整理节目文稿等。无论是新建立的播客，还是运营了一段时间的老牌播客，都将从中受益。

发布的准备工作分为两种，一种是内容层面的准备，另一种是技术层面的准备。本章主要关注的是内容层面，但技术层面的准备也同样值得重视，比如准备好音频文件、设置好发布渠道等。这些技术层面的准备工作本身就值得用一整章进行介绍，具体讲解你可以参考第 15 章的内容。若想了解如何推广播客，以及令播客听众增长的其他方法，可以参考本书第 16 章的内容。

建议提前为播客的发布准备工作预留几个月的时间，并把工作分成多个步骤进行。尤其对新手而言，每一步都不要操之过急。

质量为先

质量为先。你的播客做到最好了吗？[1]这是非常重要的问题。换句话说，根据你对播客制作过程的了解，你是否觉得这期节目质量足够上乘，值得向外界分享？

此时，你需要得到一些诚恳而有价值的反馈。因此，我们建议你先办一场试听会。

试听会是怎样运作的

在 NPR，我们会召集焦点小组（Focus Group），对我们的内容给出反馈。你的试听会不用这么正式，只要能得到一些诚恳但友善的反馈就好。我们的建议如下：[②]

1 **保持趣味。** 你可以请一些播客界的同好，叫几份比萨，在打开第 4 瓶酒之前问一问他们的反馈。如果距离太远不能面谈，那么可以开一场线上会议，大家一起开着视频聊天，边吃边谈。

2 **诚恳、清晰、友善。** 不能只满足于"我喜欢""我不喜欢"。对于自己做到和没做到的地方，要具体说明原因。要和他们谈一谈叙事、编辑、音频质量的问题。你甚至可以在中途按下暂停键，询问他们对于接下来的故事的进展有何预期，有哪些内容让他们感到有趣、困惑，或者一头雾水。

3 **询问他人的感受。** 例如，听完节目后有什么感想、启发、印象或情绪？对比得到的回答，是否符合你的预期？

对了……如果他们对节目的反响不符合你的预期，你又该怎么办？

先不要着急，坐下来，喘口气，想一想。试听会中反映的问题是不是只要花时间就能修复的？又或者你的节目是否存在更深层次的品质或叙事问题，如无法修复，是否只能等播客制作经验增长之后再解决？也就是说，你需要决定是否需要投入时间和精力来修复这一期节目，或者只是把它当作一次"练手"，先不发布，而是改变思路，换一个不那么复杂的话题再试一试。

如果试听会的结论是"可以继续"，那当然令人振奋。可如果之前的心血只能当成"交学费"呢？《隐形力量》的邵友薇说："制作播客的门道就在于从很多糟糕的作品中积累经验，然后学习避免错误，学会批判性地看待自己的作品，不要惧怕得到批评与建设性意见。"[③]《今昔线索》的阿布岱尔法塔赫说："不断尝试最为关键。你要在不断试错中发现有效方法。我们都在边做边学。这是相当一部分乐趣所在！"[④]

如果你决定修补节目中的问题，那么切记"追求完美才是大敌"。首先，完美主义一定会干扰发布进程。内容创作者很少认为他们的工作已经完成且成果无懈可击了。对节目的某一部分，总会有不同的处理方式。我们能从他人的反馈中得到帮助，比如是否有叙事弧不突出、基本要点不清晰，或者你自以为已经很清楚的大部分结论，可能在听众那里还并不清晰等这样的重大问题？无论多么急于让节目上线，以上这些都是需要解决的问题，因为这些重大问题的暴露意味着这期节目的执行过程或者选题、核心问题等大前提没有得到听众的认可。但是如果反馈是比较吹毛求疵的（比如与你争论某个笑话、某段环境声或者某段采访的长度），那么就不要让完美主义拖累你了。[1]

> 不存在完美的节目。
>
> ——萨姆·桑德斯，《与萨姆·桑德斯聊一分钟》主播⑤

发布前准备好你的素材

在参考他人反馈、仔细斟酌之后，你是否还为对外界发布自己的播客感到骄傲与兴奋？如果答案是肯定的，那就让我们继续吧！回顾一下你在第 2 章为自己设定的目标听众。设想一下处在靶心图正中央的听众是什么样的。⑥平均年龄如何？喜欢什么？厌恶什么？有什么兴趣？有什么渴求？有什么焦虑？有什么疑惑？你的播客是如何融入他们的生活的？你该如何描述自己的播客，以勾起他们的兴趣？请牢记这幅画像，有针对性地准备播客的宣传与发布材料。

重新审视开场白与结束语

在节目发布前最后一次确认节目的开场白和结束语，看其能否吸引并保持听众的注意力，具体可参考第 7 章。你也可以听一听其他热门播客是如何做的。尤其要注意以下两点。首先，那些热门播客是如何突出自己的"品牌"并在第一时间提起听众兴趣的，从播客名称、主播姓名到一句话简介，等等；其次，要注意结束语有没有提示听众到节目网站

1. 只有在对节目中涉及的事实细节存在疑虑时，你才绝对有推迟发布的必要。如果有什么细节无法查实，那么就不应对外发布节目。你要先花点时间，把内容修正过来。

上收听精彩花絮、有没有后续节目预告、提醒听众对节目做出评价、分享、订阅，等等。[7]

有些播客会统一每期节目的开场白和结束语，如使用同样的文案、配乐等。有的听众很重视这种形式上的一贯性，这让他们在潜意识里对内容有稳定预期。不过，你也可以考虑更加随意的风格，给那些在开场时不按 15 秒快进键的听众一点惊喜。

但无论如何，要确保开头与结尾足够简洁。

从现在开始，预备广告位

也许你觉得自己播客的人气达不到吸引商家赞助或投放广告的程度，或者觉得自己做播客的目的不是为了赚钱。但无论如何，我们都只有一句话：今后的事，谁知道呢。

付费广告可以放置在节目的开头、中间或结尾。如果你的播客有朝一日真的接到了广告，那么你也方便修改之前的节目，把广告加进去[2]——只要你从一开始就预留了可以为广告腾出来的剪辑空间。[8]你可以把被广告替换掉的素材做成下期节目或整个播客产品的宣传材料，也可以用来与同行互推（见第 16 章）。你现在只需要对此心里有数，这样就能对之后的每一期节目都做相应处理。

> **JustPod 注：**
> 这里有一个很重要的市场差异。在国内，目前广告的形式基本都还是植入性广告 (Baked-In Ad)。在美国市场，这里所说的广告是指点位广告，也就是固定时间长度如 30 秒、60 秒一段单独的广告贴片。只有在这个前提之下，这一段有关预留广告位的内容，才能够被理解。为什么可以预留空间，为什么事后可以方便修改，以及为什么在没有实际赞助的情况下，可以通过下期预告、互推广告等"占位"。如果你脑中想象的是那种与内容深度绑定的广告合作方式，这一段就很难理解了。

摆平法务问题

如果在阅读第 8 章时，你还没有确认自己的播客名称是否与已有的播客或注册商标撞车，或者与其他播客有混淆的风险，那么现在赶快去

2. 业界行话叫"动态营销"，一些播客平台也会提供这种服务。

确认，并且应在第一期节目发布前就确认完。看访谈对象、音乐版权提供人或节目图标素材来源的授权申请有没有完成，有没有加入必要的致谢环节？如果你不懂我在说什么，可以回头去读第 8 章的内容。

厚积薄发，源源不绝

你应该在初次发布前准备好不止一期节目。"准备好"意味着你已经完成了编辑，也上传了音频文件，做好了在预定日期发布的一切准备。这样一来，你就有时间再去准备新的节目了。

你要明白，播客的缪斯女神不会随便下凡显现，用魔棒在你头上轻轻一敲，然后让可爱的小精灵自动把美妙的灵感变成精彩的作品。[3]

如果在首次发布前就积累了几期节目，那么你就能在发布后确保持续产出，维持稳定的更新频率。你应该当一个专业的音频制作者。和其他任何一种创意工作一样，制作播客需要松紧结合。"松"是为了保持思路灵活；"紧"是为了短、平、快地投入内容生产，同时还要系统性地阐发创作灵感，检验它们是否值得做成一期节目。

等阐发构思的过程实现体系化以后，再发布节目。所以，让我们回到本书第 4 章，回顾一下当时列出的点子库。拿起日历，定一下头脑风暴的日程。这些创作习惯会将让你的播客节目像开了输油管一样源源不绝。

给每期节目起一个吸引人的标题

在寻找可听的新播客节目时，真正吸引你的想必是每期节目的标题。但现在，你不再是被吸引的一方，而是用标题吸引别人的一方。你希望你的标题能让那些无所事事刷手机的人眼前一亮，认定你的这档播客值得一听。

而且，你必须得尽快说服他们。在 NPR 培训部发表的一篇文章（How to write great headlines that keep readers engaged）中，柯林·德维尔（Colin Dwyer）写道："要想象电梯门正在关上，而你需要对门里的人推销一段故事。"[⑨]

3. 当然，有一些例外，比如关于软糖饼干、玩具工厂劳动待遇和中土世界种族关系的播客。

　　标题不能太晦涩，不要"卖萌"，也不要太夸张煽情，而是要唤起一种情感，或触动痛点，或击中爽点。标题应唤起好奇心，如为某件事祛魅，或提供一种新的、与众不同的、有价值的观点。可以与主流意见唱反调，可以吸引诱惑，也可以出人意料。无论如何，标题一定要与你本期节目的调性相匹配。

　　最后和你的朋友及播客同好一起集思广益，交流灵感，打磨标题。看什么样的标题能引起他们的兴趣？原因是什么？⑩

　　下面是对一些播客的某期节目标题的评价：

　　"思想焦虑？帮你入睡的 5 个小诀窍"——《生活工具箱》（*Life Kit*）

　　评价：切中痛点，有实际作用。

　　"掉进了黑洞会怎么样？"——《短波》（*Short Wave*）

　　评价：提出谁也不知道答案的问题，引起好奇心。

　　"拉丁都市风爆红面面观"——《另类拉丁风》（*Alt.Latino*）

　　评价：破解了关于一种现象的迷思。"爆红"可以制造话题人尽皆知的感觉。

　　"乌拉！看完《叶卡捷琳娜大帝》我们都是俄国人"——《流行文化也快乐》

　　评价：点出本期节目评价的剧集并简要透露态度，还略微展示了一点本播客的调性。[4]

　　记得给每一期节目标明日期。因为大多数播客目录在抓取时，都会要求有"集数"这一行代码，而大部分播客节目也会自觉进行编号。如果你制作的是系列播客，并且希望听众按先后顺序收听，那么就一定要给每一期节目编号，否则听众可能会弄乱顺序，听错节目。⑪

起草播客和单期节目介绍

　　现在，该为你的播客和单期节目写介绍了。你可以借此机会，向你的听众说明为什么这些节目值得他们收听。在开始动笔前，可以先做一做以下练习。

4. 每周，我们的制作人杰西或麦克都会在 Slack 上发消息询问有什么关于标题的想法，我们（其实，主要是我）就会给出一些冷笑话式的糟糕创意。如果一期节目探讨的是迪士尼新出的电影《向前进》（Onward，讲的是一对精灵兄弟是如何克服创伤的），那么我们就会提出各种精灵和心灵、心理之间的"谐音梗"，比如"我们对《向前进》精灵神会""精灵援助""精灵创伤风险"，等等。最后，上面这些标题都落选了。我们最终使用的是"《向前进》与精灵兄弟的精灵康复之旅"——我觉得这是所有标题里最尴尬的一个，可选都选了，还能咋地。

练习：播客介绍

1　阅读下方的<u>播客介绍</u>，回答以下问题：

– 这些播客介绍分别做出了怎样的"承诺"？

> JustPod 注：
>
> "播客介绍"指介绍整档节目的一段文字。在国内，苹果播客会显示在节目页面下方的"关于"里；小宇宙会显示在节目页面的"节目详情"中。

– 这些播客介绍给听众带来了怎样的情绪体验？

– 听众能从节目中学到什么、发现什么，或享受什么？

– 描述每一段介绍传达的调性。

– 这些调性是通过哪些字词体现出来的？将它们标注出来。

《生活工具箱》：生而为人，总有求助的地方，从如何睡好、如何省钱到如何照顾孩子，我们和各行各业的专家一起探讨最好的解决办法。《生活工具箱》，帮你把日子过得更好。

评价：直击要害——我们是来提供帮助的。如果想在忙碌快速的现代生活中更得心应手，你就应该关注我们。这样的介绍开门见山，直接点出了听众的核心需求。

《短波》：新的发现，日常中的谜团，热点背后的科学——一切尽在 10 分钟内，工作日每日一更。十分创意，一点幽默，带给你谁都能懂的科学。和主播麦迪·索菲亚一起，调整波长，走进另类科学世界。

评价："日常中的谜团"精准概括了《短波》的宗旨，那就是把隐藏在现实世界背后、常见却不为人知的科学道理揭示出来。

《另类拉丁风》：通过音乐、故事与对话，为你聚焦拉丁裔的艺术与文化世界。

评价：精悍简洁，既道出了节目宗旨，也向听众发出了邀请，完全满足了介绍播客的要求。

《流行文化也快乐》：风趣不羁地聊聊最新影视、书籍和音乐。

评价："聊"在这里的作用非常关键，用这个字表达"圆桌会谈"既亲切又简洁。"风趣不羁"是制作人对每一期节目追求的风格，同时向听众表明了他们应对这档播客的风格有怎样的期待。

2　回看第 2 章的"练习：一句话概括你的播客"。看是否需要对介绍进行修订或调整？写下一句话介绍，以及自己想到的其他关键词、表述与思路。

3　清楚播客的定位后，接下来你可以构思一段两到三行的介绍。有些平台对播客介绍是有字数限制的，但总的来说，追求简练是不会错的。任何适合的关键词、短语都可以加入介绍。你还可以找些朋友，与你一起推敲琢磨。

练习：单期节目介绍

1　阅读下方的单期节目介绍，思考以下问题：

- 这些节目介绍击中了哪些痛点或爽点？

- 这些节目介绍是如何向听众介绍当期节目的话题点的？

- 这些节目介绍是如何唤起听众的好奇心的？

- 节目介绍中的哪些词句制造了上述效果？

- 最根本的问题：为什么听众要关心（care）？

《生活工具箱》："思想焦虑？帮你入睡的 5 个小诀窍。"（上线日期：2020 年 3 月 26 日）睡眠困难可能造成焦虑，而焦虑又会进一步影响睡眠。《生活工具箱》的主播艾利森·奥布里（Allison Aubrey）对话睡眠专家，讨论失眠症的认知行为疗法是如何为患有长期睡眠困难的人带来福音的。

评价：这段介绍直接点出了听众的痛点，即失眠症与焦虑绝望心理的恶性循环，然后立刻提出了一个有科学依据且令人好奇的潜在解决方案。

《短波》："掉进了黑洞会怎么样？"（上线日期：2020 年 3 月 27 日）黑洞是宇宙中最令人称奇的现象之一。黑洞到底是什么？它们是如何影响宇宙的？如果掉进了黑洞会怎么样？我们与耶鲁大学天体物理学家普利亚瓦达·纳塔拉杨（Priyamvada Natarajan）一道，来一场深入黑洞的单程之旅——在这里，物理法则土崩瓦解。

评价：简单介绍节目主题，在听众脑海里种下疑问，吸引他们找出答案。

《另类拉丁风》："拉丁都市风爆红面面观。"（上线日期：2020 年 2 月 28 日）用音乐讲述拉丁美洲的故事。我们分别询问了一位作曲家、一位大学教授和一位雷吉顿（Reggaeton）先驱艺人，帮我们理解流行乐界拉丁都市风红极一时的历史与幕后故事。

评价：这段介绍清楚地向听众表明了，这期节目将从三个不同的角度剖析一个大得惊人的话题。它的措辞巧妙地表明了这期节目不惮于呈现具有复杂知识性的内容。

《流行文化也快乐》："乌拉！看完《叶卡捷琳娜大帝》我们都是俄国人。"（上线日期：2020 月 5 月 20 日）Hulu 平台发布的新剧《叶卡捷琳娜大帝》自诩"本故事偶尔属实"。这真是个宏大的故事：它是一部关于 18 世纪俄国的鸿篇巨制，充满了宫斗、性与暴力，讲述了女沙皇叶卡捷琳娜的崛起历程，艾丽·范宁在剧中饰演叶卡捷琳娜，尼古拉斯·霍尔特则扮演神经质沙皇彼得。这部剧的主题与 2018 年的电影《宠臣》有不少相似之处，本剧的创作者正是《宠臣》的剧本作者之一托尼·麦克纳马拉。这部剧要做的，远不止是用解构历史讲一段好故事那么简单。

评价：这段介绍为不太熟悉本期话题的人介绍了剧集的主演、情节、设定等基本信息，并委婉地对这部剧表达了喜爱，表明本期节目不是一场批斗会。

2　接下来，我们一边对照当期节目内容，一边思考以下几个问题：[12]

－故事的核心是什么？

－这个故事有什么新意，或出人意料的地方？

- 这个故事是否回答了某个核心问题？

- 故事的节奏如何？或者说，这个故事究竟与听众有什么利害关系？

- 你会如何表述，让此前不关心这一话题的人对你的故事感兴趣，或看到其中的意义？

- 其他人能从你的故事中得到怎样的裨益？ ⑬

3 接下来，发挥想象力，写一段单期节目介绍并且越短越好！

完成节目介绍的草稿之后，你可以添加一些联系方式，如个人联系方式、社交媒体账号、网站链接，以及加入电子邮件列表的链接、播客订阅方式介绍，和对广告商与赞助人的致谢（记得带上他们的链接）。⑭ 这些信息可以优化你的节目在搜索引擎中的排名。虽然不用每一期节目都这么做，但你至少可以在介绍中加入自己的联系方式，并简要描述一下你在播客中讨论的话题（包括涉及的书籍、影片标题），以便浏览者进一步了解情况。你也可以在网站的节目介绍页面或电子邮件中加入包括链接在内的更具体的信息。

> 5. 我们就非常重视搜索引擎优化。这是社交媒体营销的一个重要课题，很多书籍与文章对此都有讨论。我们建议你读一读互联网营销（尤其是专门面向播客）的有关文章。和你一样，我们也在学习的路上。

关键词沙拉

搜索关键词指的是人们在网上搜索特定主题时常用的词句，由搜索引擎收集的大量浏览数据生成。在网站和播客的介绍文件中加入这些关键词是有用的：这样一来，当人们上网搜索这些词的时候，理论上他们就更有可能找到你的播客。这意味着你提高（优化）了自己的播客被其他人在网上找到并点开的概率，而你的作品点击率越高，搜索引擎就越能"注意到"你的播客正在受到关注，并让播客在搜索结果中的排名上升。⑮ 这就是所谓的"搜索引擎优化"（SEO）。⁵

在第 2 章中，我们已经对搜索关键词做出了提示：如果不能跟上互联网搜索算法的变化，过度依赖关键词将会适得其反；如果关键词用得过多，那么苹果等播客平台还会拒绝你的播客上线。所以关键词应当与你想表达的内容相匹配，一定要用与主题有关的关键词。⑯ 一些节目允许你查看其他人在搜索本播客时使用了哪些关键词，这样的功能非常有用。此外，你最好在不同的平台使用同一组关键词。⑰ 总之，关键词只是众多营销工具中的一种。

啊对了，还记得美术设计吗？

有什么东西不足硬币大小却值千金？那就是你的播客的美术设计！在很多界面上，你的播客封面都不足一枚硬币大小，但那张小小的封面胜过千言万语。

美术设计就像一个兔子洞（Rabbit Hole），既可能效果很好，也可能效果很差，这取决于你的视觉设计知识、预算、日程要求，以及个人的品位。如果你没有美术设计方面的经验，那么我们不建议你亲力亲为。你不必为美工一掷千金，但一份美术设计方案是你的品牌门面，在很多场合都能派上用场。[18] 你可以找到那些你觉得图标好看的播客，询问背后的制作人是与谁合作的。你也许可以找一位初出茅庐的艺术设计专业的毕业生，新人设计师往往要价更合理、更富于创意、更在意客户的评价，以此增进自己的商业信誉。

但如果你在美术设计方面有些基础，那么你也可以考虑根据网上已有的模板设计自己的图标。[19] 不过，有一些基本的设计原则，需要注意：[20]

- 首先，图形必须清晰可辨。它的大小可能不足一枚硬币的大小，但如果不能一眼可辨，那么就一定要改！

- 在屏幕上，无衬线字体一般比衬线字体更好辨识，但如何选择取决于你的播客的风格。手写字体由于太复杂，一般不适用于图标设计。

- 用字要少，字体也不能太多。图标一般只需 2 个到 4 个字，至于字体不要超过两种。

- 很多 NPR 播客的图标根本没有请艺术设计，这可能会让你惊讶。有些时候，一种精妙的字体搭配一种有感染力的配色就能发挥奇效。[6]

JustPod 注：

这里所指的是 NPR 早年投身播客领域的情况。事实上，目前 NPR 的 45 档播客节目的封面图标几乎都是经过专业设计的。主打节目不仅有单一的封面图标，还有着完整的品牌与视觉识别系统，可以配合多渠道的市场推广活动。力求从声音语言到视觉应用上，让每档节目都有自己的属性和特征。

6. 设计图标时，你要选择一种"配色方案"，并贯彻到底。这看起来也许傻乎乎的，但作为未来的播客大明星，你必须从现在开始塑造品牌形象。固定的配色也能为播客带来一种独特、一贯、可辨识的基调。

- 背景和文字应对比鲜明。

- 建议使用鲜明、简单的图案。另外，如果需要授权，则一定要提前沟通清楚。

- 检查图标是否符合主流平台（如苹果播客）的上传标准。

> **JustPod 注：**
>
> 可到苹果播客的网站查看节目视觉设计标准（Artwork Requirements）。另外，苹果播客及其节目目录之所以在播客生态中扮演着重要角色，主要就是由于它从多年前，就为播客的许多基础设施制定了标准。由于播客节目的 RSS Feed 是由各节目的制作者或出品方自行提供的，所以在很多细节指标上很容易良莠不齐。但苹果播客设置了将 RSS Feed 提交至目录这一步骤。对 Feed 包含的代码 tag、音频文件格式、视觉文件尺寸和格式等都做了要求。这样做的结果就是，任何人提交的节目 Feed 在技术指标上从客观上达成了统一。当听众在使用其他播客应用收听节目时，在这些基本指标上的体验也都大致相同。

- 记得检查播客的名称，确保其不会违反播客平台的命名规则。[21]

- 要考虑图标在宣发材料、名片和网站上呈现的效果。你可能需要根据不同的平台要求，设计不同规格的版本，如有的平台需要上传矩形图片。

花些时间，整理文字记录

如果能在网站上发布<u>每一期节目的文字稿</u>，那么播客的传播面就能进一步扩大。㉒ 同时文字稿可以让那些存在听力障碍或者不熟悉你所用语言的人也能了解节目内容㉓，并且方便了用文字稿做参考的人（包括你自己！）㉔。

> JustPod 注：
> 这里一般是指，节目成片或最终播出版本的文字听打稿，而不是指节目中的采访原始录音的文稿。另外，对 NPR 整理节目文稿这一习惯的背景，在第 12 章的"脚本小提示"一节中的"JustPod 注"中有简要介绍。

节目文字稿是一种十分巧妙地营销手段。这是因为搜索引擎会从你的播客节目中捕捉关键词，并在单期节目的标题和介绍的基础上进一步优化搜索（可参考前文的"关键词沙拉"）。㉕

一些服务提供商可以用语音识别技术为你整理节目文字稿。㉖ 整理文字稿的服务有免费的，也有付费的。你可以上网搜索"播客文字稿整理服务"查看结果，也可以看看你使用的播客托管平台是否提供文字稿整理功能。㉗ 你也可以雇一个人为你整理文字稿或者亲力亲为。为保证准确，你一定要把文字稿审校一遍，这在使用语音识别技术自动生成文稿时尤其重要。如果你的播客有多名发言者、存在音质问题或其他复杂性因素，那么你在校对时更要慎之又慎。如果你的节目有脚本，那么可以用脚本作为文字稿的基础，用括号加注其他音效，同时删去你写给自己或他人的备注。

你可以设置一个格式模板，这样你自己或他人在审读文字稿时就不会搞乱格式了。㉘ 此外，你也可以把人物姓名单独列成表，以确保拼写无误。[7]

7 总不能每次拼写彼得·伊里奇·柴可夫斯基或安东宁·德沃夏克的时候都翻字典吧？

节目信息页

想想看，还有什么有意思的素材被你忍痛割爱，最终没有放到节目里？各种骨灰级细节知识、访谈插曲、琐碎建议、研究资源……怎么能让这些好东西在剪辑室的地板上吃灰呢？太浪费了。

节目信息页（Show Notes）可以拯救它们！

> **JustPod 注：**
> 尽管在中文播客世界，大家已经习惯把单期节目所配的所有文字都称为 "Show Notes"。但本书的介绍是很准确的，区分了单期节目介绍 (Episode Description) 和补充信息 (Show Notes)。

把这些周边信息放到播客网站上，不仅让听众进一步了解本期话题，也给了你一个与他们深入交流的机会。

节目信息页可以呈现嘉宾的小传，放上嘉宾的个人网页、社交媒体账号，以及既有作品的链接。[29] 你也可以放上自己的联系方式，邀请听众订阅邮件，以及放上类似主题的往期节目链接。

以此类推，你也可以在页面上留下接收众筹或个人赞助的网页的链接 [30]，周边产品的宣传信息，以及广告商与赞助商的链接 [31]。

你可以把这些额外信息当成节目结束后，再次联结观众的机会。

准备宣发

现在，深吸一口气……到目前为止，你做得都很棒！接下来，距离成功只差一两步……放宽心，最终你一定会对这些发布推广活动得心应手的。

发起社交媒体和邮件宣传

搜索引擎会 "注意" 到你的社交媒体中的发文与活动轨迹 [32]，所以你应该多做准备。例如，在社交媒体上发起宣传活动，如发布 "先导预告"，表达自己对未来某月某日将要发布的节目的期待；在节目正式发布时发布通告提示听众查看节目信息页，以及与节目相关的附送内容；分享与节目话题相关的新闻与信息。㉝ 此外，你也可以在社交媒体上发布一些较短的音频选段、金句抄录，或你与嘉宾在录音时的小花絮。㉞

为建立听众群而运营社交媒体，与作为私人用户使用社交媒体是不同的。你不能随心所欲，有了什么值得发布的念头就立刻发出来。为了建立一个听众群，你需要定期发布内容，以维持关注者的兴趣。听我们一言：做一份日程表，能让你的社交媒体运营变得无比轻松。㉟ 你可以在日历或表格上标注日程，或用 Hootsuite 这样的社交媒体管理软件定时、定期发帖。

当然，你在社交媒体上也不能只围绕播客说个不停，毕竟现实中的你肯定不会这样吧？⁸ "别人为什么需要关心（care）这个？"这应该是你关心的核心问题。例如，可以按照下面示例中的思路设置文案，"你有没有好奇过，蝙蝠侠的初代战服后来去哪儿了？请点击本播客《关于蝙蝠侠的一切》首发集（附上链接），一探究竟吧！"

运营社交媒体时也要注意不同平台的特点。每个平台的用户构成与风格不同，你应根据不同平台的特点，调整遣词造句、发文长度，以及对图像、俚语、表情包等要素的运用。

当新节目发布时一定要通过邮件通知你的订阅人，还要记得在邮件中附上节目链接。㊱ 邮件订阅可以有效提醒那些不常使用社交媒体，或者没有订阅播客的听众进行收听。

8. "关于我自己已经聊得够多了。你对我的播客有什么看法？"

音频、视频预告适不适合你？

社交媒体运营专家喜欢把音频或视频预告称为"物料"（assets），但你我之间就不要用这些行话了——我们都是单刀直入的明白人。你为播客设计的图标应该适合多种分享方式，如 Twitter 页首图、Instagram 快拍状态或邮件的电子签名。这些你当然都懂。

如果时间与资源有富余，你也可以开始考虑下一步——先导预告。这种预告不用做得太复杂：只要把播客图标打出来，再附上一点简短（brief）、简明（short）、简洁（not-long）的节目片段就好。[9]这些片段一定要有足够的冲击力（无论是足够搞笑、足够动人、足够稀奇还是足够有挑动性），但归根结底，它一定要能代表你的播客的气质。[10]然后，你可以把这段预告发到社交媒体上。它不必一夜爆红：你真正需要的是转发、喜欢、点赞与评论，以及更多的邮件订阅、节目关注，等等。

当然，如果你是视频剪辑的大拿，那么可以把预告做得更有创意一些，加入更多技巧。但要记住，不要堆砌元素，模糊重点——人们在"刷"社交媒体时并不知道自己接下来会看到什么，所以你要先把用户领进门，然后再让他们见识见识你的节目的精彩内容。

常备媒体资料包

假设你母校的校友志想要报道你新开的播客，或者你在参加一场对谈活动，而组织方需要你尽快提供一份自我介绍、一张照片和一段播客介绍，又或者你打算约访某人，而对方想多了解一下你到底是谁，以及他们为什么要把对于（比如说）晚期资本主义和《救命下课铃》（*Saved by the Bell*）之关联性的思考分享给你。你不必把手头上的一切都透露给他们，只需给他们一个链接，让他们浏览官网上的报道用的资料页面（Press Kit，媒体资料包），就能解决一切问题。这么做也可以方便其他人在给你的播客写评论时查阅资料。[37]

在这样一份通用资料中，要记得至少包含你播客的名字、图标与简介文字，以及主播介绍和各社交平台的链接。[38]还要记得加入播客的收听方式，以及你自己的联系方式。[39]

除此之外，你也可以加入以下这些信息[40]：主播照片、媒体或听众

9. 这种体裁的名称叫"音频图像"（Audiogram）。下次播客人开大会的时候你就可以炫耀了。

10. 而且一定要短、短、短。刚才提醒过吧？

的过往评论[40]、特别推荐的往期节目的链接、音频或视频选段、加入邮件订阅的按钮，以及订阅播客的按钮。也许你还可以写一段有关你的播客起源的故事？或者加一段问答环节？一些现场快照？或者不同大小的图标文件下载链接？[42]

　　随着你自己和你的播客事业逐渐成长，你的媒体资料包也会逐渐壮大。但你确实想把这件事长期做下去，也确实想让这档播客的听众规模尽可能扩大，对吧？那么，就把这些对外发布用的资料汇总起来、发布出去，让听众（无论是当下既有的听众还是未来潜在的听众）的好奇心得到满足，并方便他们与你联系。你也可以把这些信息汇总成 PDF 文件，再加上分析数据与定价，做成一份洽谈商业赞助的资料。[43]

媒体联络名单

　　在发布了几期令人满意的节目之后，你可以尝试着做一些媒体推广了。这项工作需要时间，所以在一开始你可以先列一些可以联系的媒体名单。例如，在播客圈交友比较广泛的人可以向业界刊物介绍自己的新播客，请业内媒体人评论。你也可以向其他媒体推销自己，如关于跑步的播客也许会吸引其他关注跑步和健身领域的网络媒体与纸质媒体的关注。你的母校或许也会把你做了一档播客的事放到校友志里。

推荐有道

如果你在像NPR这样的媒体机构工作，那么你的收件箱里肯定会塞满各种推荐消息。每天我都会花几分钟时间，专门删掉几百封和我（指本书作者 Glen 本人）的领域根本无关的推荐邮件。剩下的那些值得关注的推荐消息有以下共通点：

- 知己知彼，百战不殆。也许你以为"地毯式轰炸"可以收获成效，但你错了。无的放矢的大规模邮件轰炸只能换来惨烈的大规模删除。自我推荐时要缩小你的目标范围，只瞄准那些关注点与你的播客重合的人。

- 开门见山，突出主旨。主观上我更喜欢那些省去寒暄[11]，开门见山，一上来就向我推销的邮件，比如"推荐：《与玛米同行》播客首播，解密关于艾森豪威尔的一切"。快速浏览、整理大量邮件的时候，这样的写法能为我省去许多麻烦。

- 抄送留一线，日后好相见。如果在收信人一栏里抄送了一大堆别人的地址，那么显然你的这封邮件是群发的，而我也不太可能予以关注。你在发邮件时可以使用秘密抄送功能，这样收发双方都能假装无事发生。

- 开头为重，将信息填满。从一开始就把所有必要信息，如播客名称、首播日期、发布周期、你的姓名及联系方式都列出来，不要让人费力去找。

- 冷热相济，抑扬结合。我想知道你为什么对自己的播客和播客的主题有如此热情。你的自我推荐也应该传达出这种热情：你的笔调应该是友善、开放，甚至有点热情的。热情是好事！但你也得保持谈正事的严肃性，保持简短。如果你的自荐信篇幅超过两个自然段，那么我就会怀疑你能不能抓到重点。这是在自我推荐，不是什么自序。

- 一封不错，两封更好。在发过一封自荐信以后再发一封邮件询问是否已阅，是我个人比较欣赏的一种做法。如果这第二封邮件让我想起之前有一封别人的自荐信明明已经标注成要看，却中途被别的事岔开，那么它的任务也就完成了。邮件的数量以两封为宜，三封会显得有些催促的意味，四封以上效果极差。[12]

11. 这种事写情书的时候可以做，写给媒体人就免了。

12. "哼，别想把我抛下不管！"接受现实吧：谁都不会理睬你。谁都不会。就这么简单。

出发！

现在，你已经上传了你的播客文件（见第 15 章），迎来了发布日，这一切终于要修成正果了！开香槟，开香槟！

没错，庆祝一下是对的——但不要忘记"营销"（戴上你的"Marketing Hat"）。[12] 播客上线后，你就要像营销经理一样大展拳脚，四处传播消息，建设人脉，广交朋友，建立口耳相传的名声。

下面是一些值得养成的良好营销习惯：[44]

- **传播消息，传播赞誉。** 用邮件把节目链接与致谢的话语发给你的嘉宾。这是起码的礼貌，也对你有实际的好处——他们会转发你的链接并把你的节目发到社交媒体上，帮助节目提高知名度。你也应对所有花费时间、精力为你提供帮助或建言的人做同样的事。例如，那个在你采访小河马饲养员时替你对接受访人的动物园公关负责人，以及你聊过的那些古着来源的店家。记得在节目信息页写上他们的名字和店铺网址，同时把社交媒体上对你的赞誉展示出来。例如，用标签圈出并感谢他们，这样他们或许也会给你点赞或转发。以此积累声誉。

- **传播好消息。** 有没有人为你的播客发布测评，或者是转发你作为嘉宾撰写的博客文章？这些帖子或许并不会直接推销你的播客，但你应该分享这些激动人心的新动态，还要感谢（用标签圈出）所有相关人员。

- **多做尝鲜预告。** 可以在社交媒体上发出嘉宾的精彩言论，无论是搞笑的、精辟的、怪诞的还是有争议性的，都可以用标签圈出发言者本人，并附上当期节目的链接。

- **步子不要迈得太大。** 还记得我们在第 13 章提到的要瞄准目标听众吗？不要在那些目标听众不常使用的社交媒体上浪费工夫。首先以抓住核心听众（目标市场的靶心）为重，然后再设法进入外围的第二、第三圈。比起紧跟在主流媒体背后追求存在感，找准那些兴趣点与你的播客的话题重合的人群，争取在与这些人群垂

12. 这项帽子有点像霍格沃兹的分院帽，但它不是给你分配学院的，而是用诱人的声音告诉你该怎样影响垂直市场，用内容革新刺激 KOL，为你扩大影响。

直对应的刊物或媒介中出场，才更为有利。首先你应利用自己的人脉，然后再制定计划，向外围拓展。

- **精选目标、小范围深挖，不断检验结果。**[45] 如果你在同一时间尝试了太多营销策略，那么你不但会耗尽精力，还会感到无所适从，不知道哪种策略真的管用。你应该专注于少数几个选项（比如，在一段时间内只深挖特定的几个社交媒体平台，而对其他平台少出些力气），然后看怎样的安排能让下载量有显著变化。

- **网站与社交媒体的流量也是流量。**这些数字能提高你的搜索排名，这无论如何都是件好事。所以，播客下载量固然重要，却不是唯一的指标。很多人也会被你的社交媒体发帖所吸引。例如，"你知道小河马宝宝的一坨粪便有多重吗？我们以前也不知道"（在此附上播客官网的节目信息页，其中包括你与小河马饲养员访谈时的搞笑花絮）。这么做的效果是你无法预料的——也许终究会有人决定点开你的播客，把你的访谈从头到尾听完。

这就……结束了？不，这只是开始。从现在开始，你要让自己投入了许多时间与心血的事业更进一步。你已不再是什么梦想着"有朝一日"做播客的人，因为那个"有朝一日"已经来临：你的播客已经降生。你要充分品味这份成功的愉悦。接下来，就是分享内容、推动播客成长的时刻。

第 15 章

播客走出去

如果谁都找不到你的播客，那你之前为此倾注的心思、灵魂、汗水和眼泪[1]不就白费了？播客的成功发布取决于多种因素，如上传的音频文件类型、事前准备，以及文件在互联网上是如何"存在"的。

> JustPod注：
> 播客的分发逻辑就是由创作者解决自己的音频文件怎么在互联网上"存在"的问题。

为解决最后一个问题，很多人会选择把播客放到"播客目录"（Podcast Directory，也称为"Podcast Aggregator""Podcatcher"）上。① 包括你我在内，有成百上千万人通过这些播客应用（比如苹果播客和Spotify，你也可以在网上搜索"播客应用"找到更多）下载或播放播客节目。

> JustPod注：
> 播客创作者在解决了音频文件的"存在"问题后，需要向不同的主流播客目录（主要就是苹果播客和Spotify）提交自己的RSS Feed，经过对基本信息的审核后（比如前面提到的苹果对于播客封面尺寸的要求等），该播客目录就会为创作者分配一个节目在该播客目录中的访问地址，同时该节目的关键词也会进入这一播客目录的搜索体系中，方便听众直接通过搜索关键词找到该节目。尽管播客目录背后的公司比如苹果或者Spotify都拥有自己的播客应用，但播客目录并不等于播客应用，它更像是一个数据库。很多小型播客应用也会直接调用苹果播客的API。而自己的开发团队更多是把精力放在播客应用功能的优化和差异化上。"播客目录"这个概念对某些读者来说并不熟悉，但又很重要，因为它是开放播客生态的基石。

1. 这说的不是你，不是作为本书读者的你，而是……呃，别的人？比如，那些没读过本书还来做播客的人。比如乔·罗根？他肯定要哭成泪人了。

无论是对发布节目的所有细节亲力亲为，还是与托管服务商合作，这一过程的最终决定权都在你手中。所以，让我们了解一下与音频格式相关的知识，以便制作出更易于网络分享的音频文件。

音频文件准备手册

为了面向尽可能多的互联网用户有效发布播客节目，你需要找到正确的文件格式与设置，以便你的听众在不同设备上进行收听。收听的过程越快、越没有杂音、越具兼容性越好。

文件格式：和 WAV 说拜拜

给人发邮件的时候因为文件大小超出了服务器的限制而上传不了附件，是不是很烦人？想象一下，如果你的播客音频文件体量太大，那么就会在听众的手机与平板电脑中占用太多空间。因此，即使节目的音频文件一开始是以 WAV 格式保存的，在节目发布时也要把它转换成 MP3 格式。[②]

> JustPod 注：
>
> 这个问题放在国内市场的话，更多的是针对使用独立托管的播客创作者。像喜马拉雅这样提供免费托管服务的音频平台，会在音频文件上传后，自动对文件进行转码。当然这也有另外一个问题，比如不少音乐类主播就会对压缩后文件的音质表达不满。

WAV 格式的文件可以捕捉高品质音频，但文件往往过大，所以不适合大多数人在移动端收听播客时用。相比之下，MP3 格式的文件经过了"压缩"[2]，虽然会因此损失一些音频数据，但文件会有所缩小。

RSS Feed：关键，但难伺候

播客的发布是否成功，取决于你能否吸引他人订阅你的播客，让每一期新节目自动出现在他们的设备屏幕上，而让这一切发生的关键就是所谓的"RSS Feed"（Really Simple Syndication，简写 RSS，为简易信息聚合；Feed 为馈送）。你可以把信息聚合想象成一根数码管道，把你的播客不断送到订阅者的设备中。这也是播客应用的必备功能。

2. 没错，MP3 格式的文件的声音效果会比 WAV 格式的文件更僵硬、生冷，但这一点点牺牲可以为听众节省手机的存储空间，因此是值得的。

互联网上总有些技术达人喜欢对人说教，如怎样建立 RSS Feed。这个过程其实非常简单，首先你需要创建一个播客专用的账号（只为自己的网站开设 RSS Feed 是不够的）。你也可以使用一个可以根据你提交的"元数据"（如标题、播客简介、图标、节目类型、时长等）提供 RSS Feed 服务的平台。[3]在 Feed 设置完成后，你只需在新节目发布时将有关信息添加上去即可。

RSS Feed 有时不一定起作用，这背后可能有多种原因。[3]也许你在写代码的时候打错了字，或者留下了什么小问题。你可以用 Feed 验证器（你可以上网搜搜看，一些验证器是播客专用的）检验出哪些 Feed 出了故障。[4]还有一些潜在问题需要小心：你的 Feed 可能无法访问，原因可能是时间过长导致无法加载，可能是可容纳事项数不足导致不能容纳全部期数，又或者是在不同主机间迁移时遭遇了障碍。

如果 Feed 机制出了问题，那么服务提供商一般都能快速做出反应，提供解决方案。但这只是在处理后台问题，而你自己必须出面挽救听众的体验。如果某期节目出了问题，那么你应尽快放出修正后的版本，同时发布一份声明，承认故障的发生。这样一来，听众的不满或许就会转变为理解。

用标签吸引所有感兴趣的人

假设你的小狗丢了。在寻狗启事上，如果你只写一句"寻狗！主人心都碎了"，那么不会有多少人给你打电话。但如果你在寻狗启事上这么写——"寻狗！黄色拉布拉多幼犬，大概六个月大，65 磅重，性格友善。不太喜欢发呆，但有时会故意装傻。嘴里可能叼着一根从阴沟里捞出来的潮乎乎的脏木棍。名字：希德（喊'把那个东西放下！'也会答应）。请致电：xxx-xxx-xxxx。"只要再配上一张抓人眼球的照片，别人为你找到狗狗的可能性就会大大提高。

为你的播客节目设置标签也有类似的作用。通过设置标签，你可以向搜索引擎提供更多的信息（元数据），使其更好地捕捉播客的内容。[5]在理想状况下，如果有人搜索与播客主题有关的关键字，那么你的播客

3. 你即使没有听过播客，也知道小故障（"天啊我一起床发现自己的 Feed 里有整整 7 年的《金钱星球》，坦白来说我不是不喜欢这个节目，可谁想一大早起来就听这些深奥的东西，真是谢谢你了！"）。这时就要科学技术来救场了！

将更有可能出现在他们的搜索结果中。

你的元数据都是些已经在搜索引擎结果页（SERP）上出现了无数次的东西，如搜索条目（标题）、网页链接，以及一到两句话的介绍。你也可以添加其他信息。给文件添加标签，意味着你能通过选择自己播客的关联字、关键词与描述信息，增加其在互联网中的曝光率。[6] 听众也更容易通过这些标签，找到你的播客。[7]

在搜索结果页上出现的描述往往很短，所以你必须开门见山地解释"这档播客能给你带来什么"，给出尽可能诱人的答案。[8]

你既可以在电脑上用苹果播客这样的程序添加标签，也可以在 DAW 编辑器输出最终版音频文件时添加标签，或者在把文件上传到服务器时添加标签。[9]

选好托管，抱对大腿

节目要想存在得有一个载体，而自建的个人网站往往是不够用的。[10] 因为当音频文件过大、访问需求激增时，可能会令个人网站的服务器无法承受。而对播客目录（见第 1 章"定义播客"）的维护与更新也是一桩费时费力且很有技术含量的苦活。[11]

下面介绍播客托管服务平台，如 Libsyn、Blubrry。播客人只需向这些服务商缴纳月费（我们等下讨论"免费"问题），就能把节目文件上传到他们的服务器上。此外，这些服务商还会为你解决 RSS Feed 与平台分发问题，并且提供下载量数据。有些服务商还提供调整文件格式与大小、设置节目简介、上传节目封面、转发节目到社交媒体等功能。你也可以把服务商提供的播放器直接嵌入自己的网站。

> JustPod 注：
>
> 以苹果播客给出的指引，在"Apple Podcasts for Creators"服务启用后，其列出的托管服务商包括 Firstory、SoundOn，以及一些中文播客创作者常用的托管服务商如 Fireside 等。

听着不错，对吧？但这也取决于你挑得对不对。和其他任何一种服务一样，你在做出选择之前应该了解不同服务商的特点，找出与自己需求最匹配的一家。

接下来我们谈一谈"免费"托管。的确，有些托管服务是免费的。如果你只想维持在一个比较小的规模，那么这些服务也许就够用了，但你得注意细节条款。一些服务商会在一定天数过后删除之前的播客文件，还有很多服务商会在文件中添加广告（不会征求你的同意，也不会与你分享利润），甚至如果服务商倒闭了，那么你托管在此处的节目也将关闭。⑫ 此外，你还必须确认自己能否在不同服务商之间自由迁移文件。

一些服务商会设置有限免费制，比如限制每月免费上传的时间、免费试用的带宽，以及免费使用的功能。⑬ 你可以在决定是否付费前，试试看这家服务商是否好用。但首先，你应确认把文件从这家服务商迁移到其他服务商那里是否方便，并确认这家服务商有没有月度付费方案，以免在想要更换服务商时被长期协议困住。此外，无论使用哪家服务商，你都应在上传播客文件时署自己的名字（而非服务商的名字），以便查看节目的统计数据。

如果你主动询问，那么没有免费选项的服务商也有可能开放一段时间的限时免费，以供试用。⑭

服务商可能会炫耀自家服务器的下载速度多么快。虽然快是好事，但这只是你调查商家情况时需要了解的冰山一角。

服务商的要价一般取决于储存的文件大小，以及所储存文件的下载量（即带宽）。⑮ 你应确认服务商是否限制每月上传文件的时间及文件大小 4。如有限制，那么对时长较短、更新周期较长的播客可能不构成影响，但有可能给时长较长、更新较频繁的播客带来麻烦。同样需要确认的是，服务商每隔多长时间会对储存的节目文件进行删除？这也可能体现在服务商的报价中。

此外，服务商的报价还取决于每月下载数。如果你的播客正在快速增长，那么就不能忽视这个问题。不过，如果服务商能提供其他好处如支持内容变现、允许托管视频文件，那么仍可以考虑。

4. 一般时长 60 分钟的播客的大小应在 50MB 左右，但这一数字受制于许多其他因素，所以这真的只是非常宽泛的经验之谈。

权衡不同服务商的利弊有时像线上约会一样让人苦恼不已[5]。接下来，我们列举了一些你需要考虑的因素，还附了一张表格供你确认不同服务商在不同方面的表现，以便货比三家。

- **是否易于使用？** 如果你对技术不太熟悉[6]，那么要选择对用户比较友好的服务商，并积极向他们寻求支持。[16]

- **网站和节目信息页怎么办？**[17] 你有自己的网站吗？向服务商询问能否把他们的在线播放器嵌入你的网页，或者有没有其他办法把你存放在服务器里的内容发布到你自己的网站上。如果没有，那么你也可以询问能否在他们的平台上开设一个网站。此外，还要注意一下你的节目信息页在平台上的呈现效果如何。

- **服务商的细节功能（如标签、分类、列表）如何？** 一些服务商为追赶潮流，会实时调整标签与分类方式，你最好多加留意。比如：他们是否标注每期节目序号（他们应该这么做）？[18] 他们的节目分类方式是否与苹果播客 2019 年 6 月更新的分类相吻合（简单检验方法：看看他们的模板里有没有"真实罪案"的类别。如果没有，那就不行！）？

> **JustPod 注：**
> 这里是指托管服务的后台是否可以设置节目的期数序号？设置对应的位置在 RSS Feed 中的 <episode> 标签后。它的作用是，包括苹果播客在内的不少泛用型播客应用在识别这个代码后，会在节目列表的相应位置显示节目的期数。换句话说，即使创作者不在标题里标识期数，在这个固定的位置仍然可以显示序号。当然并不是所有播客应用都有类似的呈现方式，例如小宇宙就没有提供对这一行代码的前端呈现方式。

> **JustPod 注：**
> 这里再次突显了苹果播客目录在播客生态中的重要地位。托管平台的节目分类设置与苹果播客的分类方式保持一致，才能保证节目在尽可能多的播客应用中都能以同样的分类显示。当然，像 Spotify 的播客目录有着不同于苹果播客的分类方式，平台也会要求制作者在提交 RSS Feed 时，重新手动勾选分类。 这里所提到的 2019 年 6 月是指，在当月举行的苹果全球开发者大会（WWDC）上，苹果更新了播客的分类目录（包括大类 / 一级和子目录 / 二级目录）。此次调整让人印象深刻的是，在一级分类中新增了"真实罪案"。在 Serial 节目爆红后，由于播客听众对该类节目的追捧与喜爱，而新增这一分类，可以方便用户快速找到此类节目。

5. 祝你好运。

6. 现身说法：我曾经听说有一个网站搭建服务商在广告里吹嘘什么"组件拖曳式界面"（drag and drop interface），但我这个人对技术一窍不通，还以为他们说的是"闷倒龙界面"（dragon drop interface）。结果我就寻思：这我肯定得整一个，这名字多酷啊？

- **服务商提供的分析数据如何？** [19] 要确认服务商提供的数据分析服务（如跟踪下载量）如何？报价、数据颗粒度等是否能够将下载数据根据地区、设备和播客应用进行细分？

- **服务商有没有 IAB（Interactive Advertising Bureau，互动广告局）认证？** [20] 你最好选择有 IAB 认证的服务商。IAB 制定了在线广告的执行标准，得到 IAB 认证就意味着这家服务商的做法通过了官方审查。根据 IAB 目前的标准，广告商基本上只能通过节目下载数分析自己投放在一档播客中的广告是否有人收听。这与所谓的 "IAB compliant"（符合互动广告局标准）不同，有 "IAB compliant" 表示服务商单方面承诺遵守互动广告局的标准，但没有受过互动广告局的官方审查。

如果你在播客里插入广告（或有这么做的打算），那么你的广告提供商会要求你提供一段时间内播客的下载量，而 IAB 认证可以为你的数据提供可靠性支撑。此外，你也应确认服务商能为你提供怎样的听众人群统计（知道这些总是有益的，尤其当你为播客拉广告的时候）。如果服务商允许你下载有关数据，则更好。

- **服务商的服务能否与你的播客共同成长？** [21] 一些服务商会扶持播客，帮助其成长，比如允许你设置会员制、付费内容或其他变现方法。

- **服务商是否会改动你的文件比特率？** [22] 如果你的 MP3 文件大小超出了特定限度，那么一些服务商可能会改变音频的比特率[7]。如果音频以人声为主，那么这可能无伤大雅；但如果是以音乐或音效为主的音频，那么就需要避免。还有一些服务商可能会对高码率文件额外收费。

7. 衡量文件上传、下载速度的数字。

JustPod 注：

这就是在上一节 "音频文件准备手册" 中提到的，有的平台会默认转码的情况。

- **是否提供文稿整理服务？** 如果提供，那么整理质量如何？ [23] 可以参考第 14 章 "花些时间，整理文字记录"。

- **迁移是否有困难？** [24] 如果你的文件需要从一家服务商迁移到另一家服务商，那么你可以打开操作面板，看一看自己能否在独立于服务商技术支持的情况下独立完成。

> **JustPod 注：**
>
> 例如，有的平台的托管就不提供迁出服务，所以如果中途你想要转换托管，那么这个过程会颇为周折。

还有一些是你在货比三家时可能会发现的新需求，如是否有章节标记、播放器是否内置行为召唤按钮、账号管理权限有无限制、播放器能否展示多期内容，以及是否有允许你从自己的网站进行操作的插件、是否允许插入动态广告、是否允许在不同平台上分别设置发布时间，等等。

我们不是让你面面俱到，重点在于：多看看，再判断。你的决定最终取决于你自己的需求与偏好，取决于你播客的性质（如节目形式、节目时长、节目主题），以及你为播客设定的成长目标。

播客托管服务商功能确认表

表 15-1 列出的选项虽然不能覆盖所有方面，但多少能帮助你根据不同功能比较不同的服务商。你也可以自行修改，加入你认为重要的功能。[25]

做决定之前，你应考虑：这家服务商是否能满足我当前的需要？以及等播客进一步成长（这可能意味着节目期数增多，存储空间增大；节目内容更丰富导致时长更长，单期文件体量增长；节目下载量增多，带宽需求增加；或者宣发与观众互动增多，对其他功能和数据分析的需求增加）之后，这家服务商又能否满足未来的需要？

如果你有充分的理由相信自己的播客能在未来半年内实现主要的增长指标，那么你就应关注那些能支持你发展到下一阶段的服务商。[26] 但如果做播客只是兴趣使然，那么你只要选一款初阶或入门的托管服务就够了。此外，你也应了解一下与你形式相似或处在相似成长阶段的其他播客使用的是哪些服务商。

　　在签合同之前，你应仔细阅读服务条款，检查其内容是否合理。为让你的播客能在他们的平台上发布，服务商会要求你提供授权许可，但你需要注意授权协议的条件，因为这可能会允许服务商以你不认可的方式利用你的内容变现，如不经许可插入广告，或将你的内容发布权分销给别人。

与播客目录共舞

　　对于如何向各个播客目录提交你的播客节目，我们的建议是：放长线，广撒网。你的播客在网上受人关注非一时一日之功[27]，所以节目的投放（也叫同步分发）面要尽可能广[28]。苹果播客显然是不可或缺的，这是播客目录和播客应用的主导力量；像 Spotify 这样的音乐流媒体服务商和 Stitcher、iHeartRadio 这样的网络电台服务也会为播客提供平台，以便收割大量潜在订阅者。但这只是一部分。你可以在网上多搜索一下，了解播客目录与播客应用的情况。[29] 如果你选择使用托管服务，那么托管服务商会替你解决同步分发的问题；如果你决定亲力亲为，那么可以上网找找教程。通常，只要你第一次提交成功，那么上传后续节目时就会容易很多。

　　上面这些工作看起来挺吓人的。但要记住，你的目标是让播客能被更多人找到。而如果你能为自己的播客安一处好"家"，那么是多么让人得意的事啊！同样要记住，你不是一个人——你在播客圈的同好能为你提供许多想法、提示、策略、讨论及帮助，他们也和你一样，无时无刻不在解决问题。所以，你要做好功课，勤问问题，把你学到的知识与自己播客的所需结合起来，留心各项条款的细节，让播客事业不断推进。

表 15-1　播客托管服务商功能确认表

特性	服务商 1	服务商 2	服务商 3
有无免费层功能			
有无免费试用期			
有无带宽限制 / 报价			
有无存储限制 / 报价			
是否变更文件			
节目文件存储时间限制			
允许分发到多少播客目录 / 应用			
是否采用最新的标签与分类标准			
使用难易度			
网站主机服务质量（如有需要）			
与个人网站的接合是否简便 / 是否允许嵌入式播放器			
社交媒体融合度			
音频转文稿功能 / 价格			

特性	服务商 1	服务商 2	服务商 3
节目信息页展示质量			
是否支持音频、视频转换			
支持的分析数据类型 / 报价（使用人群分析? 数据可下载?）			
IAB 认证			
是否有会员注册或变现 功能 / 报价			
是否提供技术支持 与咨询服务			
定价			
是否允许按月付费			
关于迁移到其他服务商 的规定及流程			
服务协议是否允许服务 商未经你许可或同意用 你的内容变现（如插入 广告、分销许可权）			
其他播客人的意见			

第 16 章

为我成长

本章主要介绍的是在节目发布后关于如何运营的入门教程，即在节目发布后如何进一步宣传自己的作品，在蒸蒸日上的播客世界站稳脚跟。

当然，你已经知道，最好的营销策略就是把播客的质量做好。毕竟，如果播客质量差到让听众如坐针毡，那么什么营销策略都不可能扭转局面。但另一方面，你要做的也不只是按下"发布"键那么简单。

一位播客人能投入的市场营销的时间、精力和预算是有限的。有很多需要我们去做的事情，但在时间、精力、预算有限的情况下，我们最应完成的是哪些任务？在本章中我们的目的不是下达指示，而是为你提供选项。帮助你好好规划目标，确定工作的优先级（并不断审视）。这是避免自己被各种营销选择压垮的最好办法：只要目标明确，你就不会被时髦潮流或其他人的选择带偏方向。让我们先看一看下面的这道练习！

练习：大盘点！什么是成功？什么是成长？

在第 2 章中，你已经定义了"成功播客"对自己意味着什么。是为了以你所秉承的观念为核心建立一个社群？在特定领域增强自己的影响力、拓展自己的知名度？吸引别人关注你的产品或服务？还是做一名成功的专业播客人？

在本书第 2 章的"练习：认识你自己"中，你已经对如何定义自己心目中的成功播客有所思考。随着你对播客的认识不断深入，现在的你对于这个问题是否有了不同的答案？你的目标与偏好将左右你的营销决定。所以，拿上笔记本，再深入思考一下：按重要性排序，列出你的偏好与目标。

下面请一边阅读本章，一边为播客的成长做规划，并思考以下问题：这么做是否能够帮我实现目标？

衡量标尺：做得怎么样?

做得怎么样？[①]坦白来说，这问题可不好回答。不过，不重复下载次数（在 24 小时内下载节目的人数）[1]可以为你大致勾勒出播客的人气趋势，让你判断听众规模是在增长、萎缩还是原地踏步。

但如果你想检验某种市场营销策略有没有收获成效，那么只依据不重复下载次数是不行的。因为下载次数不能告诉你，听众是听完了节目，还是在中途退出了。另外有些人有时会在不同的设备上分别下载同一期节目，这也会被统计在内。所以，<u>看数据的时候要多加小心</u>。

> JustPod 注:
>
> 这也是为什么现在在美国市场，像 Podtrac 这样的播客监测工具会提供像 Unique Monthly Audience 这样的数据维度。更多地关注实际发生收听行为的人数，而不是单纯的播放量和下载量。（JustPod 使用的也是 Podtrac，对数据进行监测。）

切记，营销工作要想见效需要时间。即便你不能立刻看到营销推广的成果，但这不代表你的努力就完全没有作用。也许你的推广正在起效，只是暂时还不能以数字形式清楚地体现出来。不过，我们也不是建议你盲目自信，你还是应该关注与你的目标有关的数据。

<u>根据往期节目在发布后 48 小时内下载量是否稳定</u>，你可以大致推断出播客的订阅量（或者说忠实听众）的规模如何。此外，流媒体平台（如 Spotify）上的"关注"人数也能反映出听众的关注度。

> JustPod 注:
>
> 从托管服务的后台可以看到各个泛用型播客应用的数据。而不仅只看某一个单一播客应用的数据。

1. 希望你采用的托管服务得到了互动广告局的认证（见第 15 章），这样你的播客的下载数据就会更加可信。

其他表明播客听众规模正在扩大的指标还包括社交媒体账号关注者人数的增长、"点赞"数的增长、网站流量的增长，以及邮件订阅人数的增长。这些趋势表明了你的影响正在扩大，而这也有助于提高你在搜索引擎中的竞争力，进一步扩大你的总体知名度。

你是否会在每期节目发布时给邮件订阅者群发节目链接？[②]如果是，那么你可以关注有多少人打开了那些群发邮件（这也能让你了解自己的主题是否吸引人）[2]，以及你的播客链接有多少点击。你应追求的目标是尽可能让那些打开了邮件的人也点开你在邮件里附上的节目链接！

通过反馈与意见征集促进观众参与

观众反馈可以为你提供一些仅凭下载量无法得出的信息，但也有可能反过来支配你。如果向 10 个人征求意见，那么他们恨不得给你 11 种答案。

有时一期你不满意的节目反而能收获听众的强烈反响。而你苦心制作的节目，却无人问津。再有无论节目质量好坏，你永远逃不掉恶毒的差评邮件，所以只要放宽心，习惯就好。

——萨姆·桑德斯，《与萨姆·桑德斯聊一分钟》主播[③]

你应该如何面对反馈？在理想状况下，我们希望播客既符合自己的期待，也符合听众的需求。

你是否能从听众的评论中发现一些规律？这些评论有没有反映出一些你之前遗漏的问题，或者不断指出同一个盲点？如果有人发来负面评论，那么建议坦诚回应。如果你能据此改正当然更好，但无论如何，你都应让对方感到自己的坦诚与尊重。[3]毕竟，如果你是发表评论的一方，那么你肯定也想得到尊重，对吧？

还有一种吸引听众参与的有效策略是直接在节目中向听众征集意

2. 但正如我们之前提到过的，一些邮件服务商会自动打开邮件，所以你对邮件打开次数不宜过分认真。

3. 对于如何回应，你也应有自己的判断。如果评论者只是"低级黑"（谩骂、人身攻击、恶意评论等），你就不必与他们计较。但如果他们对某个很具体的方面感到生气，那么你可以像我的朋友琳达·霍尔姆斯那样花些时间，友善回应："抱歉，我们的节目可能不太适合你！"然后解释自己节目的制作目标。惊人的是，这样的回复往往会把交流带回比较文明、友善的轨道，甚至还时常能让对方道歉。

见、反馈。

号召听众提供意见、反馈有许多方式，只需选择与你的播客调性相匹配的方式即可。你应明确告诉听众如何与自己联系，无论是通过社交媒体、网站、电子邮件还是电话（最好能自动转录成更好处理的语音邮件！）[4]，你可以参考以下范例：

"我们正在做一个调查，想了解你们对哪些烹饪技巧感兴趣？比如，如何处理整只鸡？如何做出完美的白煮蛋？听众朋友可以来我们的网站做一下问卷，让我们知道你们对哪些烹饪技巧感兴趣。"[5]

"有些朋友让我们深挖一下（某个）话题。你们说的没错！我们的确应该对此处的处理更加完善。感谢你们让我们更加忠实于追求高质量、精准、平衡报道的初心。今后也希望大家能持续向我们反馈意见。"

"你们对我们的节目怎么看？如果你们能留下评论就再好不过了。或者，也可以向朋友介绍我们的节目！"[6]

你肯定听过不少播客了，应该知道邀请听众参与评论有很多种方式。下面开动脑筋，根据自己播客的主题设想交流方式，吸引其他人与你互动。

当然，别忘了在网站和社交媒体上制造互动的机会，你可以积极地发起讨论，设置专门的评论页面和推送。[7]你发的帖子里不能只有节目的链接[4]，还要有与其他人分享的和主题有关的信息、想法或趣闻。制作人 J. C. 霍华德在播客的起步阶段就明白了以下道理："我们每周都会发布新节目，在发布当天多少会和其他人互动，但在两期节目发布之间的互动却非常有限。现在看来，当时的我犯了一项大忌，那就是不能让人看出你在做宣发。因为我在社交媒体上的推送总是在有求于人的时候发布的，我觉得这反而会让他人感到疲劳，而不是萌生互动的欲望。的确，我们偶尔会发几条消息，或者在别处随便跟评两句，但那更像是插科打诨，因为发布信息的时间太没有规律了。说来讽刺，当我在播客上逐渐找准调门的时候，我的社交媒体账号就一步步退居二线，变成背景噪声了。"[8]

你可以主动提问，发起对话。你也可以称赞他人的成就，共情他人

4. 讲真，只是在社交媒体上喊一句"上新了！"，这可不叫互动，也压根不会吸引别人来与你互动。

的担忧。再时不时发一点生活中的快照，分享自己的经历。比如，拍一拍自己发型剪坏了但还要"上麦"录节目时的样子，拍一拍满是批注的脚本，或者偶尔让家里的猫出个镜（尤其是当你的听众已经事先知道它喜欢在录音时"抢麦"的话）。

搜索引擎会注意到以上这些分享，抓取更多信息。此外，你也在抬高自己在听众眼里的价值，逐渐增强与听众间的信任，这最终会转化为更高的用户忠诚度，让你的播客成为我们在第13章里提到的那种"枢纽"（这一点非常重要，原因我们马上会说）。

营销5大圣筐[5]

NPR 品牌与营销总监克里斯汀·休姆（Kristin Hume）为我们分享了关于 NPR 是如何宣传播客节目的宝贵经验的。[9]她告诉我们，播客的首发策略"通常"要填满"5个筐"，其中一些需要你花钱，还有一些需要你流汗。注意：这些并非必要条件，只是为那些自营播客根据节目状况与资源条件提供一些参考。下面就让我们把头伸到这些"筐"里看一看！

第1筐：公关与沟通

克里斯汀认为，你在这方面应追求的主要目标是"宣告新播客的发布"（包括对媒体发布的资料与声明——见第14章的"常备媒体资料包！"和"媒体联络名单"），并"思考怎样把你的主播塑造成与播客主题领域相关的专家"。

也许你觉得自己其实不算专家？别担心，你依然可以把自己树立成这档播客的代言人。我们认为，你为播客选定的主题应该是你充满激情且有充分了解的领域。此外，如果有专业背景的嘉宾加持，那么你的播客能成为分享观点、专业趋势、优质资源和有益信息的枢纽。或者你的播客有对于生活无常的有趣观察，或者为了围绕一个敏感议题形成有建设性的社群讨论氛围。只要坚守自己制作播客的初心，你就能坦诚而自信地宣传自己。

5. 其实没什么神圣的，我们只是随口给"筐"加了个"圣"字而已。

你可以考虑联合其他播客，如有相似的节目调性与目标听众群，那么可以尝试毛遂自荐成为这档播客的某一期节目的嘉宾（更详细的内容，下文的练习部分会提及）。去其他播客当嘉宾是一种双赢合作，这既能让你接触新的听众，也能让你积累作为访谈嘉宾的经验（你也可以在今后做自我介绍时把这些经历写上去）。

此外，也可以邀请其他优质的初创播客的主播来你的节目当嘉宾。你也可以在社交媒体上推广他们。这样既能多做一期节目，又能增广人脉，或许有朝一日还能被邀请到他们的节目当嘉宾，实现互利共赢。

另一种推广播客的渠道是播客节、播客会议等活动。这些活动是你增进知识、结识朋友的绝佳场合。[6] 在这些活动中可以结下的交情，以及可以达成的合作是你无法预想的。此外，你也能在这些活动中与一个最佳的潜在市场——那些真正热衷于听播客的人建立联系。

第 2 筐：付费宣传

克里斯汀·休姆说："我们的付费宣传采用两种策略。首先，我们只在人们可以收听播客的平台上（如 Spotify、iHeartRadio）做付费营销。这样一来，你就能直接触达那些热爱播客、正在寻找新播客节目的人。"

另一项策略是在社交媒体上做有针对性的营销，"把播客插入与其主题有关的对话中"。

在不同的平台上，你可以选择特定种类的用户、年龄段、话题标签或兴趣领域，购买对应的广告空间，发布有针对性的广告，"比如，我们为《语码转换》做宣传的时候，锁定种族与认同问题相关的话题标签就很有效果。"

"我们在社交媒体上用了不少'音视频图像'，它们也很有用。"，克里斯丁说："社交媒体是一种视觉媒介。坦白来说，我们也做一些低成本的视频。我们找萨姆·桑德斯（《与萨姆·桑德斯聊一分钟》主播）拍了一段视频，只需要他站在镜头前念一小段总共 2 分钟的稿子。我觉得只要有条件，用视频总是更好的。"

付费宣传的预算问题"很复杂"。但一般而言，"如果能为社交媒

6. 有一些活动的性质更偏闲谈一些。有一些活动主要吸引像你这样初出茅庐的新手，还有一些活动主要吸引那些从大型媒体机构来的大佬，就是满嘴"垂直市场！"的那种人。眼下，你应该侧重前者，而非后者。

体上的付费宣传投入 5000 ~ 10000 美元，那么你的播客大概能触达到大约 50 万人。"

即便预算只有几百甚至几十块钱⑩，你也可以看看这些钱能为自己买到什么，判断一下自己是否需要试着投放些广告。克里斯汀认为：社交媒体上的付费宣传可以带来所谓的"声量倍增效应"。人们可以给广告写评论、点赞并分享，这种传播的最终效果是无法想象的。

第 3 筐：广告互推

对初创播客来说，这是一个特别有（省）效（钱）的交叉宣传策略，我们在 NPR 也屡试不爽。广告互推（Ad Swaps）顾名思义，就是与其他播客人"以物易物"，彼此在节目中为对方做广告。和互当嘉宾一样，你也应与那些体量和自己相当、话题与自己相近的优秀播客合作。试着联系他们，告诉他们自己有多喜欢他们的节目（对于你自己都不想宣传的节目，不要强求！）。⑪按克里斯汀的说法，你还可以对他们这么说："我们在做一档有趣的播客，对此真的很有热情。如果你们能在节目里帮忙宣传一下，我们也会投桃报李。"如果对方同意了，那么你就可以和对方主播交换一段大概 30 秒的广告文案，或者交换一段音频广告。⑫广告互推的具体条件主要取决于你，但你和对方至少应就宣发的结束期达成共识。⑬

广告可以设置为"前插"（pre-roll，即节目开始前或开始之后不久）、"中插"（mid-roll，即节目当中）或"尾插"（post-roll，即职员表前后）。⑭一般"前插"广告的价格高于"中插"，"中插"广告的价格又高于"尾插"。⑮你可以猜猜为什么。

在其他播客上收听广告是人们了解新播客的第二大方式，仅次于亲朋好友的推荐。7⑯所以，你一定要试试广告互推。如果在互推发起后发现节目下载量突然增长，这就表明你的播客吸收了不少新人，但即便是增幅不大且看不出明确来由的增长也能日积月累，为你带来增益。⑰

7. 意不意外？但这是真的。所以我们的这一"筐"还真挺诱人。

练习：为嘉宾客串或广告互推，做自我推荐

　　要想成功说服其他播客邀请你客座出席或者广告互推，首先你要找到最合适的合作对象。你可以搜索和自己节目成长阶段相近（如果你初出茅庐，那么就应该联系同样新入行的播客人）、听众群（或话题）有潜在重合的其他播客。但你也要能给对方带来一些不一样的东西。[18] 比如，关于远足窍门的播客可以和关注自然、旅游（"介绍远足旅行时的地点、季节选择，以及远足经验、旅行预算等窍门"）或观鸟（"给观鸟爱好者的 10 个远足建议"）、摄影（"摄影师远足指南"）、烹饪（"介绍除露营烩菜以外还能做的食品"）甚至育儿类（"与熊孩子一起远足"）播客擦出火花。

　　回顾第 13 章的"了解并培养你的细分社群"，看一看你列出的那些值得欣赏的播客。这是一个很好的起点，但现在你要进一步开阔视野，尽可能列出所有在听众群或主题上与你的播客相似的播客。翻开笔记本、开始列表，对于列出的每一档播客都要先听一听其中品质精良的标杆节目，然后记下你的话题和他们的话题之间可能存在的交集。

　　列出潜在联系对象之后，你可以给他们发送邮件，并用礼貌的口吻简明地向对方提出自己的请求。用你之前想好的一句话文案介绍你的播客，然后稍微多介绍一下你的节目邀请过哪些知名嘉宾，取得过怎样的成就（如果你真的得过一些殊荣，记得写出来）。你要解释自己的节目或主题为什么能让对方的听众感兴趣。你可以列出一些合作的选项或想法。当然，你也可以投桃报李，承诺今后为他们提供类似的合作机会（无论是互推还是嘉宾对谈），记得在社交媒体上 @ 他们，等等。一定要记得加入自己的联系方式，写出自己的网址和社交账号，以便搜索。

　　不过，比起唐突拜访，与其他播客建立合作关系的更有效方法是提前接触、保持互动。你可以在网上关注他们，参与他们的讨论，在自己的社交媒体上提到他们，给他们的播客节目点赞。

　　也许你已经和其他播客人建立了联系，那么你可以试着更进一步，把简单的广告互推升级成"节目互推"[19]，也就是把各自的一期节目放

到对方的系列推送里去。为了让你的听众了解更多情况，你还可以加一段介绍，告诉他们为什么会把其他播客的节目放到自己的推送中，并解释自己为什么喜欢这档播客。和广告互推一样，你在节目互推时也应与对方商量出一个明确的、节目互推的时间计划。

第 4 筐：播客平台上的宣传

一打开播客应用程序，你就能看到主页上令人眼花缭乱的播客图标。当然你也可以申请让自己的播客出现在苹果播客、Spotify 或 Stitcher 这样的分发平台上——你不用为此花钱，不过竞争自然也十分激烈。这些平台很重视用户黏性，因此愿意宣传那些可以吸引听众的优质内容，无论创作者是资深名人还是播客新手。

你的托管服务商或许对这些播客平台的联系方式最为熟悉，但你也能在这些平台的官网上找到联系方式，自行与其接触。在自我推荐时要注意以下几点：

1 言简意赅（可以把核心内容集中于一段，或分散成两段）。

2 要推销某一期节目，而非播客本身。

3 要充分说明这期节目的优点、特点。

4 要解释自己将如何推广这期节目（你是在请求平台为你投入一些货真价实的资源，所以你要向他们保证你的听众确实会点开并收听）。

> **JustPod 注：**
> 使用平台推广资源，也是一种互惠互利的双赢。平台可以让你的节目被更多的、平台已有的用户知晓，但平台也希望你能把节目的听众带向这里。即使不是这种十分明确的"引流"，拥有一个看起来是认真思考过的推广方案，也会让平台觉得，你索要推广资源的动作是非常慎重的，而不是随随便便的试一试。

第 5 筐：在你的平台上与人互推

克里斯汀曾提出一个思考——"如果你是某个社群的一员，那么你该如何向其他同伴介绍自己正在做的新作品？"[19]

这就是搭建平台的意义！你可以通过平台介绍你的播客。这个平台可以是你的网站、你的邮件订阅列表、你的社交媒体空间，也可以是你在事业上和私人生活中的人脉网络。你甚至可以在电子邮件的签名中附上自己最近完成的播客作品。如果你不能让别人看到作品，那么你为播客倾注的心血不就白费了？

n|p|r

行家心得：这是约会，不是结婚

克里斯汀·休姆，NPR 品牌市场部高级总监

克里斯汀·休姆为我们介绍了一种吸引别人了解自己播客的软性营销策略："在广告里直接叫别人关注一档播客就好比在酒吧里随便找一个人问'和我结婚好不好'。这么做的效率很低，而且给人被冒犯的感觉。我们更倾向于让别人试着听听看，如'我们有这样一期节目还不错，你现在可以听听'。首先要尽可能把收听的门槛降低，然后你就可以在节目里说些更具营销意味的话，如'嘿，新听众朋友，欢迎！希望你也喜欢我们的节目。如果你对我们感兴趣，请记得点个关注。'"[20]

更进一步，播客变现？

你想必已经知道了，但以防万一，我们还是要把残酷的现实重申一遍——大多数播客很可能永远也不能赚钱。

不要误会，你当然还是有机会从播客中赚钱或者让播客自负盈亏的。接下来的这部分可能会给你很多启发，但希望你在阅读时不要太热衷于变现，要保持头脑清醒，谨慎乐观。

即便一档播客没有为你带来金钱收入，也能为你赢得其他价值。播客可以是一张个人名片，一张入场券，一枚勋章，一段耀眼的履历，一种与人建立信任的方式，一支个人传声筒，一个吸引他人订阅邮件的旗

号，一个向他人推销产品或服务的窗口，也可以是通往新事业、新人脉、新项目、新客户或新社群(无论是公共社群还是专业人士社群)的敲门砖。你的播客或许不能创收，却很可能为你带来这些无形资产。

接下来，我们会介绍常见的播客变现方法，并列举一些让播客实现收益或其他价值的例子，你可根据自己可以投入的时间或精力做出选择。[8] 归根结底，播客的价值与你对这档播客的热情直接相关。《TED 电台时间》主播马努什·佐莫罗迪说："如果你对于制作播客毫无快感，那么请立刻停下来。想要面向亲朋好友之外的听众做一档节目是非常困难的，靠这个赚钱更是难上加难。制作播客的背后一定要有某种创作或智识驱动。你的态度本身决定了一档节目的价值所在。"[21]

8. 这些举例的目的是激发你的思考。你可以根据自己的情况随意增删、改动、混搭，也可以参考其他创意行业工作者的做法，看一看有什么自己可学的。

> **JustPod 注：**
>
> 这一点在为企业制作品牌播客时，体现得更为明显。因为多数企业选择制作播客的初衷并不是像创作原创播客的创作者一样，指望节目可以直接变现。他们更多是把播客当成一种手段和工具，以帮助他们实现其他的目标。我们觉得这种态度是好的，也很适合个人创作者借鉴。

n p r

行家心得：播客"成功"的两大要点

盖伊·拉兹，《我的经商路》创办人，《TED 电台时间》《世间惊奇》联合创办人

首先，不要为了发家致富做播客。我大概每个星期都会收到别人发来的咨询，其中一些来自知名人士，他们想开一档播客，因此来询问我的意见。我总会等上半年再打电话联系他们，通常这时他们就会向我抱怨："我真不明白。我在推特(Twitter)上有 150 万关注，在 Instagram 上有 100 万粉丝，怎么播客每周却只有两三千的下载？你能帮我解释解释吗？"

我说："如果你每星期去一次讲堂，向 3000 名观众宣讲自己的想法，那么他们不但会全神贯注地听，还会在之后与其

他人分享宣讲的内容，甚至还会通过其他渠道与你联系，你愿不愿意？"他们的回答是："当然愿意。"然后我说："好。如果你拿着一只扩音喇叭站在街头，对行人随口说出自己的想法，你觉得这能不能吸引 500 人过来听呢？"恐怕不会。但想象一下有 500 人来听你的播客——这人数可真不少。或者 1000 人？这可都是非常忠实、非常热心的听众、粉丝。

如果你的节目每星期能吸引 100 名听众，那么我认为这 100 名能抵得上每天 1 万名到 2 万名推特关注者，因为这 100 名听众可以给你的影响力带来倍增效应。他们会在其他场合谈论你的节目，用口耳相传的方式为你扩大口碑。

另一个非常重要的点在于，播客是一个更广泛的生态系统的一部分。如果你热爱某款游戏，想要以这款游戏为主题开一档播客，那么它还能不能与其他的主题产生联系？你能否把它当成一个生态系统的一部分来思考？你有没有 YouTube 频道？有没有博客？你未来有没有可能就这个话题写本书？你或许还能开课教别人提升游戏技术，甚至收学费？

如果你开店卖葡萄酒并打算做一档葡萄酒主题的播客，那么你的播客也许只能吸引 100 人收听。但这 100 人都是你的潜在顾客，他们找到你时就已经对你有了很深入的了解，也更愿意付费。也许你还能写一本自主出版的小册子，对这 100 名听众说："嘿，我写了本小书。你们可以来我的网站看看。"也许其中有一半人就真的会到网站上看。但如果你发了一条有 5 万人浏览的推特，其中恐怕只有不到千分之一的人愿意点开链接。

所以，播客的成功不是用数字衡量的，而是用参与度衡量的。一位播客听众的价值胜过 1000 名社交媒体的关注者，因为播客听众真的会替你传播你的讯息。[22]

JustPod 注：
这个描述太棒了。

JustPod 注：
哈哈，这就是 JustPod 旗下播客《杯弓舌瘾》的故事。

变现模式：从免费到请求付费

免费是播客的传统[23]，但随着大企业和一些带有创业性质的播客开始试验付费墙（Paywall）模式后，环境正在发生变化。一些播客服务商可以为播客提供付费订阅模式，让听众支付费用，换取免广告或收听奖励内容等优惠。

对于个人播客，创收一般是通过广告实现的。直到今天，还有很多播客这么做（广告盈利的问题会在下文中探讨）。

除此之外，还有其他方式可供参考：

- 捐赠（你可以在网站上开设直通 PayPal、Stripe 等电子支付系统的捐赠按钮）。[24]

- 设立打赏机制。[25]

- 众筹（比如 Kickstarter）。

- 类似 Patreon 这样的定期付费制众筹平台，允许内容创作者在粉丝社群内试行付费订阅，为愿意注册为赞助者的人提供内容。[26]

如果你想建立一个会员制网站[9]，那么你可以先在搜索引擎中搜索"会员制网站搭建工具""会员制网站制作软件"，然后再搜索"内容管理系统"（content management systems，缩写 CMS）进行了解、搭建。[27]

无论如何选择，你都应该让听众清楚地知道自己可以在哪里、用什么样的方式支持你的节目。你可以在节目的结束语、信息页或播客官方网站上"邀请"用户打赏或订阅会员。你要向他们解释这些赞助会如何帮助你产出优质内容，并为他们提供怎样的额外好处。此外，还要记得感谢他们的收听，感谢他们把你的播客介绍给其他朋友。

上述策略通常只会在你已积累了一定粉丝基础之后才能生效。[29] 所以，首先你应产出大量的内容，积极搭建平台，不断发起营销推广活动，巩固、加强与听众的联结。然后，你应确保内容产出的品质，这在你请求用户付费时尤其重要。[30]

在积累用户基础的同时，你也应想好自己需要何种程度的增长，并

9. 严格来说，"会员"（membership）应该是免费的。注册会员可以获得特殊准入权，允许浏览不对其他人开放的内容（但也可以付费购买一些东西），而"订阅"（subscription）一般要求付费。但有时候这两个概念也会有些混淆。[28]

且多从听众的角度考虑，比如若节目定价超过了听众的承受范围，那么就是不可取的。㉛你是想打造一个能与听众进行积极互动的社群，即时分享免费内容，还是想用低价策略吸引付费？你是想把自己的播客打造成建立信任、吸引听众关注其他（付费）产品或服务的渠道，还是想更有雄心一点，为播客设置多重价位、多重福利的付费方案？ ¹⁰ 一切取决于你的选择！

10. 真是个好汉，如果你真的做到了，那么我们会在吧台前端着酒等你，为你庆祝。

播客变现分为 3 个等级（Level）：低投入、中投入、高投入。

Level 1：低投入

只要包装一下自己正在做的事或者额外做一些不用投入太大成本就能做到的事，你就能获得一定的收益。即便只是开设免费会员，让听众注册后享受奖励内容，搜索引擎也能注意到你网站的流量变化（既然来都来了，为什么不顺带邀请他们订阅你的电子邮件呢？）。如果不想投入太多，那么可以考虑以下方法：

- **在节目中鸣谢捐赠者。**㉜曾有朋友与我分享过当她看到自己的名字出现在某个交响乐团节目单后面的"本次演出捐款观众名单"时的激动心情。同样地，不要低估在播客节目中点名感谢某人的力量。

- **宣传已有的产品或服务。**㉝例如，你可以用一期讨论如何平衡工作生活的节目吸引听众了解你的职业指导服务，或者用一期关于装修廉价住房的节目吸引听众了解你的装修业务，再或者用一期历史主题的节目吸引听众关注你的著作和线上讲座。

- **奖励内容。**㉞你可以用访谈中的未公开段落或其他类似的奖励内容（Bonus Content）吸引听众访问你的网站，也可以与他们分享自己在研究节目主题时找到的有趣文章的链接。

- **建立社群。**㉟你也可以为注册为会员的听众开设线上讨论群组。

- **往期节目回听。**㊱如果已经发布了足够多的节目，那么你还可以设置付费订阅机制，允许订阅者收听所有历史节目（假设这些节目的内容不会过时，或因其他原因失去价值），而免费用户只能收听最近的节目。

- **免广告。**[37] 你可以放出所有节目供人免费收听，但只有付费订阅者能享受免广告特权。
- **早鸟特权。**[38] 允许注册会员或付费订阅者对最新节目先睹为快。
- **折扣。**[39] 给付费订阅者提供课程、服务或产品折扣。

Level 2：中投入

你也可以为创收多投入一些成本。例如：

- **幕后分享。**[40] 向用户展示、讲述节目的制作过程。比如，你的录音场地是怎样的？你也可以介绍一下出外景时的日程安排。如果你做的是一档喜剧类播客，那么还可以与他人分享自己构思笑点的过程。如果做的是健身类播客，那么你可以分享自己是如何为第一次跑马拉松做准备的，记录下训练时的汗水与泪水。你所讲述的故事背后，是不是另有一段故事（例如，你做了一期关于深海垂钓的节目，但你为此需要克服对水的恐惧，等等）？
- **互动机会。**[41] 在直播间实时讨论播客主题？办一场线上问答？形式与频率由你自己决定，但不要爽约！
- **把互动做成节目。**[42] 你可以录一期快问快答并做成奖励内容，对付费订阅者开放。
- **请求投票、分享、评论、反馈。**[43] 也许你可以设定一个专门的订阅等级，允许这一级别的订阅者参与调研选题、票选图标或周边商品设计（别把你不能接受的方案放进去！）等，以此拓展出一个高度活跃的粉丝群。

Level 3：高投入

投入的资源越多，优惠的门槛就应越高。例如，在付费订阅之外设置单独计价的产品与服务，但允许订阅者享受折扣。

- **独家原创内容。**[44] 如果你的播客是职场题材，那么可以做一个只对顶级会员开放的办公室政治专题系列。如果做的是烹饪类播客，那么可以试试用电子邮件为付费听众推送时令菜谱。

- **提供产品或服务。**[45] 你可以为听众额外提供怎样的产品或服务？可以在听众群里调查一下。也许他们想要参加一场关于求职的线上工作坊，或者想要与播客主题有关的电子书、课程、视频。开发相关产品或服务是非常费力的，所以你最好为各种新产品构思建立一个档案，就像之前提到的播客点子库一样。多学习、多研究，思考这些产品或服务如何与你的目标和你听众的诉求相契合。

- **抛头露面！** 你与听众的互动每加深一级，就能带来额外的价值。线上视频会面的价值高于线上群聊，但这两者的价值在你亲自出场的线下活动面前又相形见绌。如果你真的非常、非常擅长做播客，那么你还可以组一支团队专门负责技术支持与组织活动，你甚至还可以搞一次节目直播。[11][46]

- **和具体的粉丝沟通。**[47] 允许听众一对一向你请教，视情况也可以通过电话或视频通话向你咨询。也许他们也想和你聊一聊他们自己的播客构想！

- **传授知识。**[48] 你能向别人提供哪些知识？传授的形式与深度可以有多种选择，如录制教学短片、组织线上讲座、发布系列教程、提供简单的入门指导或大师课、提供集训或线下课乃至封闭静修。你的选择主要取决于你和听众在社交媒体上是如何互动的，以及他们的兴趣。

- **周边产品。**[12] 你还可以提供带有节目封面或标志性口号的马克杯、T 恤衫、贴纸、帽子、小磁铁，等等[49]。当制作播客的周边产品时会面临诸多选择。而电商销售非常复杂，所以你一定要做好功课。以下方面需要特别留心，如产品是否有较好的品质、定价是

11. 了不起，如果你做到了这个，那么我们也会在酒吧里等你，为你庆祝。

12. 我们懂你，朋友。你恨不得第一期节目一上线就定做些带有节目标签和关键词句的 T 恤衫。在你之前，也有不少人这么想过，但他们的车库里都存着好几箱滞销 T 恤等着吃灰呢！这是因为他们还没来得及打下听众基础，就抢着做周边了。绝对不要本末倒置。

否合理、是否方便下单、履约是否可靠。你的周边可以做得很简单，如给新订阅的听众发一张手写致谢的贴纸；也可以很复杂，如给高级订阅者送去更高端的致谢产品。你也可以绕开电商，把外出活动的贴纸、磁铁或别针当作纪念品送给听众。

网赚联盟、赞助、广告

有些播客会与商家结成"网赚联盟"（Affiliate），即播客为商家的产品或服务提供"露出"，并从由此产生的销售额中收取回报。[⑩] 例如，关注烹饪、家庭维修、摄影、远足或科技题材的播客可以与对应领域的设备厂商建立这种合作关系，家庭与办公室装饰企业则与讨论室内装修设计的播客适配。虽然这种合作不是稳定收入的主要方式，但如果你本就喜欢这款产品，那么与商家合作在各方面都有好处。如果初出茅庐的你还不太能吸引赞助商的关注，那么网赚联盟是一种补充收入、收集可靠数据的好办法。

> **JustPod 注：**
>
> 如果换作本土化的理解，那么可以认为是"带货"，赚取销售分成。但在这里，我们不是很想用"带货"这个词。首先，美国语境下的"Affiliate"和"带货"还是有一定区别的。"Affiliate"更偏向于"媒体"，只是这个曝光之余有转化，而不是像"带货"直接偏向于"销售渠道"。其次，文中也提到，这种收入模式并不稳定，对于播客来说，也不是能够普遍复制的。

在网赚联盟的合作中，要注意商家产品的质量。提供的商品或服务应是你真心喜欢的，你也必须非常公开透明地表示自己已与商家结成了合作关系。美国联邦贸易委员会（FTC）明确要求广告营销应得到"清楚而可辨识"的披露[⑪]，并对制裁欺骗性营销有明确规定。所以，最好不要冒违规的风险。

除了网赚联盟之外，播客还可以接受商业赞助或传统广告邀约。如果是商业赞助，那么赞助者一般会要求在播客的若干期节目中有显著露出。[⑫] 比如，一个关于美国西南部特色菜谱的系列节目有可能得到辣番茄酱厂商的赞助；关于"暑期儿童益智"的节目可以为听众介绍一系列益智游戏；每周一播的"周末闲逛者"节目可以在地方商会的赞助下宣传一些本地的餐厅与活动。对初出茅庐的播客新人而言，争取商业赞助并不容易（如果有几千人的稳定听众基础，并向商家提供尽可能详细的听众画像资料，那么你的成功率会更高一些）。[13] 不过，如果你能论证自己的核心听众群与商家的目标消费者相吻合（如果播客的话题比较小众，如专注于本地社区，但听众群很活跃，那么这个群体的规模不必太大），并让商家相信你制作节目的品质与频率有可靠保障，那么你赢得赞助的机会就会更高。很快，你就能像在 Instagram 上推销蛋白粉的健身博主一样在节目中推销你的赞助商内容（sponsored content，简写"sponcon"）了。注意：你可能需要让渡一些节目编辑的自主权，制作时间可能也需要延长。⑮

对于广告来说，由主播根据节目内容调整并亲自朗读广告词，可以让节目主体内容和广告之间的过渡更圆滑，对听众的体验也更友好；主播本人也可以分享自己对于广告产品（或服务）的使用体验。此外，你也可以把提前录好的广告（可由主播或其他人朗读）插入节目中。无论如何，你都需要明确广告的插入位置（前插、中插或尾插）、时长、播放日程，以及广告费的金额。广告费或许会与节目的下载数绑定。你可以查看"每千次展示成本"，也就是广告行业常说的CPM，在播客这一渠道，它代表每千人收听的成本。[14]

和拉赞助一样，拉广告也不容易，但与话题离散度高、用户群广泛的播客相比，话题精准、用户群小而精的播客也许更受广告商的青睐。

> **JustPod注：**
> 通过以上两段介绍，赞助和广告的差别就已经比较清楚了。赞助需要有更多内容的配合，赞助内容也会"侵入"节目。广告则是以节目的触达和曝光作为结果的，与节目内容本身有所区隔。将这个对标电视节目就很好理解了。一个节目的赞助商和在节目休息时段插播的广告是完全不一样的。

无论如何，你的底线是：与听众建立深度联结。你与听众的关系越稳固，争取到第三方商业合作的机会就越高。如果达成了合作协议，那么你就要学会精打细算，仔细记录每一次的对接交涉，并牢记信息发布

13. 所以让托管服务商给听众人口数据申请互动广告局认证（见第 15 章）是有道理的！

14. 很多播客都会给主播念广告的部分配上背景音乐，这不是出于审美考虑，而是为了提醒不耐烦的听众按下 15 秒快进键直接跳过广告。这么做可能会改善听众的体验，但赞助商也有可能为此发邮件抗议。你需要自行定夺。

日程、听众数据，以及书面的协议条款。[34]

商业化之道：智者一言

　　你做播客也许只是出于兴趣，也许是为了像做生意一样赚钱。但只要你的播客开始盈利了，那么你就得依法缴税。你所在的地区也许还会要求你注册企业（或者你自己想要把播客注册成企业）。如果你需要与自由职业者合作并给他们提供报酬，那么你需要咨询专业人士，了解自己在税务、劳务报酬和合同问题上需要怎么做。如果你要雇佣员工，那么就必须遵守雇佣与薪酬相关的法律。如果你想根据商业开支减税政策给播客制作费申请减税，那么也需要知道对应的规定和记账规则。因此，你在设立播客企业时，需要向专业会计师或商业律师寻求帮助。

　　你是否要为播客申请版权？毕竟，市面上或许有些龌龊的播客小偷，对你的构思虎视眈眈？

　　不，你不需要。

　　好吧，即使你坚持，也没有办法。如果你是那种开门前检查三遍灶台有没有关火的人，那么你肯定已经急得直跳了。但根据美国的现行法律，创意作品一旦"确定"（对于播客而言，意味着录制完成）下来，就会自动获得版权。所以放宽心，伙计。

　　我们的最后一条建议听起来自相矛盾，但其实是有道理的。你在做任何一项重要事业的时候，都要做到——瞻前，顾后，审视当下。

　　瞻前。 你是否跟上了业界潮流？播客的发展日新月异。你要订阅<u>行业邮件</u>，紧跟行业技术、市场营销与商业化趋势的新发展。时刻关注播

JustPod 注：

哈哈，这里是不是可以有一个"播客一下"的广告。请移步微信公众号，搜索"播客一下"。

客圈的各类活动，寻找学习知识、建立人脉、自我宣传的机会与平台。与播客圈的同好保持联系，他们是为你提供信息与方法的生命线。

你的播客也许运作得不错？那要不要做点衍生节目？一档育儿播客也许能催生出一档为准父母们准备的新节目；一档住宅维修播客也可能衍生出一档翻修改装节目。你要思考自己的目标听众还可能有怎样的兴趣或需要。(55) 准备好跨越了吗？如果是，那么你可以扩大人脉、组织团队，走向下一阶段的成长。

顾后。你该如何最大化利用自己的既有投入？你是否有宣传自己的往期节目？(56) 如果你请来了一位曾经出场过的嘉宾，或者做了一期与往期主题相近（且后者尚未过时）的节目，那么你大可以把之前的内容重新推广一波，在新节目的信息页里写出往期节目的序号、一句话介绍并贴出链接。另外，你有没有根据当下发生的新事件，对之前做过的选题再做进一步跟踪？

JustPod 注：

在英文头部播客里“往期重听”（如 encore、rebroadcast 等）会经常出现。懂得在自己的 RSS Feed 盘活过往单期节目，是一个很聪明的营销手段。

审视当下。对节目制作进行复盘（见第 4 章），以提升节目质量、稳定节目更新频率。(57) 节目质量和节目更新频率是吸引听众、招揽广告赞助的核心竞争力。也许你在社交媒体上撒网太广，需要进一步聚焦？也许你正在寻找网赚联盟的新伙伴？无论怎样，多尝试，积累那些有用的经验，然后深呼吸，放宽心。

咱们播客圈见。

结论

播客的 5 条原则

我"爱"上的是一档播客。

播客的主题是什么，这不重要。不，我的意思是，播客的主题本身确实是重要的。但吸引我的不是这个。我猜，类似这样的体验，你也经历过……

和往常一样，一旦爱上了一档新播客，我就会打开所有过往节目，一期接一期地"刷"个遍。整整一周，我都只听这一家的：我在健身的时候听，在遛狗的时候听，在收拾袜子的时候听，在把餐具放进洗碗机的时候听，在发现自己把袜子放进了洗碗机的时候听，在重新清空洗碗机的时候听……大概就是这样。

在狂热"刷"播客的间歇里，我突然意识到，这种在我体内触发了痴迷反应的机制，也会作用在其他人身上。

这种对播客的深度热爱针对的不是节目本身的主题，也不是节目主播。不，真正让我痴狂、让我沉迷、让我对新播客如饥似渴的是主题与主播碰撞时迸发出的新东西——也就是那些对话的本质。

这些对话在我心中唤起了一见如故的感觉，好像我早就认识他们，而他们也早就认识我。

那是朋友间的感觉。

收听自己喜欢的播客，是一种极具亲密感的体验。你会逐渐熟悉主播的品位、关注点、宠物以及口头禅，就像熟悉一位朋友一样。

或许更关键的是，那些熟悉的声音与想法一旦通过耳机进入你的大脑就会在那里生根发芽，与你自己的想法比邻而居。也难怪你会对那些主播有如此熟悉之感。

对于最喜欢的书的作者、持续关注的演员或者最熟悉的电台主持人，你或许也有一种亲近感。但无论电台、电视、电影银幕还是互联网，都只能从外界把经验 "送" 给你，你必须放下自己的心灵吊桥，请它们进来。播客呢？播客会直接钻进你的大脑里。

我觉得，这就是播客独有的力量。

在本书开头，你的播客构想还只是一个构想。但现在，我们和你一道学习了很多相关知识。我们希望阅读本书能让你更好地实现创作播客的理想，让你的播客从虚无缥缈的念头出发，逐步走向现实。

我们也希望这本书能让你开始思考，一个播客的创作者该如何在听众心中唤起那种持久的亲密感，并且在维持忠实听众的同时不断纳新。对此，我们总结了 5 条原则，但愿能对你有所帮助：

1　**要真诚**。这也许是最难遵守的一条。不过，如果你执着于完美重现那种让所有人爱上播客的化学反应，那么你最好——不要这么做。人们可以感觉到他人是否在刻意勉强，感觉到你是否在有意调动情绪，预判听众的反应，而不是真诚地讲一段故事，激发某种自然的好奇心、探索欲、兴趣及热情。如果听众能听出你的热情，那么他们就会加入进来。（虽然把这一条放在了开头，但这不是最重要的一条规则。接下来你会明白为什么。）

2　**多准备**。我们知道，你不想让自己的声音听起来过于平淡、刻意，但你也要知道，如果你关心自己节目的品质并希望其他人也认真对待你的节目，那么你就不该过于放飞自己。本书最希望读者明白的一点就是，为了尊重听众为你的节目投入的时间与精力，你应该尽自己的努力，做到最好。

3　**留下探索的空间**。邀请听众进入你的世界。为此，你应该让听众理解你的思维，营造身临其境之感。所以，一方面，你的确需要多做准备。你要勾勒叙事弧，提出核心问题，标出叙事的重点，斟酌措辞与用字。另一方面，你的节目也应该对中途的峰回路转与意外发现保持开放。这样一来，听众就能在故事或对话中发现一些自己从一开始未曾设想过的东西。

4 **做你自己，但要做更好的自己。**没错，要真诚，要多做准备，要敢于探索未知——这些都是重要的信条。你需要好好研究它们，实践它们，在它们的指导下做播客。但在开始录制之后？你就应该忘掉这些。你要做的只是在话筒前焕发出属于自己的光彩。归根结底，你应当在播客中呈现的形象，是一种对自我的演绎，或者说——提炼。一个更锐利、更简洁，或者更风趣的你。甚至可能是更睿智的你。当然，肯定得是一个更干练的你。（看在上帝的分上，你在节目上可一定得坚决果断一点，不要在节目中、话筒前，罗里吧嗦、絮絮叨叨、自言自语、自说自话。）那么，你该怎样确保这种效果？很简单，看下一条：

5 **编辑。**大刀阔斧地编辑。去掉一切粗粝与杂质。[1] 没错，这就是最重要的一条，一切问题的终极答案。播客的确需要给人以自然的观感——但这只是观感。不是真的让你放飞自我。所以，你需要编辑：手起刀落，干掉所有离题、冷场、抖包袱失败的段落，以及剪掉所有嗯嗯、啊啊、咂嘴的声音。如果有半点疑虑，那么就把那一段剪掉。这不是虚伪，也不是矫揉造作，这是为你的听众服务。有效的剪辑可以让人们更专注于你的讨论，你也可以借这个宝贵的机会重新审视自己的播客，认识到这档节目真正的独特之处。

不要偷懒，不要辜负你的节目，也不要辜负你的听众。如果有必要，那么原则中的第 1 条到第 4 条是可以有选择性地遵守的，但要死死守住第 5 条，你在之前做出的一切牺牲都能得到补偿。

1. 我是认真的。想想看《哈洛与慕德》（*Harold and Maude*）的最后十分钟。你在编辑时就得有那么无情。

　　现在，放手去做吧！要像风一样做播客，如果风也有播客的话！
（Podcast like the wind, if the wind were a thing with a podcast!）
要追求卓越，要表现出妙趣，要保持温馨（但不要太温馨，拜托了），
对自己要像秋风扫落叶一样严格，但要享受这一切。

　　相信你可以做到！

音频制作术语小词典

假如你正在制作一段音频故事，有人让你把"环境声"调小并放到"音轨"下面，再把接下来的两段"场景""对接剪切"一下，然后把"环境声"调大并保持下去……如果这句话让你头大，那么你也许可以看一看下面的小词典。混音和音频制作中的术语可以追溯到从前用剃刀剪切实体磁带的时代，而在数字化的今天，其中大部分术语都得以沿用。这份小词典主要参考了艾利森·麦克亚当（Alison MacAdam）的文章"对接剪切是什么？一份音频制作术语指南"[1]。虽然不能涵盖所有术语，但你可以用它扩充自己在音频专业方面的词汇量，在和音频技术达人聊天时谈笑风生。下面请笑纳！

1. 可以搜索 " 'Butt Cut What?' A Glossary of Audio Production Terms and Definitions."

实况录音（actuality）：音频故事中不属于报道者或旁白的人声，通常在现场采访或录音室访问时录制。也被称作"场景"（act）、"剪辑"（cut）或"同期声"（sound bite）。

环境声（ambience）：弥漫在现场的音效。如汽车驶过、关门、游行集会，或者树林中的风声与鸟鸣。既可以用作实况录音，也可作为背景，与旁白或其他实况录音混合。有时会简写为"ambi"，或称为"自然声"（nat sound），也有写作"SFX"的，但比较少见。严格来说，环境声不是"音效"（sound effect）！环境声是真实的声音，不是人造的！

铺底声（bed）：音轨或其他音频之下的声音。响度变化幅度不大，多为音乐或背景杂音。常用于背景音。

对接剪切（butt cut）：将一段实况录音直接剪贴到另一段实况录音之后，而不是用环境声或其他剪辑将两者隔开。通常用于制造转折点，强调某个要点或体现某种反差。

"扣子"（button）：在两段互不相干（或在情绪和调性上相差明显）的故事间制造转折的一小段音乐。

瀑布式剪辑（cascade/waterfall）：蒙太奇的一种。将三种以上彼此不同的音频素材以交替淡出、淡入的方式剪辑成一串。

过度剪切（clipped）：指音频中的某个素材或字词缺失了开头或结尾。也叫"不当剪辑"（upcut）。

淡出淡入（cross-fade）：在一种声音淡出的同时将另一种声音淡入，以制造无缝过渡的效果。通常在背景声音中使用。在单独播放时，淡出淡入可用来表示转折。

闪避（dip/duck）：将声音淡出至其他音量更高的音频或音轨之下。

叠加录音（dub）：在一段已有的录音的基础上，再录新的素材到这段录音中去，形成一段新的、同时包含新旧两段录音素材的录音。

立住（establish）：在声音（通常是环境声）切入后保持其音量。

淡入 / 淡出（fade）：渐渐调高或调低一种声音的音量。

渐远淡出（fade to black/fade away）：单独播放一段声音时逐步降低音量，直到无法听见。

全开（hit hot）：以最大音量开始播放。

半开（hit warm）：以中等音量开始播放。

保持（hold/maintain）：保持一种音频素材的音量恒定。

单独播放（in the clear）：将一种声音置于前场（foreground）播放，同时不受来自其他声音的影响。可用于环境声或实况录音。例如，报道者可以在混音指示中说："单独播放枪击环境声 4 秒钟。"

掩饰（mask）：用既有的环境声掩盖粗糙的剪辑痕迹，或让转折显得更平滑。

蒙太奇（montage）：将多段音频串联剪辑，并做成一段连贯的声音单元。

推出 / 推出点（post）：动词"推出"指将一种声音在特定时间点推上前场，可用于实况录音或环境声，如"在政治家说出'我在为你们而战！'之后推出环境声"；名词"推出点"指声音出现的时间点，如"抓住推出点"。

空间音（room tone）：在采访或活动现场采集的室内环境声。响度变化幅度很小。可以铺设在对话音轨的背景下，使在不同时间或场景录制的声音有一致性。

指数淡入（sneak）：缓慢淡入。

对数淡入（sweep）：快速淡入。

同步（sync up）：将两段或两段以上音频合并，使其完全吻合。通常适用于彼此对应的音频素材，如多段同步录音。

主播音轨（track）：报道者本人朗读脚本时的叙述语音。

中文版 致谢

从 JustPod 诞生之初，我们就萌生了要将优秀的播客著作引入中文世界的念头。所以当这本《NPR 播客入门指南：创建、启动和增长》即将付梓时，最先要感谢的是我们的好朋友、资深图书编辑索马里。我还记得 2019 年初夏，在一次播客录音前，我在上海湖南路的街边与她打了一个小时的电话。她向我耐心地讲解一本图书的引进过程。而后又花了数个月时间帮助我联系版权代理，协调几本图书的引进。尽管最终没有成功，但是在这个过程中，我学到了关于图书引进非常翔实的一手经验，也学会了守机待时。

感谢电子工业出版社的编辑官杨。2021 年年初，她邀约我和程衍樑撰写一本有关播客创作的指南类书籍。我们自知经验尚浅，并且没有足够的积累撰写这样一本书。但是官杨并没有就此放弃。她与我们都相信播客和出版的碰撞会制造出绚烂的火花，而其中的第一道亮光会是一本专注播客创作的指南。直到在我们与 NPR 推进合作的过程中，《NPR 播客入门指南：创建、启动和增长》映入眼帘。官杨也慧眼识珠、第一时间发现了这本书的价值。她的持续推动使得本书最终得以出版。

感谢本书的译者徐一彤。一彤是《忽左忽右》的嘉宾，也是我和程衍樑的老朋友。一彤扎实的翻译功底和在社科人文领域的深广积累，使得本书得以以精湛的中文呈现于读者面前。感谢电子工业出版社的编辑们。他们专业的译校使得中国读者能以更为习惯的方式进行阅读。

《NPR播客入门指南：创建、启动和增长》的出版得益于JustPod与NPR两家音频机构的合作。特别感谢 NPR 的张菀钰。过去两年间，在我们与 NPR 持续推动合作的过程中，她坚持不懈的努力。因为我们共同相信这两家中美音频机构的携手是非常必要、也十分难得的。在疫情的大环境下，越洋合作并非易事。两年间，我和菀钰无数的邮件、电话往来，才让 JustPod 与 NPR 双方的合作，包括这本书的出版得以实现。就像她在推荐语里所说，他者的经验所带来的新思维，最终能帮助你摸索出自己的播客语言，而这正是支撑我们推进合作的动力。

感谢在我们与 NPR 的合作过程中，特别是促成本书的出版与推广的过程中，给予我们帮助的 NPR 伙伴：克里斯滕·哈特曼 (Kristen Hartmann)、丹尼尔·麦考伊 (Daniel McCoy)、伊莎贝尔·赖拉 (Isabel Lara)、肯德拉·加斯金 (Kendra Gaskin)、萨默·希尔 (Sommer Hill)，以及参与我们与 NPR 合作活动的布赖恩·莫菲特 (Bryan Moffett)、乔尔·苏彻曼 (Joel Sucherman)、隆德·阿布岱尔法塔赫 (Rund Abdelfatah)、拉姆蒂·阿拉卜路易 (Ramtin Arablouei)、肯尼·马隆 (Kenny Malone)、邝文美 (Emily Kwong)、邵友薇 (Yowei Shaw)、齐娅·米亚卡·纳蒂斯 (Kia Miakka Natisse)、费利克斯·康特拉斯 (Felix Contreras)。感谢本书的作者格伦·威尔顿 (Glen Weldon)，在中文版审校的过程中，他对于书中的内容进行了详实的解读，帮助我更加深入地理解这本书整体的内核与细节的意义。

特别要感谢和我在 JustPod 共事的各位伙伴们。感谢程衍樑、王若弛两位合伙人，在过去四年的创业路上，大家携手并进，为 JustPod 与 NPR 两家机构的合作，以及本书的出版付出的努力。感谢陆佳杰、袁园、曾佳琪在中文版注释与审校的过程中给予的专业意见。感谢钱睿荪、孟蕾、陈小静、庄倚谧、高锺月、邹孟岐、周郁林等一众同事为本书的出版与推广付出的辛勤劳动。

最后要感谢我所有的播客同行，你们的支持给予我最大的鼓励。感谢所有热爱音频的中文创作者们、感谢所有钟爱聆听的中文播客听众，是我们一起创造了这个中文播客走向繁荣的时代。

杨一

JustPod 首席运营官